作者简介

蒋　丽　（1978–），女，哲学博士，副教授，中国人民大学马克思主义学院博士后。在《思想理论教育导刊》《毛泽东思想研究》等核心刊物上公开发表论文二十余篇，其中人大复印报刊资料全文转载1篇；近年来主持国家社科规划基金、中国博士后科学基金项目及省社科规则基金、省社科联项目十余项，已出版专著一部。荣获辽宁省高校思政课“教学能手”称号，入选2015年辽宁省高校优秀中青年思想政治理论课教师择优资助计划。

第63批中国博士后科学基金资助项目
（编号2018M631657）

社会主义核心价值观的对外话语体系建构和国际传播

蒋　丽◎著

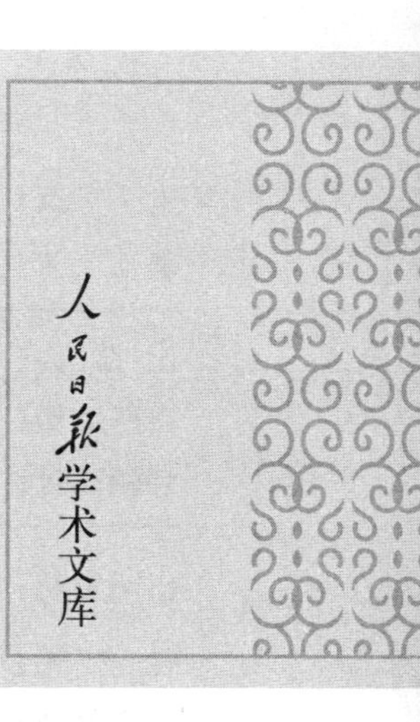

人民日报出版社

图书在版编目（CIP）数据

社会主义核心价值观的对外话语体系建构和国际传播／蒋丽著．—北京：人民日报出版社，2018.9
ISBN 978－7－5115－5660－8

Ⅰ.①社… Ⅱ.①蒋… Ⅲ.①中外关系—传播学—研究
Ⅳ.①G219.26

中国版本图书馆 CIP 数据核字（2018）第 204373 号

书　　名：社会主义核心价值观的对外话语体系建构和国际传播
著　　者：蒋　丽

出 版 人：董　伟
责任编辑：马苏娜
装帧设计：中联学林

出版发行：人民日报出版社
社　　址：北京金台西路 2 号
邮政编码：100733
发行热线：（010）65369509　65369846　65363528　65369512
邮购热线：（010）65369530　65363527
编辑热线：（010）65369522
网　　址：www.peopledailypress.com
经　　销：新华书店
印　　刷：三河市华东印刷有限公司

开　　本：710mm×1000mm　1/16
字　　数：251 千字
印　　张：15
印　　次：2019 年 1 月第 1 版　　2019 年 1 月第 1 次印刷

书　　号：ISBN 978－7－5115－5660－8
定　　价：68.00 元

前　言

当代社会主义核心价值观的国际传播，是我们党治国理政的一项重要战略课题。党的十八大以来，习近平总书记高度重视核心价值观这个“最大公约数”的建设，对培育和践行社会主义核心价值观作了一系列重要论述，如何“把当代中国价值观念贯穿于国际交流和传播方方面面”，增强中国对外话语体系和中国价值观的创造力、感召力、公信力，已成为重要研究课题。习近平总书记在国际上提出了“一带一路”倡议和构建人类命运共同体的设想，用实际行动为中国价值观国际传播作了最好的注解。

对社会主义核心价值观话语体系进行构建并广泛传播，使国际社会承认当代中国价值观念的客观性，让国际社会吸纳当代中国价值观念的人类性，在交流互鉴中共建人类文明，在促进自身发展的同时，为人类社会发展贡献中国力量。正如习近平总书记强调的，提高国家文化软实力，要努力传播当代中国价值观念。当代中国价值观念，就是中国特色社会主义价值观念，代表了中国先进文化的前进方向。我国成功走出了一条中国特色社会主义道路，实践证明我们的道路、理论体系、制度是成功的。要加强对社会主义核心价值观话语体系的提炼和阐释，拓展对外传播平台和载体，把当代中国价值观念贯穿于国际交流和传播方方面面，打造双赢互惠、文化共享的新型国际关系，打造人类命运共同体。

面对世界范围内各种思想文化交流交融交锋的新形势，在多元的价值中寻求共识、增强文化软实力、提高我国在国际上的话语权，迫切需要更充分地发挥核心价值观的效能。通过深入研究社会主义核心价值观的对外话语体系建构和国际传播，不但使马克思主义意识形态在当今社会中进一步得到巩固，确立我国的社会主义理论和社会主义价值体系，而且有助于我们讲好中国故事，传播好中国声音，阐释好中国特色，提高我国在国际上的话语权。本书基于哲学视角来研究社会主义核心价值观，从而对社会主义核心价值观的内涵、生成、构建进行阐述。在继承传统文化的基础上，弘扬时代精神，并着重阐释了如何加强国际传播能力建设，精心构建对外话语体系，发挥好新兴媒体作用，增强对外话语的创造力、感召力、公信力等。

目 录
CONTENTS

第一章

社会主义核心价值观的基本要义

对社会主义核心价值观的思想内涵,根本特征等基本理论进行准确理解和正确把握,是对核心价值理念进行研究和分析的前提条件和根本出发点。

第一节 社会主义核心价值观的内涵

一、价值的内涵与形成

(一)价值的内涵

关于价值的定义,仁者见仁,智者见智。在西方,最有影响、最有代表性的有主观价值论、客观价值论和关系价值论。国内学界大体上也存在着相同的三类说法,其中关系说占据明显的主导地位。我国学者王玉樑把人们对价值本质问题的研究归纳为三大类型、十大学说。三大类型是主观价值论、客观机械论、主客体关系论;十大学说是意义说、满足需要说、兴趣说、情感说、欲望说、先验性质说、情境说、功能说、有用性说、结果内在性质说。①

"价值"一词有多种含义。经济学讲的价值是指"凝结在商品中的一般的、无差别的人类劳动";伦理学层面的价值是指满足人的美感需要方面的有用性;作为哲学范畴,价值是指在实践基础上形成的主体和客体之间的一种意义关系。主体及其需要的复杂性,客体及其属性的丰富性,决定了价值形态的多样性。哲学意

① 王玉樑:《论价值本质与价值标准》,《学术研究》2002 年第 10 期。

义上的价值,“是从人们对待满足他们需要的外界物的关系中产生的”,是主体和客体之间的一种特定的关系,是指客体的存在、作用以及它们的变化同主体及其需要相适合、相一致或者相接近的关系。在这一关系中,人是价值主体,与人相对的物或者他人是价值客体。客体对于促成主体目的、实现主体欲望、满足主体需要,所具有的有利的、积极的属性,就是所谓的价值。也就是说,某种事物或现象具有价值,就是指该事物或现象成为人们的需要、兴趣、目的所追求的对象。人的需要、兴趣、目的是随着社会环境的改变而改变的,所以通过人的实践而实现的价值也处在不断变化之中。

在人的现实实践活动中,主体总是根据自己的需要自觉地掌握和占有客体,利用客体的属性和功能满足主体的需要,以实现主体的目的。也就是说,在主客体的相互作用中,存在着一种主体按其需要对客体的属性和功能进行选择、利用和改造的关系,或客体的属性、功能对主体的需要满足和实现的关系。这种关系就是价值关系,即人们通常所说的意义关系。某事、某物能够满足主体需要,就是有意义、有价值的;不能满足主体需要,就是没有意义、没有价值的。价值的大小,说到底就是客体满足主体需要程度的大小,客体对主体意义的大小。

在价值的本质问题上,存在着客观主义和主观主义两种对立的观点。客观主义价值论只是从客体自身的属性和功能来规定价值,认为价值是客体本身所固有的某种东西,与人无关,与主体无关。主观主义价值论认为价值就是主体兴趣、欲望、情感的表达,与事物无关,与客体无关。这两种观点都是片面的。价值不是某种实体,也不能归结为主体的兴趣、情感和欲望。价值是一种关系,是主体和客体在实践和认识关系中存在着的一种特殊关系。主体和客体都是价值关系的承担者。

关于价值的类型,就其性质而言,可分为肯定性的(正价值)或否定性的(负价值)、积极的或消极的、合理的或不合理的、正义(正当)的或非正义(不正当)的;按其能级,可分为适度的或不适度的、高级的或低级的、较大的或较小的;按其层次可分为内在的或外在的、整体的或局部的、集体的或个人的、高层次的或低层次的;按其序列可分为优先的或靠后的、一时的或长久的、主要的或次要的;从主客体关系的角度,可分为主体性价值、客体性价值、中介性价值;从现实的社会历史角度,可分为经济价值、政治价值、文化价值,或分为利益、公正、自由这三大类(三大层次)的价值。①

(二)价值的形成

主体及其需要是价值关系形成的根据。价值是相对于主体而言的,只有人才是价值主体,是价值的创造者、实现者和享有者。在人类出现之前,在人的现实活动之外,世界不过是按照自然规律运行的自在之物,本身并无美丑、好坏、有用无用之分。只因为有人和人的活动,才形成了事物与人之间的价值关系,才有了自然界原本不具有的价值现象。所谓环境危机实际上是对人的危机,环境友好是对人的友好。益虫害虫、水利水灾,莫不如此。世界万事万物的价值及其等级次序都是由作为主体的人按照自己需要的尺度排列的。

客体及其属性是价值关系形成的又一根据。价值总是一定的客体对主体的价值。没有客体,就无所谓主客体关系,也就没有价值关系。客体的属性和功能影响着客体能否对主体有意义以及意义之大小。正是由于客体具有满足人的某种需要的属性和功能,它才具有对人的积极意义,成为对人的生存和发展有益的东西。马克思说:"一物之所以是使用价值,因而对人来说是财富的要素,正是由于它本身的属性。如果去掉使葡萄成为葡萄的那些属性,那末它作为葡萄对人的使用价值就消失了。"

实践是价值关系形成的基础。主体及其需要是在实践中形成和发展的。人是实践的存在物,实践使人成为现实的主体。人的需要不是纯粹的动物性的需要,而是"从社会生产和交换中产生的需要",是实践的产物。随着实践水平的提高,满足需要手段的丰富,人的需要也不断发展和丰富,"已经得到满足的第一个需要本身、满足需要的活动和已经获得的为满足需要而用的工具又引起新的需要"。客体及其属性也是在实践中被发现、规定和改造的。客体是进入人的活动范围的对象。人在需要的推动下从事实践活动,把自身之外的存在变成自己活动的对象,变成自己的客体。事物能否成为现实客体,不仅依赖于客体自身的属性,还取决于主体的实践能力和实践水平。"对象如何对他来说成为他的对象,这取决于对象的性质以及与之相适应的本质力量的性质……因为我的对象只能是我

① 张书琛:《探索价值产生奥秘的理论—价值发生论》,广东人民出版社 2006 年版,第 225 - 230 页。

的一种本质力量的确证。”

主体和客体的价值关系是在实践中实现的。没有实践,就没有主体和客体,就没有主体和客体之间的价值关系。正是通过实践活动,一方面,客体按照主体的需要和要求发生结构和形式上的变化;另一方面,客体从客观对象的存在形式转化为主体生命结构的因素或主体本质力量的因素,变成主体的一部分。实践在改变客体存在形式的同时,实现了主体的预期目的,满足了主体的需要,使主客体的价值关系由潜在成为现实。

二、价值观的内涵与形成

(一)价值观的内涵

价值是一种客观存在的社会现象,人们在生活中不断地追求和创造价值,同时也在不断地认识和评价价值。在价值认识和实践活动中,人们逐渐形成了关于各种价值的一些看法,并形成一定的价值观。价值观不是关于某一个别的、具体的事物具有什么价值的看法,而是人们基于生存和发展的需要,对某类事物的价值以及普遍价值的根本看法,是人们所持有的关于如何区分好与坏、对与错、符合与违背意愿的总体观念,是关于应该做什么和不应该做什么的基本见解。

价值观是价值观念的简称,指人们头脑中有关价值追求的观念。具体来说,价值观是人们关于某类事物的价值的基本看法、总的观念,表现为人们对该类事物相对稳定的信念、信仰、理想,是人们对该类事物的价值取舍模式和指导主体行为的价值追求模式。价值观念的内容,一方面表现为价值取向、价值追求,凝结为一定的价值目标;另一方面表现为价值尺度、评价标准,成为主体判断客体有无价值及其大小的观念模式和框架。从宏观角度说,价值观念是社会文化体系的内核和灵魂,代表着社会对应该提倡什么、反对什么的规范性判断;从微观角度讲,价值观念是人心中深层的信念系统,在人们的价值活动中发挥着行为导向、情感激发和评价标准的作用,构成个人人生观的重要内容;从内容看,信念、信仰、理想是价值观的集中表现形态;从水平上看,价值观念可分为日常的价值观念和哲学的价值观念两个层次。价值观具有特定主体性、社会历史性、绝对倾向性、相对稳定性等特点。

(二)价值观的形成

价值观总是和特定的主体相联系,是一定主体的价值观。无论是个体的价值观还是社会群体的价值观,都不是先天固有的,也不是人们头脑中主观自生的,而是在一定的社会环境和活动中逐步形成的,是主体在实践活动中,通过自我意识对社会存在、社会生活的创造性把握。

1. 主体的需要和自我意识是价值观形成的逻辑前提

价值观的形成依赖于主客体的分化、自我意识的形成和对需要的把握。需要是价值关系形成的主体依据,自我意识是关于主体自身存在的意识。对需要的把握意识本身是自我意识的重要内容。主体基于意识到的需要对各种价值关系进行判断、反思和整合才形成一定的价值观。不同的主体,需要不同,自我意识不同,价值观也不相同。人的需要和自我意识的多层次性,决定了价值观的多层次性;人的需要和自我意识的社会历史性,决定了价值观的社会历史性。价值观是在需要的驱动下,在自我意识的引导下,在价值活动基础上形成的。

2. 物质生活和文化传统是价值观形成的社会条件

价值观作为意识的重要内容,是人们的社会生活过程和条件在观念上的反映,归根结底是社会物质生活过程及其条件在观念上的反映。社会生活,以及包含着价值观的各种社会意识具有历史的延续性和传承性,在社会发展中积淀为一种文化传统。这种文化传统对于生活于其中的所有人来说是一种客观的、无所不在的力量,成为影响与决定他们价值观形成的社会条件。因此,每一特定时代人们的价值观都来自他们所生活的社会,是一定社会的物质生活方式、政治法律制度、观念文化传统等因素潜移默化地濡染、熏陶和塑造的结果。事实上,任何社会都给其成员和群体提供了一套价值观。一方面,社会通过法律手段、社会舆论和学校教育,有目的、有计划地把某种价值观灌输给每个社会成员,不断地培养、调整或矫正他们的价值观,由此使个人的价值观和社会的价值观协调一致起来,维护社会的稳定和发展。另一方面,社会也通过文化传统,如风俗习惯、社会心理等形式,将其价值观在潜移默化中传递给每个社会成员,促使他们的价值观形成和发展。

3. 主体的实践活动是价值观形成的现实根据

实践活动是创造价值、实现价值的活动,人们也是在实践活动中认识、评价和体验价值的。一个人关于某类事物的价值判断一旦被实践所证实,他的价值体验、价值情感就会得到强化,就会成为一种稳定的态度和看法。人们接受社会价值观的过程,也是通过自己的实践活动加以选择和内化的过程。在各种具体的实践活动过程中,主体不断形成对社会物质生活方式、政治法律制度以及文化传统的理解和体会,基于自己的经验选择、接受和认同它们所包含的价值观。没有经过实践活动的内化和吸收,社会所提供的价值观仅仅是外在的规范,还不能成为主体自觉的价值意识。

三、核心价值观的内涵与形成

核心价值观不是所谓的普世价值,每个民族、每个国家、社会历史发展的不同时期都有其核心价值观,核心价值观能够从本质反映一个时代和当时社会制度的精神。核心价值观对社会普世价值具有引导和统领的作用,普世价值理念是核心价值观在社会不同群体的具体体现和现实化。核心价值观并不等于统治阶级倡导的价值观,其"核心"作用体现在得到最广大社会成员的认同,体现一个时代和社会制度的本质。

(一)核心价值观的内涵

社会主义核心价值体系中的价值观涵盖国家、社会、个人三个层面的价值观,虽然词语非常精简,但是其中的内涵却十分丰富,上文已经对社会主义核心价值观的理论来源做了详细的说明,社会主义核心价值体系内涵包含多个层面的来源,只有深入理解内涵实质才能正确把握社会主义核心价值观的本质,从而为树立正确的价值观奠定基础。

从人类社会的发展历史来看,核心价值观总是由统治阶级所倡导并由统治阶级的统治力保证其优势地位的。它往往担负着指导和评价人们行为的作用,通过指导、影响、左右更多个体的价值取向和价值选择,来达到使该群体中个体思想观念的高度一致,使个体的活动能从分散趋向集中,从而保证社会价值目标较顺利地实现,更好地促进社会发展,保持社会稳定。因此,核心价值观具有明显的阶级烙印,不同的社会制度会形成不同的价值观。每一个社会的核心价值都有其存在和发展的概念,如封建主义的核心价值是以仁义礼智信为基本内容,而资本主义则以自由、平等、博爱为基本内容的价值观。核心价值观不可避免地涵盖社会层次的各个方面,因此一定在国家所有的规范、政策和法律体系里得到有效体现,并且具有多重功能如统一的思维,引领潮流、激发活力、坚定信念、凝聚人民力量、整合资源、趋势预测等,在价值的变化过程中发挥了重要作用。

核心价值观能够反映绝大多数社会成员共同的利益诉求,体现着社会意识的本质,促进社会的发展与稳定,它的基本特征主要有下几个方面:

第一,稳定性。在整个社会价值体系中核心价值观是最重要最基本的部分,是得到最广大社会成员认同的价值理想、价值信念、价值目标的集中体现。一旦经过内容凝练上升到国家制度层面就必然成为引导社会成员思想观念和行为的准则。在社会制度根本性质没有发生变化的情况下,核心价值观基本不会发生改变。

第二,主导性。核心价值观在一个社会的价值体系中处于主导地位并决定着价值体系的性质,它引导社会成员按照其价值内容的基本原则进行相应的价值选择和价值目标确定,为社会成员确立一个统一的价值标准从而达成共同的价值追求,形成巨大的社会凝聚力。核心价值观的主导性取决于两个条件;一是核心价值观能够对社会生活进行合理的阐释;二是核心价值观能够得到社会成员的认同并自觉地践行。

第三,理想性。核心价值观不仅是社会现实的反映,而且还需要超越现实,为社会成员的价值追求提供理想和信念,引导人们的价值实践按照核心价值观所设定的价值理想前进。核心价值观的理想性为人们提供精神动力,从而激励和引导人们为了共同的价值目标而不断努力奋斗。

(二)核心价值观的形成

核心价值观的形成是和一定的主体相联系的,不管是基于个体层面,还是基于社会群体层面,价值观都不是生来就存在的,同时,也不是个体主观意识中所固有的,核心价值观的形成,是随着社会的发展,在社会活动中渐次形成并发展起来的,在社会生产力和社会生产关系相互促进、相互作用的过程中,通过人类的主观意识,从而创造性地提炼和概括出来的。

1. 主体需要和自我意识是核心价值观形成的逻辑前提

核心价值理念引导和统领着一般价值理念,一般价值观是核心价值观在社会不同群体的具体体现和现实化,一种核心价值观体现出这一时代和社会制度的本质。核心价值观不是所谓的普世价值,每个民族、国家、不同时期都有其核心价值观,核心价值观也并非完全等同于统治阶级倡导的价值观,其“核心”作用就在于得到绝大多数社会成员的认同,能够从本质上全面地反映时代精神。

价值理念的生成,是在充分把握人民群众需求的条件上进行的。价值体系生成的主体条件是人民群众的需求。自我意识的关键内容是需求意识。基于主体需求意识的条件下,评判和反思不同的价值关系,之后将其有效整合,从而使相应的价值观得以形成。主体不同,需求也有很大的差异,自我意识也存在差异,因此所形成的价值观也千差万别。因为个体的自我意识和个体的需求的多元化,从而使价值观也层次多样;因为个体的自我意识和个体的需求具有一定的历史性和社会性,因此导致价值观也相应具有一定的历史性和社会性。价值观是基于需求的条件下,在个体自我意识的不断引领下,基于实践活动的基础上最终形成的。

资本主义社会在不断的发展中,思想意识也处于不断的变化中,最终,资本主义意识形态形成并被确定下来。资本主义意识形态使人类在社会中的主体地位得到确立,将以往旧有的神学被现代的人性代替,用理性而又科学的意识形态将以往旧有的机械盲从所替代,将人的世界对以往所崇尚的天国世界所替代,以经验和科学将以往的神学学说所替代,将人性解放出来,对以往的那种宿命论、以往的那种禁欲主义进行抨击,神权被人权所替代,人的欢乐论、人性论得到宣扬和普及,以人性为主的历史主流得以形成。虽然,基于主体需要和自我意识的资产阶级价值观具有巨大的历史进步性,然而,这种资本主义的意识形态充其量还是资本主义社会中的国家机器,这种逐渐形成的资本主义意识形态其宗旨还是服务于资本主义社会中的资产阶级,是资产阶级统治社会和人民的一种思想工具。其核心就是弘扬理性、个性、主体性,主张自由平等、民主、公平、正义等现代意识形态的核心理念。但是随着资产阶级从革命阶级变为统治阶级,由革命转而反动的阶级局限,其价值观所体现的意识形态是虚幻的、虚伪的。

2. 社会生活和文化传统是核心价值观形成的社会条件

作为社会意识形态关键内容的核心价值观,反映了社会生活中人民群众的普遍理念,而归根结底,反映的是社会物质生活中人民群众的理念。社会生活不是一成不变的,而是处于一个不断变化,不断进步的过程,而在社会生活中形成的各种意识形态及其价值观等,都处于一个不断变化不断进步的过程,有着很大的传承性和延续性,随着社会的发展变化,被不断地积淀为一种文化。而这种在社会生活中被积淀形成的文化传统,又影响着生活在其中的人们,决定着生活在其中的人们的价值观和意识形态。所以,不管是哪一个特定的时代,其价值观的形成,都依赖于这个时代的生活条件,尤其是这个时代的物质条件和物质生活方式,同时,这个时代的文化观念、法律体制、社会制度等,都对社会意识形态及其价值观的形成产生一种潜移默化的影响,对其不断地进行熏陶和塑造,从而使这个时代特有的意识形态得以形成①。

而实际上,不管哪一个社会,都提供给生活在其中的人们一系列的价值观。一个方面社会利用学校教育、宣传倡导、社会舆论和法律制度等,将这个社会所要宣讲的价值观有序地向社会中的每一个人进行灌输和宣传,使这个社会中的每一个成员的价值观得到不断的培养,不断的调整,不断的矫正,从而使社会中的意识形态得以有效统一,从而使社会的发展和稳定得以保证。而另一个方面,社会又通过长期以来所积淀形成的传统文化,例如社会中约定俗成的风俗习惯等,将价值理念向社会中的每一个个体进行传递和潜移默化的影响,从而使社会个体的价值观得以塑造和定型。

3. 社会生产方式是核心价值观形成的决定因素

在人类社会核心价值观的发展中,社会生产方式无疑是最根本的决定因素,它决定了人类文化的基本特征。而决定一个社会价值观出现变革的是这个社会的生活方式出现变革。什么是社会生产方式,也就是社会生产关系和社会生产力的有效融合及统一。人类社会是一个有机的整体,是由社会中的各种要素相互作用、相互联系的结果,而这些要素涵盖社会政治要素,文化要素,经济要素,等等。价值观作为体现这个社会意识形态的一种思想理念,在这个社会整体中也属于非常关键的一部分。生产关系和生产力的发展相适应,而不是以人们的意志的变化而变化。各种生产关系的综合体使社会的经济结构得以构建,使得社会意识形态的形成有了一定的坚实基础。但是,社会并不是静止不动的,而是处于一个不断

① 胡锦涛:《坚定不移沿着中国特色社会主义道路前进 为全面建成小康社会而奋斗——在中国共产党第十八次全国代表大会上的报告》,人民出版社 2012 年版,第 31 - 32 页。

变动的过程。[①] 伴随着生产力的不断进步，社会生产关系也处于不断变化、不断变革中，同时，也使得社会价值理念处于不断的变化、变革中。换一种说法就是，不管哪一种社会形态，都有和其相适应的生产关系，都有和其相适应的价值理念。

第一，农业社会的生产力和生产关系。农业社会涵盖人类社会的三个发展阶段：第一个阶段是原始社会；第二个阶段是奴隶社会；第三个阶段是封建社会。在原始社会阶段中，人们赖以生存的基本条件是主要靠对社会自然物的获取，生命的维持主要靠对植物果实的采集。之后，随着社会的发展和经验的不断增多，人们开始学会栽培各种植物，驯养各种动物，再之后，人类开始对自然物进行生产和发展。在以上三个阶段，社会生产关系和生产力之间的状况如下：

在农业社会，财产公有、集体劳作、绝对平均分配条件下，人的本质即是单个主体之间各种关系的抽象总和。这种社会关系决定了其社会核心价值理念的主要特征——自然生理特征。在阶级社会产生后，主体之间的这种自然的、和谐的、平等的生产关系被破坏，公有制被私有制替代，生产劳动的关系成了剥削与被剥削的关系。生产资料占统治地位的集团对劳动者的剥削，取代了平均分配。因此，在这种生产关系下，人与人之间的关系建立在一个社会阶级统治和压迫另一个阶级的基础之上。两个对立阶级对人的价值理解也出现了偏差，以国家为标志的上层建筑维护统治阶级的利益，所有的法律和道德规范都成了一种意识形态的统治工具，成为统治阶级思想的反映。而中下层阶级则更多的只能寄托于宗教或者幻想。在农业社会中，因为生产力的极其不发达，因为社会处于自然发展阶段，因此限制了人们的价值理念。在封建社会中，因为人们的观念被道德规范等限制和约束，因此在发展生产力的同时，却对人民群众价值追求进行了破坏，人民群众的精神被道德所禁锢。而随着生产力的不断发展，社会生产方式还会进一步发生变革，直到共产主义社会的实现，在人类的最高阶段的共产主义阶段，才能使人的自由发展得以真正实现，才能使人的价值得到自由追求，作为个体的人才能真正成为社会和自己的主宰。这是社会发展的必然规律，不会随着某一个人的意志的转移而转移，也不是某一个社会阶段所能够决定的。

---

① 谢晓娟：《社会主义核心价值观研究》，中国社会科学出版社 2012 年版，第 15 页。

核心价值理念的形成和确定,是和当时其所处的社会生产方式相适应的,而随着社会生产方式出现变革,核心价值理念也必然随之发生变化。在我国的封建社会时期,核心价值理念的核心是儒家所倡导的“仁”和“礼”,而其发展也经历了以下几个时期:第一个时期是西汉王朝的董仲舒所提出的“罢黜百家,独尊儒术”;第二个时期是唐王朝所倡导的“三教合一”;第三个时期是宋明时代所提出的“宋明理学”。而这种价值观的变革,不是自发的单一的概念运动,其核心价值观的变化和确立,都是和当时社会发展相适应的,其从根本上而言,是为封建统治阶级所服务的。在我国漫长的封建社会中,通过春秋时期的“百家争鸣”,最终被封建社会确立为核心价值理念的儒家思想,是因为这种思想和当时的社会发展方式相适应,是社会发展的内在的一种需求。换而言之,确立一种核心价值观,起决定作用的是这个时期的社会生产方式。“罢黜百家,独尊儒术”的核心价值理念的确立,是因为西汉王朝体系的建立和刚刚稳定的封建社会体系。当封建社会进一步发展,进入盛唐时代,而核心价值观也变革为“三教合一”。这个时期的价值观将西汉所倡导的儒家思想“一家独秀”进行打破,使核心价值理念的封闭态势被打破,为封建王朝的核心价值理念注入了新的活力,推动了该时代核心价值理念的多元化发展,使得各种价值体系得到进一步整合和发展。历史发展到宋明时代,社会生产方式进一步发生变革,也必然出现了宋明理学。这是社会发展的必然,也是合理的一种社会现象。宋明理学的出现,使得一切活跃、开放、带有民主色彩的思想价值观念受到桎梏,这是封建社会生产方式日趋没落在意识形态上的表现。而在僵滞之后,这个体系就失去了自身的活力,它的瓦解也就成了历史的必然。

第二,西方近代资本主义社会核心价值观是以“自由、平等、博爱”为主要内容。资本主义社会核心价值观的出现是人类精神的一次大解放,是新兴资产阶级和劳动人民反对封建专制的斗争成果和精神产物,是与社会历史发展的内在要求相适应的。资产阶级正是利用资本主义社会核心价值观为思想武器,打破了封建贵族“君权神授”的思想,打破了封建专制思想对人民的禁锢,推翻了封建主的统治,建立了资产阶级共和国。但是,在生产资料私有制的条件下,使资本主义社会关系得以构建,而和其对应的意识形态中的价值观,其根本内容是资产阶级对劳动人民的价值的剥夺,而这种价值观,是对占社会主体的大多数人们的需求的剥夺和损害,其破坏了以人为本的原则,扭曲了人类理性。只要资本主义制度中的剥削存在,这种统治与被统治之间的矛盾就不会得到有效解决,就会依然存在以上状况,而这将一直是资本主义社会的顽疾。

第三,社会主义的生产关系,其本质和基础是生产资料的公有制,及其按劳分配的分配方式,社会主义社会将剥削消灭掉,使共同富裕得以实现,因此从根本上对资本主义社会统治阶级和被统治阶级之间不可调和的矛盾进行克服,而和社会主义社会相适应的社会意识形态及其价值体系,其根本宗旨是对广大群众的价值进行有效维护,实现了以人为本。其基本价值观是为人民服务的价值观,其主要内涵是以人为本理念,奉献精神和爱国精神,集体主义和人道主义,等等。社会主义核心价值理念对以人为本的思想进行了充分体现,是社会公众一致的精神追求的反映。随着生产力的发展和社会的不断变革,社会主义终将取代资本主义,因此社会主义价值观也终将会对资本主义价值观进行瓦解,从而替代资本主义价值理念成为全社会共有的价值观,这是社会发展不可逆转的趋势。

四、社会主义核心价值观

人们从自身的需求出发,对社会主义价值的构成、标准和性质等进行的整体评价,或者展示出的基本态度,被称为社会主义核心价值观,社会主义核心价值观不仅能够考察各种物质和精神的现象,也能够对主体的行为进行全面的衡量,判断主体行为对社会和个人的意义。该价值观是社会主义意识形态的具体体现,集中反映了社会主义的价值追求,可以从多个角度来理解社会主义核心价值观的主要内容,首先,从定位上分析,能够体现社会主义的本质和灵魂,也能够展示其核心价值体系的主要内容;其次,从根源上分析,是我国革命、建设的成果,是在改革开放的过程中发展起来的,是我国主流价值理念和目标的凝聚;最后,从功能上分析,是在社会主义现代化建设实践中,人们思维方法和行为方式的具体体现。

(一)社会主义核心价值观的基本内涵

十八大之后,党和国家提出了三个倡导,全面总结了全党全社会的价值共识,形成三位一体的社会主义核心价值观,并对此进行了科学的阐述。十八大虽然没有具体地表明社会主义核心价值观的内容,但是表述的方式非常开放,能够涵盖社会发展的各个层面，不仅包括国家制度和社会集体层面，而且还包括公民个人层面。无论从任何一个角度分析，都能够看出社会主义核心价值观内容极其庞大，具有开放性、包容性的特征，当前的概括并没有尽善尽美，只是社会主义核心价值的初步体现，今后需要进一步的发展和完善。本文试图在学理上对核心价值观12个概念范畴进行全面的解释，让社会主义核心价值观的内涵更丰富、结构更加系统，更加具有实践力量，更加具有逻辑性，能够更好地指导社会主义现代化建设。

第一，国家制度层面：倡导富强、民主、文明、和谐。

上述四个目标不仅能够反映出中国特色社会主义在价值层面上的规定，彰显在精神方面的价值，还能够充分体现出中国的价值目标。

1. 富强是千百年来多少仁人志士的渴望，国富民强曾经鼓励了一代又一代的革命者前赴后继，不懈努力，也是中国特色社会主义经济建设核心价值。一个国家的富强，意味着人民生活的富裕，综合国力的提升，国家经济实力的增强正是社会经济建设的目标。国富民强，才能让中国具有雄厚的经济实力，才能够屹立于世界之林。

中国共产党和中国人民从艰难的革命战争开始，就一直在追求共同富裕，共同富裕是中华民族永远不懈的追求！是最高的价值目标！毛泽东曾经指出，我们党领导着农民走社会主义道路，目的就是要让农民富裕起来①。邓小平多次指出，社会主义的最终目标，就是要实现人民的共同富裕，而不是贫富分化。无数领导人带领着中国人民追求着共同富裕的目标，消除两极分化，让贫困的人民普遍富裕，就是富裕的真正内涵②。

社会主义根本任务就是消灭贫穷，让人民获得丰富的物质资料，消灭贫穷，同时也要提高人民的精神文化生活，满足人民政治生活方面的需求。人人富裕、没有贫困，才是真正的共同富裕。作为社会主义经济的核心价值，无论是社会主义革命、建设还是改革开放，目标就是实现共同富裕，也是中国共产党追求和奋斗的最终目标。国富民强的目标，一直激励和鼓舞着中华民族，不断地为之努力，为之

---

① 《毛泽东选集(第5卷)》，人民出版社1977年版，第197页。

② 《邓小平文选(第3卷)》，人民出版社1993年版，第110－111页。

奋斗！只有彻底解放生产力，大力发展生产力，才能够消灭贫穷，消除两极分化，让所有人都富裕起来，实现共同富裕。

和资本主义社会相比，社会主义经济的核心特点就是生产资料公有制，马克思认为，共产主义最独特之处就在于全部生产资料归社会所有。马克思和恩格斯对人类的历史进行了全面的梳理，明确指出，共产党人的根本理念和根本任务，就是为了消灭私有制①。资本主义之所以灭亡，社会主义之所以胜利，是生产力发展的需求，消灭一切阶级，人类进入无产阶级社会，整个社会实行生产资料公有制。根据人类生产力发展的规律，其终极目标就是实现公有制，也是社会主义和共产主义发展的必然。社会主义的根本价值就体现在公有制方面，如果否认公有制，就失去了其价值。虽然我国当前改革开放不断深化，但是坚持社会主义公有制的经济体制是始终不变的方向和原则。社会主义实现自身价值目标的根本途径在于解放生产力，大力发展生产力。邓小平对此进行了精彩的阐述，社会主义最主要的目标就是推动生产力的发展②。江泽民认为，只有重视生产力，推进社会生产力沿着正确的方向不断地发展，才是社会主义的根本目标。如果生产力失去了正确方向，缓慢得不到有效发展，国家很难实现富强，人民幸福安康就成为一句空话，甚至影响到国家的稳定，影响到社会主义制度的优越性③。根据上述伟人的观点可以看出，社会主义的根本任务就是解放和发展生产力，也是国富民强的有效途径，更是人民幸福的保障。只有加快改革开放，发展生产力，才能够建立强大的物质基础，才能够实现中华民族的伟大复兴。

2. 民主是中国特色社会主义政治建设的核心价值。其真正含义就是人民当家做主，人民是国家的真正主人，是国家的最高权力人，作为一种价值理念，人类普遍追求的政治价值主要集中在民主方面。虽然在不同的国家和地区，民主的含义不同，价值主体存在着差异，但是人民当家做主，是社会主义的本质特征。

公元前五世纪，古希腊希罗德第一次提出了民主一词，其真实含义并不是人民当家作主，而是人民的统治，但是也代表着人类认识的进步。马克思对此进行

---

① 《马克思恩格斯文集(第2卷)》，人民出版社2009年版，第45页。

② 《邓小平文选(第2卷)》，人民出版社1994年版，第314页。

③ 江泽民:《论有中国特色社会主义(专题摘编)》，中央文献出版社2002年版，第91页。

全面的阐述，国家制度的最主要的特征就是民主制①。列宁对民主进行了阐述，他认为民主是国家形式，能够代表国家的形态②。根据上述学者的观点可以看出，民主体现的是一种洁净统治形式，属于上层建筑，是国家制度的手段、形式的体现。随着政治民主不断深入，任何一个国家或者地区在管理和组织社会生活的过程中，民主价值就会充分体现，甚至和社会功能实现有效结合，真正地表达群众在政治上的价值诉求，世界各国对民主重视程度越来越高。

纵观民主的发展态势，有资本主义和社会主义民主两种形式，前者的主体是资产阶级，这种民主是一种不彻底的民主，具有虚伪性和狭隘性的特征。后者的主体是人民群众，其具体特征体现在自由平等、人权和民主。

社会主义的生命、本质和灵魂体现在人民民主，也是社会主义追求的价值目标。列宁明确指出，没有民主就不存在社会主义③。邓小平也对此阐述，社会主义现代化离不开民主，失去了民主，社会主义现代化就如同空中楼阁。根据上述论述，社会主义和民主是不可分隔的部分，离开了任何一个，另一个就不复存在，民主对于社会主义来说，是重要的制度保障，是实现人民民主、人权和自由的保障。胡锦涛同志说过，只有在人民民主制度下，才能实现民主政治，才能彰显社会主义的生命，失去了民主，一切社会主义都是空谈④。探索社会主义民主政治，唯一的途径就是大力发扬人民民主。

发展社会主义民主政治。发展社会主义民主政治的动力和源泉在于推进政治体制改革，也是发展民主政治的主要途径。人民代表大会制度是人民民主的主要体现形式，我们可以健全该制度，发展党内、基层民主，然后实现党政分开，采取一系列的政治体制改革，从而推动民主的不断发展和完善。大量的实践证明，社会主义民主政治最重要的就是坚持党的领导，始终坚持依法治国、人民当家作主的发展战略，才能够推动国家沿着正确的方向稳定发展，也是我国民主政治建设的最基本的方针。社会主义之所以不同于资本主义民主，最根本

---

① 《马克思恩格斯选集（第1卷）》，人民出版社1995年版，第280页。

② 《列宁选集（第3卷）》，人民出版社1995年版，第201页。

③ 《列宁选集（第2卷）》，人民出版社1995年版，第782页。

④ 胡锦涛：《高举中国特色社会主义伟大旗帜　为夺取全面建设小康社会新胜利而奋斗——在中国共产党第十七次全国代表大会上的报告》，人民出版社2007年版，第28页。

的特征就是人民当家作主。在推行民主政治的过程中,首先要批判资本主义民主,否定资本主义民主的虚伪性、欺骗性,并对此进行有效的鉴别,然后大力推行社会主义民主,超越各种资产阶级民主,让社会主义民主的生命力更加旺盛,功能更加彰显。

3. 文明是中国特色社会主义文化建设的核心价值。生产力的发展会推动社会的进步,而社会进步的主要标志就体现在文明,文明展示了社会主义的内在诉求。

文明是人类的共同价值追求。中国几千年的文化,文明就如同一缕阳光,就如同美好的事物,《周易》中深情地呼唤"见龙在田,天下文明",《尚书》也明确地指出"天下文明者,阳气在田,始生万物,故天下文章而光明也。"由此可见,在中国的传统文化中,文明代表的是一种美好的事物,美好的追求。西方文化,对文明也进行了全面的阐述,文明是人类价值的获得,也是人类在进化、教化的过程中保存下来的一种价值。如德国诺贝特·埃利亚斯(Norbert Elias)说过,要想实现民众文明,必须反对野蛮,摆脱反理性的状态,倡导道德改良,国家内部的安居乐业,只有这样才能实现文明化①。西方文化所展示的文明也是一种美好的社会状态。无论是中国还是西方,虽然对文明理解不同,但是在价值追求方面具有高度的一致性。本文所讲的文明指的是精神层面的进步状态,属于狭义的文明,是相对于物质文明而言的文明。

4. 和谐是中国特色社会主义社会建设与生态建设的核心价值。和谐社会是中国当前社会建设的主要战略部署,也是人类新文明的灵魂,无论是培育社会价值观,还培育生态价值观,都必须坚持和谐的目标,只有在此目标的指引下,人与人之间才能实现和谐,人与社会、自然之间才能和谐相处,才能构建高度的文明,才是人类的终极目标。

和谐是人类美好的向往和共同的追求。在中国远古时代,一黑一白的八卦图,其内涵就是阴阳和谐,阴阳和谐的理念影响了中国世世代代的人。《论语·学而》中明确地提出了"和为贵",成为中华民族追求的至高无上的精神目标。西方

① [德]诺贝特·埃利亚斯:《文明的进程》,王佩莉、袁志英译,上海译文出版社2009年版,第46页。

的尼可马赫明确指出,和差异相对立就是和谐,万事万物对立统一,最终会化为和谐。黑格尔认为,绝对变化或者相对变化,最终会成为和谐。根据上述观点,可以看出事物的对立统一状态,就是和谐状态。

和谐社会也是人们不懈追求的美好愿景。傅立叶多次在公开场合提出,魏特利一生致力于和谐与自由社会的构建。马克思和恩格斯也对此进行明确的阐述,总结了社会和谐的核心内容。十六届四中全会,我党首次提出了和谐社会的理念,并对此进行了全面描述,和谐社会是全面实施民主法治、公平正义的社会,和谐社会充满了活力、友爱、安定,人与人之间、人与自然之间能够和谐相处①。

第二,社会集体层面:倡导自由、平等、公正、法治。

社会集体层面也是马克思主义的基本要求,是我们党长期以来始终坚持的核心价值理念,是社会主义现代化建设的主要内容之一。

1. 自由是社会主义的终极价值。人类一直憧憬着美好社会,矢志不渝地追求着自由的目标,社会主义价值目标正是自由和人类美好的目标实现了高度的契合的体现,社会主义现代化建设所追求的最高价值实际上就是马克思主义的社会主义价值目标——自由。

“自由”是社会主义的价值目标。恩格斯对自由进行了全面的阐述,认为社会主义制度不仅是为人们提供一个物质生活富裕的社会,还要为人们提供一个自由的社会,广大人民能够在自由的社会中拥有健康有益的工作,能够自由地利用自身的闲暇时间②。社会主义制度的精神体现在:一是人类的解放,二是人类的自由发展,两者缺一不可,如果失去了自由,社会主义就如同无根之水,正当性和合法性会遭到质疑。构建社会主义,必须以人的自由为根本目标,也是终极追求的目标,在资本主义社会中根本无法实现,只有在社会主义社会中,人人才能活得自由,才能得到全面发展。

社会主义要高扬“自由”价值目标的旗帜。自由如同一面旗帜,引领着千百万人为之奋斗,无论是在革命时期,还是在社会主义建设时期,自由就如同方向标、

① 《十六大以来重要文献选编(中)》,中央文献出版社 2006 年版,第 880 页。

② 《马克思恩格斯全集(第 21 卷)》,人民出版社 1965 年版,第 570 页。

如同灯塔,指引着社会主义前进,推动着社会主义不断地实现奋斗目标。在资本主义制度下,资产阶级专政,人民根本不自由,社会主义就是要推翻这种现象,反抗这种现象,实现全面的自由,实现人类全面发展。当社会主义建设到一定程度,就会自动地迈进共产主义,进入共产主义阶段之后,自由就会成为一种现实。中国共产党从成立之初,就确定了以追求自由作为最高理想。我国当前正在轰轰烈烈地开展社会主义建设,必须以最高理想作为方向、指引,始终如一地为追求人类的自由和全面发展而努力。只有树立起自由的旗帜,才能彰显社会主义核心价值观的价值,才能够让社会主义充满魅力。

自由是实现理想价值目标的关键,也是实现现实价值目标的关键,两者具有高度的契合性。理想价值目标是指引社会主义前行的方向,是根本价值指向;现实价值目标是实现理想的关键,两者只有实现高度的统一,才能够推动价值实现。自由的实现不是一蹴而就的,需要无数代人为之奋斗,是一个长期渐进的过程。我国当前正处于社会主义初级阶段,要想实现真正的自由,必须经过长期的奋斗,付出艰巨的努力。虽然处于初级阶段,但是追求自由的宏伟理想目标始终不变,是社会主义经济建设的根本出发点。我们要旗帜鲜明地追求自由、明确理想目标,同时也要脚踏实地地从我国国情出发,制定出切实可行的措施,量力而行,循序渐进,逐步地实现最高理想。

2. 平等是社会主义社会的基本前提。尊重和保障人权、人人平等、平等参与、平等发展,这是多少仁人志士梦寐以求的,是人类社会价值追求的根本目标,也是社会主义本质的体现。

平等是人类不懈的社会价值追求。人类从刀耕火种,发展到阶级社会,历经无数的压迫和奴役,在漫长的岁月中,追求平等成为唯一的目标。不同的视角对平等的理解不同,具体体现在:在自然法视域中,平等是一种自然权利,只要属于人类,都应拥有此权利;在宗教视域中,人与人生来是不平等的,但是在上帝面前,却能体现这种平等;在社会视域中,生而平等,是人类的天赋权利,任何人都没有高于他人的权利。西方资产阶级革命就是以此为政治原则,引领着革命成功。平等发展到今天,内涵更加广阔,不仅包括机会、权利和结果平等,而且包括福利和资源平等。资本主义,在革命的过程中,提出了人人平等的概念,对于封建社会的不平等来说,是一种超越、历史进步。但是资本主义所倡导的平等,因为私有制仍然存在,有产者之间能够实现平等,无产者只有依附于有产者才能存在,所以根本不存在平等,无法享有平等的权利。无产阶级在多年的压迫中,终于提出了自己平等要求,这种平等包括形式上和实质上的平等,只有废除资本主义私有制,建立生产资料公有制,才能够实现真正的平等。

平等是社会主义价值诉求。恩格斯对此进行了全面的阐述,平等应该体现在各个方面,包括表面和实际的平等,也包括国家、社会和经济领域的平等。① 社会主义从成立之初,就把平等作为己任,从不同方面实现人人平等。中国共产党领导着中国人民经过革命战争、社会主义建设,目的就是实现人人平等,能够平等地做人,只有共产主义者才能实现真正的平等。社会主义平等不仅包括精神平等,而且还包括权利和义务平等,这样才是一个真正平等的世界,消灭了剥削和压迫,人与人之间处于平等关系,能够平等地享受社会地位、经济政治、法律和教育等。

3. 公正是社会主义社会的首要价值。公正的前提条件是人类的解放、自由、平等,也是人类发展的终极目标,实现公正才能实现社会可持续发展的价值。

马克思和恩格斯梳理了人类的历史,对社会公众进行了深入的研究,认为只有在共产主义制度下,才能实现真正的自由平等,才能实现真正的公正②。工人阶级多年以来一直受到压迫,追求公正是其重要的价值理念。中国共产党从成立之初,就树立了维护社会公正的目标,无论是在革命还是在建设时期,都始终不移地坚持社会的公正。江泽民明确指出:立党为公、执政为民。我党奋斗的目标就是追求社会公正,只有社会公正,社会主义价值才能彰显,失去了社会公正,人民群众的利益根本得不到有效保障,社会主义优越性很难彰显。胡锦涛多次指出,中国社会主义制度最核心的体现就是社会公正。社会公正必须遵守两个原则,一是保证原则,二是调节原则,前者的主要内涵就是解放和发展生产力。后者的内涵是实现共同富裕,消除两极分化。社会主义虽然在社会资源方面公平地对待每一个人,但是在市场机制下,难免会发生财富占有不均的现象,只有通过调节,才能够实现资源的平均分配,才能让社会公众共同享有发展成果。上述两个原则体

① 《马克思恩格斯文集(第9卷)》,人民出版社2009年版,第112页。
② 《马克思恩格斯全集(第3卷)》,人民出版社2002年版,第482页。

现了注重效率和兼顾公平的高度结合。

社会公正是维护社会主义社会可持续发展的价值诉求。一个国家或者地区只有实现可持续发展,未来的发展才更广阔,更有潜力。社会公正实际上就是为了实现这一目标。在研究社会公正时,必须充分了解代际公正,也就是说当代人要合理地利用资源,尽可能地保护生态环境,不能够为了满足自身的需求,罔顾生态环境,过度消耗资源,最终导致资源枯竭等现象,当代人和后代人之间难以实现发展的公平。代际公平就是要解决上述问题,建立起以人为本的指导思想,对资源适度开发,实现社会的可持续发展,实现经济—社会—生态三者之间的高度和谐。只有秉承可持续发展的理念,有效地解决各种社会不公平的现象,才能实现真正的发展,才能体现出社会公正的理念①。

4. 法治是实现自由、平等、公正的制度保证。依法治国、构建一个法治国家,是我国当前的战略目标,也是很多政治家追求的终极目标,一个法治的国家才能实现真正的自由、平等和公正。

法治是个人自由的保障。自由是一个美好的概念,但是没有限制的自由就不存在自由,个人自由是通过法律保障的。洛克通过多年的研究指出,只有具有法律支配的自由才是真正的自由,失去了法律,自由就谈不上自由。由此可见,法律维护的自由,就是不受他人拘束,个体能够根据自己的意愿行事,真正自由的内涵也是如此。因为有法律的存在,自由就不是绝对的自由,是有适当限度的自由。只有在适当的限度之内,人们才能按照自己的意愿享有真正的自由。只有在法治的条件下,才会有真正的自由,具体原因在于两点,首先,只有法律法规,才能够对自由进行约束,其他任何人和任何机构都不能够限制个人的自由。其次,法律是对任何人都是一样的,是公平的,法律是所有大众共同制定的,是针对所有人,并不是针对特定的人,或者特定的阶层。如果失去了法律,大家可以想象社会的混乱程度,人都不可能拥有自由。

法治是社会平等的保证。法律适用于所有人,所以用法律管理社会,就会对所有人一视同仁,法律面前人人平等。西塞罗指出:"人人一向追求的就是权利平

① 周智:《社会公正:社会主义和谐社会的价值核心》,《齐鲁学刊》2005 年第 6 期,第 134 - 136 页。

等,而且不可能存在另样的权利。如果他们从一个公正而高尚的人那里达到了这一点,他们便会心满意足。由于这一点未能达到,所以就发明了法律,让它永远运用同一个声音对所有的人说话。”足见法律追求的是人人权利平等。在法治的条件下,法律是最高的统治者,法律面前人人平等,每个人都拥有相同的尊严,没有人因贫穷低下而受到歧视,也没有人因富有而被看作高人一等。约瑟夫·拉兹(Joseph Raz)认为,法律本身也许会侵犯人的尊严,但不实行法治显然会侵犯人的尊严。这是由于不实行法治,便不会有人的平等,也就不会有人们普遍的尊严。①可见,法治是实现个人平等的重要保障。

法治也是社会公正的保障。当法制不健全,人治占统治地位时,统治者手中,掌握着社会的公共权力,他们按照自己的喜好、亲疏远近,对社会资源进行分配,这种分配方式根本谈不上公正。当法律法规健全,人类进入了法治社会时,法律是所有人共同制定的,所有人必须依照法律行事,公共权力才有实现公平的可能。亚里士多德对此进行高度评价,只有崇尚法治的人,才能理智地对待人和神。崇尚人治的人,充满了欲望和兽性,统治者的生命进程会扭曲,即使是心灵优秀的人也会丧失理智,只有法律才能杜绝欲望,才能控制欲望的泛滥②。根据上述可以看出,人治社会很容易受到个人欲望的控制,具有任意性和不确定性,要想克服统治者的个人欲望,理性地对待社会,只有实现法治。只有在法治的条件下,受害者才能依法得到赔偿,社会才能实现公平公正,人的自由权利才能充分彰显。

第三,公民个人层面:倡导爱国、敬业、诚信、友善。

1. 爱国是公民的社会美德。中华民族有着几千年的文明历史,热爱祖国,是历史文化的沉淀,是民族精神的展现,也是支撑中华民族一代代传承的精神动力。无数人是在热爱祖国精神力量的鼓舞下,团结一致,报效祖国,振兴中华。

爱国主义精神是一种巨大的精神动力,推动着中华民族一代又一代为之奋斗。爱国在任何一个时代下都有着非同一般的意义。在几千年人类发展史上,以

---

① Joseph Raz. The Authority of Law: Essays on Law and Morality, Oxford: Clarendon Press, 1979: 221 – 222.

② [古希腊]亚里士多德:《政治学》,颜一、秦典华译,中国人民大学出版社 1994 年版,第 112 – 113 页。

爱国主义为核心的民族精神推动了社会文明的进步，推动了人类的发展，形成了人类和平的思想基础，成为国家统一的坚定基石，也是民族团结的重要纽带。世世代代的人民在爱国主义精神的鼓舞下，艰苦创业、奋发向上，生生不息。特别是在中华民族生死关头，正是这种爱国主义精神成为千百万仁人志士的心中灯塔，挽救中华民族于危难之中，鼓舞着中国人民为之而奋斗。弘扬以爱国主义为核心的民族精神，也是当代新中国建设的主流意识形态①。

2. 敬业是公民的职业道德。通过敬业这一指标能够实现对公民的职业行为准则的评价，敬业能够集中反映出公民的职业道德，是一种无形的力量，具有动员、鼓舞和推动的特征，只有任何一个公民恪尽职守、兢兢业业、无私奉献，社会才能得以发展，才能创造出更多的物质财富。

敬业是职业道德的核心理念。在履行职业义务的过程中，才能够体现出敬业的精神，个体才会实现自己的人生价值。个人价值的体现主要集中在工作的过程中，珍惜职业带来的机会，是每一个个体应有的职业精神。如今社会是一个各显才华的社会，只要具有敬业的理念，就能够在岗位上取得成就。一个社会和国家的发展，需要无数人在岗位上付出，在岗位上兢兢业业地努力，需要有更高的敬业理念。敬业理念已经成为一种强大的精神动力，推动着社会的发展。美国是当前最为发达的国家，之所以取得成功的原因之一就是美国人具有强烈的创业精神、独立思考的意愿，在工作中敬业，毫不松懈。新加坡和德国人，他们追求着繁荣昌盛、精益求精，是通过自己严谨认真、努力奋斗的精神和观念实现的。在历史发展的过程中，这些国家的优秀民族敬业的精神已经得以展现，所以才能在世界竞争中立于不败之地。

3. 诚信是人的基本德行。中华民族几千年来，传统美德主要集中在诚实守信，只有诚实守信，才能够形成良好的社会伦理秩序。中国当前正在进行社会主义现代化建设，必须重视诚信建设，只有实现人人诚信，才能形成良好的社会市场秩序。

诚信是传统伦理的基本准则。诚信要求诚和信，前者指的是诚实和真诚，体现的是人的内在品质。后者指的是信任、守信和信用，体现的是人的外在表现。

---

① 孙杰：《当代中国社会主义核心价值观研究》，人民出版社 2016 年版，第 157 页。

一个诚实的人才能内心充满了真诚，才会守信。在中国千百年的传统文化中，诚信一直是一个亘古不变的真理，是中华民族的传统美德，属于伦理范畴。无论历史如何发展和演变，无论山河如何更替，诚信的美德一直流传了下来，以信取人、以诚立业是无数人的处世原则。诚信体现的是社会伦理基础，中国当前正在进行社会主义现代化建设，唯有诚信才能实现其建设目标，大力弘扬诚信，让传统美德代代传承，是实现现代化建设目标的关键。

中国共产党取信于民最根本的原因就在于诚信，从成立之初，中国共产党就把诚信作为立党根本，在多年的革命和建设过程中，不断实践着诚信，让诚信更加熠熠生辉。

4. 友善是人的善良和宽容凝聚的一种宽厚的德行。与人为善，始终心存善念，有着一颗善良之心，才能和他人之间和谐相处。与人为善体现了公民道德的基本内容。

友善是为人处世的社会基础，是中华民族传统美德的集中体现，也是中华传统文化的凝聚。自古以来，中国提倡礼让、仁爱和宽恕。人与人之间要互谅互敬，才能够和睦相处，才能形成一个良好的社会氛围，充满了亲情、友爱、团结互助。“爱人者，人恒爱之；敬人者，人恒敬之。”①友善就如同一颗亲情的种子，在人的心灵上生根发芽，带来温暖带来阳光，正是这些传统美德，才让中华民族团结在一起，形成一个稳固的力量，推动着社会快速发展。要想确立友善人际关系，必须做到尊重他人，尊重他人的观点、尊重他人的正当利益，让人感受到尊敬，感受到人格尊严的魅力，除此之外，还要尊重他人的婚姻家庭、个人隐私，而不是横加指责或者妄为地点评，多一颗包容、关爱之心，生活会变得更美好。我国当前正处于经济转型期，个人在生活和工作中经常会遇到一些困难，人人只要伸出援助之手，多一份关爱、温馨，有利于社会道德水平的提高。

总之，三个倡导体现了价值目标的高度统一。“富强民主文明和谐”就如同灯塔，指引着社会主义的发展，是社会主义发展价值目标的体现，也是 56 个民族的热切期盼，所以体现了中国人的价值诉求。“自由平等公正法治”“爱国敬业诚信友善”分别展示了社会主义价值取向、道德规范。如果失去了方向，就谈不上其他

① 《孟子译注》，杨伯峻译注，中华书局 2012 年版。

的价值目标①。

（二）社会主义核心价值观的内在逻辑

社会主义核心价值观的内在逻辑的分析，意味着我们首先分析这其中的每一个概念，了解内涵和外延，另外还要分清三个层次之间的关系，阐释清楚每个层次中四个范畴的关系，三个层次之间相互联系，相互依存，展示的是不同的价值要求，是一个统一的整体，不能够把它们分裂开来，单独去分析。

一是三个层面的内在逻辑。习近平总书记 2014 年在北大的讲话中，首次提出了社会主义核心价值观的概念，并热情洋溢地阐述了三个层面之间的关系，他认为，正是因为中华传统文化丰富的内涵和魅力，才凝聚成三个层面，三个层面实际上和中华文化中诚意正心、治国平天下的逻辑具有高度的一致性，也就是说无论是中国古代，还是社会主义建设时期，国家、社会和公民的价值融为一体，是民族精神的需求，也是时代精神的体现，更是世界文明的召唤。如果根据中国古代的修、齐、治、平的逻辑，首先要实现个人的价值，然后实现群体的价值，最后实现国家的价值，其价值是自下而上、由内而外。但是中国传统文化具有特殊之处，作为一个几千年的宗法社会、家族社会横亘在个人与国家之间，齐家并不是让每一个家庭都幸福和谐，而指的是家族，让自己的家族幸福和谐。但是在新的时代下，家已经成为一个更加广泛的社会领域，在公民个人和政治国家之间存在着，成为联系两者的桥梁。齐家不是一个家庭、一个小家族，而是一个集体，包括所有的企业、社区，也包括所有的单位。

二是每一个层面的内在逻辑。每一个层面都包含了四个范畴，四个范畴不是孤立存在的，具有千丝万缕的联系，只有从学理上分清四个范畴的逻辑关系，才能更好地认识到每一个层面。在国家层面，富强是经济层面概念，包含国家综合国力的强盛，也包含人民共同富裕，缺少任何一个都不能称为富强；民主是政治层面概念，中国社会主义不同于资本主义的根本标志，就是人民当家作主。人民当家作主、依法治国都是不可缺少的内容；文明是文化层面的概念，集中体现在思想道德建设方面，具体内容包括教育、科学、文化事业；和谐主要指的是人与人、人与自

① 本书编写组：《社会主义核心价值观学习读本》，新华出版社 2013 年版，第 79 页。

然之间和谐相处,不仅体现了社会的价值目标,也体现了生态价值目标。通过对上述四个范畴内涵和外延的详细阐述,能够明确地感受到,四个范畴实质上就是我国当前所提出的五位一体的建设目标。

五位一体的建设目标主要体现在以下几方面:一是社会层面。用马克思的话来说,未来社会是一个自由人联合体,人能够实现全面的自由,也能实现全面发展,所以社会主义最高价值目标就是自由;当人类消灭了各种不平等,人类社会实现了前所未有的人人平等,平等就成了人们的最基本的权利,所以社会主义社会的基本价值就是平等;要想实现自由和平等,必须遵循公正的原则,机会、程序和结果公平公正,三者缺一不可,所以社会主义制度的根本德行就是公正;保证上述三个目标的实现,必须依法治国,人人在法律面前,都享有平等的权利,没有任何的逾越,没有丝毫特权,所以社会主义治国理政的根本方针就是法治。二是个人层面。个人和国家之间的关系,会体现出一种强烈的爱国主义;个人与事业之间,会展现出认认真真、兢兢业业;个人与他人之间真实诚信、实事求是,人与人之间相互关爱,友善和谐。

(三)社会主义核心价值观的意识形态属性

上述两个问题展示了社会主义核心价值观的两个内涵:每一个范畴的内涵、整体内涵。除此之外,社会主义核心价值观还体现在意识形态属性方面。

第一,社会主义核心价值观如同灵魂一般,让社会主义意识形态能够焕发生命力,能够彰显其本质。社会主义意识形态内容聚合而成核心价值观,通过极少的观念和范畴来揭示。

首先,通过极其凝练和概括的语言,揭示了社会主义意识形态本质。中国社会主义的基本理论、思想观念和价值取向高度的概括、凝练,集中体现在核心价值观中,社会主义核心价值观能够反映出人民群众的根本利益,也能够揭示出马克思主义中国化的具体精神,指明了中国社会发展的方向,形成了共同的价值观念基础,让中华各民族团结在一起,为实现目标而奋斗①。

其次,对社会主义意识形态的内容和功能起到制约、规范的作用。核心价值

① 蒋丽:《社会主义核心价值观的六维解读》,东北大学出版社 2015 年版,第 79 页。

观一经提出,就产生了强大的精神力量,起到了前所未有的制约和规范作用,社会主义意识形态不再茫然,也不再彷徨,各个内容体系都能够有效地组合,充分体现其内涵和本质,推动其朝向正确健康的方向发展。

最后,社会主义意识形态是知识和观念的基础。核心价值观并不是空穴来风,是在社会主义实践的基础上形成的,社会主义意识形态为核心价值观的形成提供了大量的知识和优质的资源,在马克思主义中国化理论的引导之下,核心价值观吸纳了各方面的精髓,利用了多方的优质价值资源,才能够成功地构建,才能够沿着正确方向健康发展。

第二,其内涵是由意识形态本质决定的。任何阶级社会都有自己的社会意识形态。关于意识形态的定义,众说纷纭。萨姆纳曾经归纳出十种定义,伊格尔顿归纳出六种流行定义。意识形态是一定的阶级和社会集团根本利益的理论反映。社会意识形态内容非常广泛,包含社会生活的各个方面,比如政治思想、哲学、艺术、宗教等。如果从社会结构的角度进行分析,属于社会文化形态范畴,不仅能够体现出社会的经济形态,也能体现出社会的政治形态,是两者的集中反映,是两种思想体系的完美结合。经济和政治形态决定着意识形态,意识形态反过来影响经济和政治形态。在一定的历史条件下,统治阶级或者集团为了维护自身的统治、获得利益,而形成的价值观念和行为规范体系,统称为意识形态。社会中各种意识形式的概括、凝聚和提炼,就构成了意识形态。

马克思对此进行了全面的阐述,在统治社会下,占统治地位的思想观念不能代表整个社会的意识形态,统治阶级的思想观念实际上就是制度化的思想体系,在制度合法性的基础上,这种思想体系发挥着价值观念形态的作用,其目的就是让被统治者臣服任何现有的社会制度和生活。

中国共产党从成立之初,就确定了为广大劳苦大众服务,是无产阶级的政党,以马克思主义为方向。党中央是党的最高权威机构,其性质和宗旨决定了只能在科学的思想指导下,才能够开展各种活动,才能形成科学的价值观念,中国共产党才能够全心全意代表广大人民群众的利益。中国共产党的性质和宗旨决定了任何评价标准,都必须以国家和人民群众的利益为根本,只有建立在群众的立场上,才能够真正地反映出各种价值现象和关系,才能够真正体现出社会主义转型期的意识形态。

中国共产党经历了艰苦卓绝的革命战争、艰难的社会主义建设，在总结历史经验的基础上，总结出了社会主义核心价值观，是对社会主义意识形态的最高评价，也是权威性评价。社会主义意识形态最主要的表现形式就是其所蕴含的指导思想、精神动力等，也是其最基本的内容和本质体现，中国共产党人对此内容进行高度的概括和凝练，最终形成社会主义核心价值观。

第二节 社会主义核心价值观的基本特征

社会主义核心价值观具有发展性、民族性、人本性与实践性等方面基本特征，是建立在唯物史观理论的基础上。

一、发展性

马克思主义是科学的世界观和方法论，但是，它的思想并不是永久固定的教条，而是不断向前、适应变化的科学理论。因此，作为历史唯物主义的重要内容的社会主义核心价值观，也是不能孤立存在和发展的，它也必须是一个动态的、开放的、不断变化的理论体系。

社会主义核心价值观的发展性，主要表现在四个方面：一是与时俱进。社会主义核心价值观是一个开放的、而不是封闭的价值体系，就其理论内容和思想形式来讲，都是随着时代的发展而与时俱进的。二是包容性。社会主义意识形态的特征之一就是它强调“尊重差异、包容多样”，这就使作为社会主义意识形态本质体现的社会主义核心价值观，也要做到既坚持自身在多元价值观中的主导地位，又能平等地对待各种不同价值观的存在与发展，还能从各种不同价值观中汲取有价值的思想食料，不断丰富和完善自己，以更好地适应时代的发展。① 三是理性。社会主义核心价值观发展性特征，还反映在它对待其他非主流价值观所持的一种

① 宋惠昌：《社会主义核心价值观专题解读》，中共中央党校出版社 2010 年版，第 20－21 页。

理性态度。理性、科学地分析社会上存在的各种价值观,既尊重价值观念的多样性,又能在多样中立主导,自觉以社会主义核心价值观引领各种社会思潮。四是表述的开放性。社会主义核心价值观内涵的概括,采取的是一种开放而未定性与定论的表达方式,这就为社会主义核心价值观的进一步凝练、概括和总结留下了充分余地与广阔空间。

当然,我们也不能采取形而上学的态度,而是应该全面地、科学地认识。只有立足现时代,不断丰富它的内涵,不断随着社会的发展而进行自身发展,社会主义核心价值观才能更好地凝聚人心,鼓舞斗志,引领社会风尚。对待社会主义核心价值观,应该全面地认识,科学地进行分析,立足于时代精神,不断地发展和丰富,充分发挥核心价值观的功能,成为一种社会主旋律。

二、民族性

文化的民族性对于本民族和国家来说是根基。对于文化来讲,越是民族的,就越是世界的。价值观是文化的核心与灵魂,因此,价值观具有民族性。恰是由于这样的民族性特征,使社会主义核心价值观能够获得各族人民的广泛认同,体现中华民族最深层的价值追求,成为全民族的共同精神财富。社会主义核心价值观的民族性是指其产生与形成建立在社会主义国家民族优秀文化传统之上,它凝聚了各族人民的根本利益,反映了人民的共同心愿,具有鲜明的民族特色与广泛的群众基础。

坚持社会主义核心价值观民族性特征,必须充分发扬中华民族的优秀传统。其关键就是要加强中华民族优秀文化传统教育,发扬爱国主义精神。邓小平强调,必须发扬爱国主义精神,提升民族自尊心与自信心。否则我们就会被种种资本主义势力侵蚀腐化,建设社会主义就会面临多种困难。① 诚见,弘扬中华民族爱国主义优良传统的重要性。同时,我们还要全面、科学地认识传统文化,学会批判地继承优秀文化遗产。建设当代中国社会主义核心价值观,必须从我国具体国情出发,绝不允许也不可能照搬照抄任何外国模式;必须扎根

---

① 《邓小平文选(第2卷)》,人民出版社1994年版,第369页。

于民族的生命力、凝聚力与创造力之中，反映出中华民族的价值传统与历史血脉；必须树立民族自信心，培养民族自豪感，坚决抵制各种错误思潮尤其是资本主义腐朽价值观的侵袭。概括来讲，对待中国传统文化，既要反对民族文化复古主义倾向，也要反对民族文化虚无主义倾向。而应采取分析批判的科学态度，汲取其民族性的精华，去除其封建性的糟粕，努力建设和传统美德相承接的社会主义核心价值观。

三、人本性

以人民根本利益为宗旨，体现了社会主义核心价值观的人本性的特征，也是其价值取向和追求的体现。在经济、政治和思想文化领域，价值主体是广大人民，人民当家做主，是这些领域的最根本的原则，也是社会主义的本质。失去了人民当家做主，社会主义就成为空谈。我国是人民民主专政的国家，人民的权利至高无上。人民除了服务于国家权力之外，还创造了大量的物质财富、精神财富，成为社会发展的动力，推动了社会主义现代化的实现。所以国家利益只有和人民利益紧密地联系起来，才能得到人民的衷心拥护，才能成为一股不懈的动力，推动着社会主义不断地进步和发展。党和国家正是认识到这一点，才确立了人民当家做主的观念，任何工作都必须围绕着人民群众的利益进行，为实现人民权益最大化而努力。只有充分认识到核心价值观人本性的特征，才能够认识到人民群众的力量和价值，才能真正地落实人民当家作主。任何忽视人民利益，忽视人民当家作主的权利，都不会得到人民的认同，都无法得到持续发展。人民当家作主集中体现了马克思主义的群众观点，也是我党的根本宗旨。

四、实践性

在人们实践活动的基础上，不断让它发展演变，不断地凝聚和概括，最终形成了核心价值观，作为具有生命力的意识形态，核心价值观具有实践性，实践是社会发展的动力之源，是阐释社会与意识形态的基础。价值观在不断的发展和变化中，而实践则是动力源泉，为其发展和变化提供了源源不断的动力。中国共产党人在艰苦卓绝的革命战争中、在四面楚歌的社会主义建设中、在伟大的改革的实践中,形成了社会主义核心价值观,实践是核心价值观的来源。在社会生活中,实践的形式各种各样,形成了不同的价值观,价值观和相应的社会生活具有高度的契合性,在生活的实践中、在历史的追寻下,不断地寻求依据,然后通过实践来证明,最终形成稳定的价值观。社会主义核心价值观的实践,使无数社会现实生活的体现,凝聚了生活实践的经验,如果离开了现实生活,价值观就会如同空中楼阁,只停留在纸面,很难在实践中开展。

第二章

社会主义核心价值观的生成

社会主义核心价值观的生成是中国共产党领导中国人民在进行社会主义革命、建设和改革的伟大实践中逐步形成和完善起来的,经历了由以阶级斗争为纲到以发展经济为中心、到以发展生产力为中心、再到以人为本的转换,内容非常丰富。集中体现在毛泽东思想、邓小平理论、“三个代表”重要思想、科学发展观与习近平总书记系列重要讲话及党的一系列路线、方针、政策之中,体现在中国特色社会主义理论体系中。

第一节　社会主义核心价值观的理论渊源

社会主义价值观经历了一个历史的流变过程,表现为从抽象到具体、从原始的丰富多样性到历史的具体性的展开,表现为从空想到科学、从理论到实践、从革命到建设和改革的转换,存在着革命的逻辑、建设的逻辑与改革的逻辑之间的差异。

一、马克思恩格斯的科学社会主义价值观

马克思恩格斯说过:“一切划时代的体系的真正的内容都是由于产生这些体系的那个时期的需要而形成起来的。”①

科学社会主义价值观是适应时代和无产阶级革命斗争需要的产物,是在资本

① 《马克思恩格斯全集(第3卷)》,人民出版社1960年版,第544页。

主义的生产状况和阶级状况成熟的条件下产生的。而且,科学社会主义价值观"同任何新的学说一样,它必须首先从已有的思想材料出发"①。科学社会主义的价值理论既没有离开世界文明大道,更不是狭隘的宗派学说,而是16世纪以来人类所创造的优秀成果尤其是19世纪初三大空想社会主义者价值思想的直接继承。唯物史观和剩余价值论是科学社会主义价值观的理论基石,"由于这些发现,社会主义变成了科学"②。

马克思恩格斯历来不主张对未来社会作详细的描绘。他们著作的大部分是论述资本主义发生发展的规律、社会主义代替资本主义的历史必然性和无产阶级革命问题,而对资本主义以后的未来社会的设想始终慎之又慎。他们一再宣称,决不提供适合将来任何时候的"一劳永逸的现存方案"。尽管如此,他们在同其他社会主义流派的论争中,也对未来社会价值观作过一些预测和阐发。他们关于未来新社会的预见和描述包括高度发达的生产力、社会占有制、计划经济、按劳分配、阶级消灭和国家消亡,等等。就价值观念而言,公平正义、尊重人权、友爱互助、富裕和谐、自由构成了科学社会主义价值观的核心内容。

第一,公平正义。社会主义源于人们对自由、平等、互助社会的向往,其原动力就是通过建立新的社会组织为所有的人争取平等的机会,使他们都能摆脱剥削、压迫、贫困和愚昧,在其共同生活和劳动的一切领域自由发挥自己的个性。社会主义价值的主体是无产阶级和劳动人民,终极价值是人的自由全面发展,这其中就已包含着公平的价值内涵。正义是"社会制度的首要价值"。公正、平等都是对权利和义务、奉献和获取的社会评判,两者内质贯通不可分割。虽然马克思恩格斯因资产阶级虚伪的"正义"和空想社会主义幻想的"正义"而竭力批判并忌讳使用正义概念,但不能因此而否认"社会主义概念是与'正义'概念联系在一起的"。"虽然我们不应该把社会主义就简约为正义,但反过来,我们应该说正义就是社会主义。"③"平等,作为共产主义的基础,是共产主义的政治的论据。"④"一切人,或至少是一个国家的一切公民,或一个社会的一切成员,都应当有平等的政

① 《马克思恩格斯选集(第3卷)》,人民出版社1995年版,第719页。

② 《马克思恩格斯选集(第3卷)》,人民出版社1995年版,第740页。

③ 转引自刘卓红、关锋:《价值的社会主义》,《当代世界与社会主义》2006年第6期。

④ 《马克思恩格斯全集(第42卷)》,人民出版社1979年版,第139页。

治地位和社会地位。”①

社会主义是正义的事业，要实现平等基础上的自由人的联合。社会主义推崇的正义不应拘执于西方的争议（诸如分配正义和持有正义），而应“在最广泛意义上来理解的，它涉及人类关系的一切领域：权力和自由、收入和财产、任务和角色、机会和健康条件、文化和信息的渠道等等。”②

公平正义是具体的、历史的，不同的时代有不同的含义。“希腊人和罗马人的公平认为奴隶制度是公平的；1789 年资产者的公平要求废除封建制度，因为据说它不公平……所以，关于永恒公平的观念不仅因时因地而变，甚至也因人而异”③，“平等归结为法律面前的资产阶级的平等”④。作为观念形态的东西，公平正义根源于现实的经济关系，其内涵随着经济关系的改变而改变，其实现最终取决于生产力的发展水平。社会主义消灭了剥削阶级，实现了经济地位的平等，为社会实现真正的公平创造了制度条件。马克思恩格斯一贯反对关于抽象的“公平”“平等”的说教，认为在共产主义社会第一阶段出现和存在的这种事实上不平等是不可避免的，因为“权利决不能超出社会的经济结构以及由经济结构制约的社会的文化发展。”⑤“把社会主义社会看作平等的王国，这是以‘自由、平等、博爱’这一旧口号为根据的片面的法国人的看法，这种看法作为当时当地一定的发展阶段的东西，曾经是正确的，但是，像以前的各个社会主义学派的一切片面性一样，它现在也应当被克服，因为它只能引起思想混乱，而且因为已经有了阐述这一问题的更精确的方法。”⑥真正的公平正义只有在共产主义制度下才能实现。

第二，尊重人权。人权是权利的最一般的形式，是人的诸多权利的最集中、最概括的表达，是社会主义价值观应有的内容。“哲学是阐明人权的，哲学要求国家是合乎人性的国家。”⑦“必须推翻那些使人成为受屈辱、被奴役、被遗弃和被蔑视

① 《马克思恩格斯选集（第 3 卷）》，人民出版社 1995 年版，第 444 页。
② ［法］雅克·比岱：《资本主义，我们时代可以超越的地平线》，李会滨、靳辉明等编：《走向 21 世纪的社会主义》，中央编译出版社 1996 年版，第 209 页。
③ 《马克思恩格斯选集（第 3 卷）》，人民出版社 1995 年版，第 212 页。
④ 《马克思恩格斯全集（第 20 卷）》，人民出版社 1971 年版，第 20 页。
⑤ 《马克思恩格斯选集（第 3 卷）》，人民出版社 1995 年版，第 305 页。
⑥ 《马克思恩格斯选集（第 3 卷）》，人民出版社 1995 年版，第 325 页。
⑦ 《马克思恩格斯全集（第 1 卷）》，人民出版社 1995 年版，第 225 页。

的东西的一切关系”①,消灭“现代社会的一切违反人性的生活条件”②。他们认为,人权不是天赋既定的,而是在社会实践中形成的,在不同的历史时期,人权的主要内容和侧重点不同;人权是绝大多数人的人权,而非少数人的专权和特权,社会主义重视“集体人权”,反对“原子式”的个人自我诉求;人权是具体的、实际的、有切实保障的,不应流于口号而成为抽象的、虚幻的奢谈;人权应是多方面的、综合性的,包括政治、经济、文化多个方面的内容,不仅仅局限于政治权利。

第三,友爱互助。资本主义是“虚幻的集体”,“它使人和人之间除了赤裸裸的利害关系,除了冷酷无情的‘现金交易’,就再也没有任何别的联系了”③。社会主义是“真实的集体”,是一种“自由人联合体”,是“自由劳动者的互助合作”。它提倡并追求人人关爱、互助合作、友爱团结,形成“我为人人,人人为我”的和谐人际关系。在那里,人们感到的是关爱、温馨和美满。

第四,富裕和谐。马克思恩格斯指出,资产阶级虽然“在它的不到一百年的阶级统治中所创造的生产力,比过去一切世代创造的全部生产力还要多,还要大”④,但却导致了两极分化和阶级压迫。只有消灭资本主义私有制,实现生产资料的社会占有,实行按劳分配和按需分配的原则,才能使社会成员拥有一天比一天富裕的生活。同时,他们充分肯定了空想社会主义提倡“社会和谐”的主张,指出和谐社会发展是以生产力的巨大增长和高度发展为前提的。只有生产力的充分发展、物质财富的充分涌流,才能为阶级和阶级差别的消灭创造物质基础,才能为人的全面发展提供充分的物质财富,达到真正和谐发展的共产主义社会。

第五,自由。自由是人的类特性,也是社会主义的最高追求。马克思反复强调,“自由是全部精神存在的类的本质”,“自由确实是人所固有的东西”,“没有了自由对人说来就是一种真正的致命的危险”⑤,“人的类特性恰恰就是自由的自觉的活动”⑥,“自由只能是:社会化的人,联合起来的生产者,将合理地调节他们和

① 《马克思恩格斯全集(第1卷)》,人民出版社1956年版,第460-461页。
② 《马克思恩格斯全集(第2卷)》,人民出版社1957年版,第45页。
③ 《马克思恩格斯选集(第1卷)》,人民出版社1995年版,第275页。
④ 《马克思恩格斯选集(第1卷)》,人民出版社1995年版,第277页。
⑤ 《马克思恩格斯全集(第1卷)》,人民出版社1956年版,第67、63、74页。
⑥ 《马克思恩格斯全集(第42卷)》,人民出版社1979年版,第96页。

自然之间的物质变换……在最无愧和最适合人类本性的条件下,来进行物质交换。"①恩格斯指出,"人生来就有的自由要求"②得到满足,人就会产生幸福感。

马克思主义所讲的"自由"包括哲学层次上的自由和社会自由。哲学层次上的自由指人类对自然界和社会认识上的自由。相对于动物的自发活动而言,人的活动是自由自觉的,是受一定思想支配的;人类对自然规律和社会规律的认识越深刻、越正确,思想就越解放,行动就越自由。自由是活动主体在认识活动和实践活动中追求和表现出的一种自觉、自为、自主状态。社会自由指人类不断摆脱各种枷锁,在体力、智力和活动能力等方面获得自由发展。自由是整个社会的自由,也是每个人的自由,他人的自由是每个人的自由的界限和条件。他们充分肯定了资本主义社会自由交换体系的建立使人们在商品生产、消费和就业选择上拥有前所未有的自由,但也多次指出资产阶级自由的欺骗性,指明"在自由竞争情况下,自由并不是个人而是资本"③。从人类历史发展来看,真正的人的自由只有在共产主义社会才能达到,在那时,个人成为真正的个人,在社会关系中真正获得了自由,达到了"外部世界对个人才能的实际发展所起的推动作用为个人本身所驾驭"④的理想境界,"第一次成为自然界的自觉的和真正的主人,因为他们已经成为自身的社会结合的主人了"⑤。

社会主义最终要实现人的自由全面发展,"我们的目的是要建立社会主义制度,这种制度将给所有的人提供健康而有益的工作,给所有的人提供充裕的生活和闲暇时间,给所有的人提供真正的充分自由。"⑥人的自由还是全面的自由,表现在人与自然关系、人与社会关系、人与自身关系中的自由,"人终于成为自己的社会结合的主人,从而也就成为自然界的主人,成为自身的主人——自由的人。"⑦但每个人的自由并不是说人们可以超越历史条件和现实条件的限制,游离于社会之外,随心所欲地行动。

---

① 《马克思恩格斯全集(第25卷)》,人民出版社1974年版,第926-927页。
② 《马克思恩格斯全集(第9卷)》,人民出版社1961年版,第18页。
③ 《马克思恩格斯全集(第46卷(下))》,人民出版社1980年版,第157页。
④ 《马克思恩格斯全集(第3卷)》,人民出版社1960年版,第330页。
⑤ 《马克思恩格斯选集(第3卷)》,人民出版社1995年版,第634页。
⑥ 《马克思恩格斯全集(第21卷)》,人民出版社1965年版,第570页。
⑦ 《马克思恩格斯选集(第3卷)》,人民出版社1995年版,第760页。

二、列宁斯大林对社会主义价值观的丰富与发展

(一)列宁的社会主义价值观

在帝国主义时代,紧密结合俄国的特殊国情,探索和开创落后国家走向社会主义的道路,是列宁在20世纪面临的时代课题和历史任务。在十月革命胜利后不过六年的艰苦实践中,列宁对这一课题先后多次提出过设想,经历了一个相当曲折的探索过程。总的来看,这种探索大致可以划分为两个时期:从十月革命胜利到1921年春,基本上是直接过渡时期,直接把马克思恩格斯关于社会主义社会的设想运用于俄国,还没有突破马克思恩格斯有关社会主义设想的某些传统的理论框架;1921年春以后则可以看作"间接过渡"或"迂回过渡"时期。从战时共产主义政策向新经济政策的退却,是列宁从经济文化落后、小农占优势这一现实出发追求社会主义价值的努力,是从旧途径转向新途径、从错误途径转向正确途径的一次重大实践。从价值观意义上看,新经济政策的实施标志着列宁扬弃了抽象的社会主义价值原则,开始正视在一个农民国家建设社会主义的艰巨性、复杂性和长期性。以商品经济、民主政治和文化革命为骨骼的列宁的"政治遗嘱",则对俄国的合作化问题、国家机构、文化建设提出了重要的建议和设想,增添和扩展了新经济政策的内容。

1. 列宁的社会主义经济价值观

列宁在《论合作制》一文中提出:"我们不得不承认我们对社会主义的整个看法根本改变了。这个根本的改变表现在:从前我们是把重心放在而且也应该放在政治斗争、革命、夺取政权等等方面,而现在重心改变了,转到和平组织'文化'工作上面去了。"①这里的"文化"指广义的文化,包括文化的物质基础,即经济建设。

列宁关于经济建设方面的构想包括如下新颖独特的内容:不是排斥和取消商品生产,而是有计划地利用商品货币关系走向社会主义,建设社会主义;不是由国家直接组织生产和消费,而是让企业自己对自己负责,对企业实行经济核算,发挥每个大企业在支配资金和物资方面的独立性和主动性;不是单纯靠政治热情、行政手段和集体负责,而是靠"从个人利益上关心的原则"和经济责任制,来充分调

---

① 《列宁选集(第4卷)》,人民出版社1995年版,第773页。

动每个劳动者的积极性;不是直接采取“纯社会主义的经济形式”,而是采取以社会主义经济成分为主体的多层次经济结构,以适应发展生产力这个根本任务的需要;不是采取闭关自守的政策,而是在一定时期、一定范围内利用无产阶级专政条件下的国家资本主义,以便利用发达资本主义国家的资金、技术、专家、管理经验来建设社会主义;不是采取高度集中的国营农场或公社制,而是通过和商品生产相联系的合作制,引导千百万农民积极参加社会主义建设。① 提高社会生产力,增加产品数量,是社会主义经济建设的目标。“在任何社会主义革命中,当无产阶级夺取政权的任务解决以后,随着剥夺剥夺者及镇压他们反抗的任务大体上和基本上解决,必然要把创造高于资本主义的社会结构的根本任务提到首要地位,这个根本任务就是:提高劳动生产率。”②

“劳动生产率,归根到底是保证新社会制度胜利的最重要最主要的东西。资本主义造成了在农奴制度下所没有过的劳动生产率。资本主义可以被彻底占胜,而且一定会被彻底占胜,因为社会主义能造成新的高得多的劳动生产率。”③“归根到底,只有新的更高的社会生产方式,只有用社会主义大生产代替资本主义生产和小资产阶级生产,才能是战胜资产阶级所必需的力量的最大泉源,才能是这种胜利牢不可破的唯一保证。”④他提出了“共产主义就是苏维埃政权加全国电气化”的著名公式,指出“只有当国家实现了电气化,为工业、农业和运输业打下了现代大工业的技术基础的时候,我们才能得到最后的胜利”⑤。“没有大工业是不能建成社会主义的”⑥,“开发资源,建立社会主义社会的真正的和唯一的基础只有一个,这就是大工业。如果没有资本主义的大工厂,没有高度发达的大工业,那就根本谈不上社会主义,而对于一个农民国家来说就更是如此”⑦。“社会主义是大机器工业的产物”⑧,“社会主义的物质基础,只能是同时也能改造农业的大机器

---

① 参见张翼星、贺翠香、陈岸瑛:《读懂列宁》,四川人民出版社 2001 年版,第 146 - 147 页。
② 《列宁全集(第 34 卷)》,人民出版社 1985 年版,第 168 页。
③ 《列宁选集(第 4 卷)》,人民出版社 1995 年版,第 16 页。
④ 《列宁选集(第 4 卷)》,人民出版社 1995 年版,第 13 页。
⑤ 《列宁选集(第 4 卷)》,人民出版社 1995 年版,第 364 页。
⑥ 《列宁选集(第 4 卷)》,人民出版社 1995 年版,第 689 页。
⑦ 《列宁全集(第 41 卷)》,人民出版社 1986 年版,第 301 - 302 页。
⑧ 《列宁全集(第 34 卷)》,人民出版社 1985 年版,第 144 页。

工业。"①"谁忘记了这一点,谁就不是共产主义者。"②

列宁把建设社会主义物质基础,发展生产力、发展大工业作为第一任务,这与他对社会主义前途的终极关怀分不开。列宁社会主义经济价值观的实现途径集中体现于新经济政策之中,如实行粮食税制度、实行国家调节商业和货币流通、利用国家资本主义、通过合作制逐渐把个体农民引向社会主义、提高劳动生产率、加强管理、改善劳动组织等。

2. 列宁的社会主义政治价值观

社会主义政治建设的目标是建立新型的民主制度,由人民自己管理社会和国家事务。列宁指出:"民主就是承认少数服从多数的国家,即一个阶级对另一个阶级、一部分居民对另一部分居民使用有系统的暴力的组织。"③"在资本主义社会里,在它最顺利的发展条件下,比较完全的民主制度就是民主共和制。但是这种民主制度始终受到资本主义剥削制度狭窄框子的限制,因此它实质上始终是少数人的即只是有产阶级的、只是富人的民主制度……大多数居民在通常的平静的局势下都被排斥在社会政治生活之外。"④他在论述巴黎公社的民主时说:"公社用来代替被打碎的国家机器的,似乎'仅仅'是更完全的民主:废除常备军,一切公职人员完全由选举产生并完全可以撤换……实行到一般所能想象的最完全最彻底的程度,就由资产阶级民主转化成无产阶级民主,即由国家(对一定阶级实行镇压的特殊力量)转化成一种已经不是原来意义上的国家的东西。"⑤他多次强调:"无产阶级专政,向共产主义过渡的时期,将第一次提供人民享受的、大多数人享受的民主,同时对少数人即剥削者实行必要的镇压。"⑥"苏维埃政权是新型的国家,没有官僚……以新的民主制代替了资产阶级民主制,这种新的民主制把劳动群众的先锋队推倒了最重要的地位,使他们既是立法者,又是执行者和武装保卫者,并建立能够重新教育群众的机构——所以这些,在理论上是无可争辩的。"⑦"一切'民

① 《列宁全集(第42卷)》,人民出版社1987年版,第7页。
② 《列宁全集(第42卷)》,人民出版社1987年版,第52页。
③ 《列宁选集(第3卷)》,人民出版社1995年版,第184页。
④ 《列宁选集(第3卷)》,人民出版社1995年版,第189页。
⑤ 《列宁选集(第3卷)》,人民出版社1995年版,第147页。
⑥ 《列宁选集(第3卷)》,人民出版社1995年版,第191－192页。
⑦ 《列宁选集(第3卷)》,人民出版社1995年版,第463页。

主制'就在于宣布和实现在资本主义制度下只能实现得很少和附带条件很多的'权力'。不宣布这些权利,不为立即实现这些权利而斗争,不用这种斗争精神教育群众,社会主义是不可能实现的。"①他还深刻指出:"没有民主,就不可能有社会主义","胜利了的社会主义如果不实行充分的民主,就不能保持它所取得的胜利,并且引导人类走向国家的消亡。"②

政治建设、国家机关和党的领导制度的改革问题,是列宁最后关注的最为迫切的问题。他提出:"我很想建议在这次代表大会上对我们的政治制度作一系列的变动","如果我们不实行这种改革……我们的中央委员会就会遭到很大的危险。"③他关于政治建设构想的中心内容和根本任务是,揭示这种新型民主在俄国的发展道路和特殊规律,其特点在于采取无产阶级专政与新型民主、间接民主与直接民主、党的领导与人民群众直接监督管理相结合的途径,发展社会主义的新型民主。

列宁社会主义政治价值观的实现途径主要包括:巩固工农联盟这个苏维埃新型民主的柱石;以坚韧不拔的努力来建设民主高效的国家机关,健全监察机关,改组工农检察院,依靠监督机制实现对权力的制衡,杜绝滥用权力等官僚主义现象;注重人才的选拔、管理和培养;改进工作作风、提高工作效率;使社会主义民主制度化、法律化;加强执政党的自身建设;加强意识形态建设等。

3. 列宁的社会主义文化价值观

在列宁那里,社会主义文化建设的目标是造就自由全面发展的一代共产主义新人。苏维埃在文化建设上的特殊道路是:在半封建半文明的地基上先夺取政权,然后再进行文化革命和文化建设,逐步建立起社会主义的新型文明。开展文化革命,建设高度文明,是社会主义建设高度发展的关键,也是建成完全社会主义的标志。列宁指出:"现在,只要实现了这个文化革命,我们的国家就能成为完全的社会主义国家了。""没有一场文化革命,要完全合作化是不可能的。"④文化建设的任务是多方面的,既包括纯学术和精神文化方面的任务,又包括科学文化普

① 《列宁全集(第 23 卷)》,人民出版社 1958 年版,第 69 页。
② 《列宁全集(第 28 卷)》,人民出版社 1990 年版,第 168 页。
③ 《列宁全集(第 43 卷)》,人民出版社 1987 年版,第 337 页。
④ 《列宁选集(第 4 卷)》,人民出版社 1995 年版,第 773 页。

及工作;既有识字、扫盲等启蒙文化的工作,又有提高文化水平、实现电气化等当代技术尖端建设的任务;既有一般的文化教育工作,又有思想道德教育的工作。“只有了解人类创造的一切财富以丰富自己的头脑,才能成为共产主义者。”①青年“只有受了现代教育,他才能建立共产主义社会,如果不受这种教育,共产主义仍然不过是一种愿望而已”②。因此,一般青年的任务,尤其是共产主义青年团及其他一切组织的任务,可以用一句话来表示:就是要学习。他特别重视用社会主义思想体系战胜资本主义思想体系的思想教育工作。“工人本来也不可能有社会民主主义的意识。这种意识只能从外面灌输进去,各国的历史都证明:工人阶级单靠自己本身的力量,只能形成工联主义的意识,即确信必须结成工会,必须同厂主斗争,必须向政府争取颁布对工人是必要的某些法律,如此等等。而社会主义学说则是从有产阶级的有教养的人即知识分子创造的哲学理论、历史理论和经济理论中发展起来的。”③意识形态领域如果无产阶级不去占领,就会被资产阶级占领。“问题只能是这样:或者是资产阶级的思想体系,或者是社会主义的思想体系。这里中间的东西是没有的(因为人类没有创造过任何‘第三种’思想体系,而且在为阶级矛盾所分裂的社会中,任何时候也不能有非阶级的或超越阶级的思想体系)。因此,对社会主义思想体系的任何轻视和任何脱离,都意味着资产阶级思想体系的加强。”④文化建设需要经过整整一个历史时代,只能采取深入细致、缓慢渐进的形式进行。“在文化问题上,急躁冒进是最有害的。我们许多年轻的著作家和共产党员应该牢牢记住这一点。”⑤

文化价值实现的主要途径和方法包括:加强国民教育、尽快扫除文盲、加强人力物力财力等方面的保障;提高国民教师的地位和物质生活水平、爱护勤恳工作的专家;对广大党员和团员进行共产主义道德教育;等等。列宁的社会主义文化观,反映了俄国没有经历资本主义高度文明的特殊国情,虽然主要提到的是普及文化教育方面的工作,从实质上看,也反映了20世纪以来科技发展的趋势和落后

① 《列宁选集(第4卷)》,人民出版社1995年版,第285页。
② 《列宁选集(第4卷)》,人民出版社1995年版,第287页。
③ 《列宁选集(第1卷)》,人民出版社1995年版,第317-318页。
④ 《列宁选集(第1卷)》,人民出版社1995年版,第326-327页。
⑤ 《列宁选集(第4卷)》,人民出版社1995年版,第784页。

国家现代化建设的要求。

4. 列宁的人的全面自由发展思想

列宁继承了马克思关于人的全面自由发展思想。针对1902年俄国社会民主工党讨论党纲时普列汉诺夫所说的“有计划地组织社会生产过程来满足整个社会及社会各个成员的需要”①,列宁提出:“不仅满足社会成员的需要,而且保证社会全体成员的充分福利和自由的全面发展,这会更明确些。”②十月革命后,列宁在起草的《俄国共产党〈布尔什维克〉纲领》中一如既往地强调:“无产阶级的社会革命以生产资料和流通资料的公有制代替私有制,有计划地组织社会生产过程来保证全体社会成员的福利和全面发展,将消灭社会的阶级划分,从而解放一切被压迫的人们,消灭社会上一部分人剥削另一部分人的一切形式。”③共产主义正在向人的全面发展“这个目标前进,必须向这个目标前进,而且一定能达到这个目标,不过需要经过许多岁月”④。这就既表达了对实现这一目标的坚定信念,又清醒地认识到了实现这一目标的长期性。

其一,提倡在公有制基础上建立一种共同劳动、平等互助、团结一致的新型社会关系。他明确提出了“建立人与人之间社会联系的新形式”⑤的口号,并把它和镇压剥削阶级反抗看作是社会主义的“双重的或二位一体的任务”⑥。他从不同角度揭示了社会主义条件下共同劳动、平等互助、大家为一人、一人为大家的新型和谐关系,提出“要努力把‘大家为一人,一人为大家’和‘各尽所能,按需分配’的准则渗透到群众的意识中去,渗透到他们的习惯中去,渗透到他们的生活常规中去”⑦。

其二,强调人的脑力劳动与体力劳动、物质生活与精神生活、生产活动与管理活动的和谐结合,提倡人的个性和才能的积极发展,造就“全面发展的和受到全面

---

① 《列宁全集(第6卷)》,人民出版社1986年版,第188页。
② 《列宁全集(第6卷)》,人民出版社1986年版,第218页。
③ 《列宁全集(第36卷)》,人民出版社1985年版,第96页。
④ 《列宁全集(第39卷)》,人民出版社1986年版,第29-30页。
⑤ 《列宁选集(第4卷)》,人民出版社1995年版,第131页。
⑥ 《列宁选集(第4卷)》,人民出版社1995年版,第13页。
⑦ 《列宁全集(第39卷)》,人民出版社1986年版,第100页。

训练的人。”①他坚决反对把社会主义与“抹煞个性”或“平均主义”混为一谈，指出：“社会民主党人所理解的平等，在政治方面是指权利平等，在经济方面，我们刚才已经说过，是指消灭阶级，至于规定人类在力气和才能（肉体的和精神的）上平等，社会主义者连想也没有想过。”②

在社会主义价值观与社会主义实践、制度的关系问题上，列宁坚持社会主义的科学性与价值性的统一，批判考茨基的“科学的社会主义”和伯恩斯坦的“伦理社会主义”。根据俄国的具体实际，面对目的和手段、理想和现实、价值和制度之间的张力，列宁更关心后者。他深刻认识到，“对俄国来说，根据书本争论社会主义纲领的时代已经过去了，我深信已经一去不复返了。今天只能根据经验来谈论社会主义”③。他开启了落后国家建设社会主义的新思路，也开启了落后国家坚持科学原则与价值原则、科学尺度与价值尺度相统一的新思路。他对历史主体实践能动性的强调与对社会主义物质必备条件的重视，对社会主义终极目的的强调与对达到目的的途径、手段、方法的重视，对建构中国特色社会主义核心价值观不无启迪作用。

（二）斯大林的社会主义价值观

斯大林社会主义核心价值观表现在经济、政治、文化等诸多方面，具有丰富的内涵。

其一，经济的价值观。发展社会生产力、消灭贫困、使人民过上美满富裕的生活，是斯大林根据科学社会主义基本原理和苏联实际情况提出的经济目标。在他看来，发达的生产力是社会主义大厦赖以建立的基石。他多次指出：“社会主义只有在社会生产力蓬勃发展的基础上，在产品和商品十分丰富的基础上，在劳动者生活富裕的基础上，在文化水平急速提高的基础上才能建成。”④“如果以为社会主义能够在贫困的基础上，在缩减个人需要和把人们的生活水平降低到穷人生活水平的基础上建成，那就是愚蠢了。”贫穷以及建立在贫穷基础上的社会主义，实

---

① 《列宁全集（第39卷）》，人民出版社1986年版，第29页。
② 《列宁全集（第20卷）》，人民出版社1952年版，第138页。
③ 《列宁全集（第34卷）》，人民出版社1985年版，第466页。
④ 《斯大林选集（下卷）》，人民出版社1980年版，第339页。

际上并“不是什么社会主义,而是对社会主义的讽刺”①。

使人民过上美满生活是社会主义经济建设的目标。1933 年,斯大林指出:“我们的当前任务是使全体集体农庄庄员成为生活富裕的人。”②1934 年,他进一步强调:“如果我们不是要使我国人民过美满生活,那就用不着在 1917 年 10 月推翻资本主义,进行多年的社会主义建设了。社会主义不是要大家贫困,而是要消灭贫困,为社会全体成员建立富裕和文明的生活。”③这就明确提出了社会主义的目的就是要使全体人民摆脱贫穷、实现共同富裕。④

其二,政治的价值观。政治建设的目标是建立无产阶级专政的国家制度。离开了无产阶级专政,无论是无产阶级革命还是社会主义建设都一概会化为乌有。因为,无产阶级专政是“保持政权,巩固政权,使它成为不可战胜”的保障,是“无产阶级革命的基本内容问题。无产阶级革命,无产阶级革命的进展、规模和成绩,只有通过无产阶级专政才能具体实现。无产阶级专政是无产阶级革命的工具,是这个革命的机关,是这个革命的最重要的据点。……如果革命不在自己发展的某一阶段上建立无产阶级专政这个专门机关作为自己的基本支柱,那么这就不能镇压资产阶级的反抗,不能保持胜利并向前进展到社会主义的最终胜利。”⑤

其三,文化的价值观。文化建设的目标是加强马克思列宁主义教育,使全体人员尤其是领导干部都成为马克思主义者,提高人们的科学文化水平。他指出:“在国家和党的任何一个工作部门中,工作人员的政治水平和马克思列宁主义觉悟程度愈高,工作本身的效率也愈高,工作也就愈有成效;反过来说,工作人员的政治水平和马克思列宁主义觉悟程度愈低,就愈可能在工作中遭受挫折和失效。”“没有必要使一个医学专家同时又是一个物理学专家,反过来说也是一样。但是有一门科学知识却是一切科学部门中的布尔什维克都必须具备的,这就是马克思列宁主义关于社会、社会发展规律、无产阶级革命发展规律、社会主义建设发展规

---

① 《斯大林选集(下卷)》,人民出版社 1980 年版,第 338－339 页。

② 《斯大林选集(下卷)》,人民出版社 1980 年版,第 320 页。

③ 《斯大林选集(下卷)》,人民出版社 1980 年版,第 337 页。

④ 参见张爱武:《世界历史性社会主义研究》,社会科学文献出版社 2005 年版,第 215－217 页。

⑤ 《斯大林选集(上卷)》,人民出版社 1979 年版,第 214－215 页。

律以及共产主义胜利的科学。"①"如果工人阶级不能摆脱没有文化的状况,如果它不能造就自己的知识分子,如果它不掌握科学和不善于根据科学的原则来管理经济,那它就不能真正成为国家的主人。"②

第二节 社会主义核心价值观的历史进程

中国共产党人领导的中国人民进行了艰苦卓绝的革命,然后又经历了伟大的社会主义建设,随后开展了轰轰烈烈的社会主义改革开放,在实践的过程中总结出了各种经验,形成了社会意识形态,也就是社会主义核心价值观。核心价值观内容非常丰富,因为其实践经历就极其丰富,从阶级斗争到经济发展,从发展生产力,然后实现以人为本发展理念,凝聚了无数中国人的智慧,体现了各种理论思想、方针政策、发展路线等,构成了系统的、具有中国特色的社会主义理论体系。从历史的角度对此进行审视,总结历史的印迹,为当前的研究提供理论支持。

一、社会主义核心价值观的萌芽阶段(1949—1978)

1949 年新中国成立,标志着在中国共产党的领导下,新民主主义革命取得了巨大的胜利。中国彻底摆脱了阶级统治,摆脱了黑暗压迫,形成了科学的社会主义价值理念,从理论到实践,若干年的奋斗和不懈努力,社会主义价值理念得到了质的飞跃。这一时期属于萌芽时期,在坚持马克思主义价值观原则的前提下,结合中国的具体国情,构建了社会主义社会的轮廓,并在实践中逐渐地推行、落实、再次实践。

其一,人民民主专政政权是社会主义价值理念的坚实基础。无产阶级专政一直是马克思和恩格斯所认同的,两位伟大的哲学家多次指出,无产阶级最终会成为国家的主人,会建立起民主国家制度,会实现自身的统治。十月革命胜利之后,列宁领导的无产阶级取得了伟大的成就,成为历史上第一个由广大人民建立起来

① 《斯大林选集(下卷)》,人民出版社 1980 年版,第 461 - 462 页。
② 《斯大林选集(下卷)》,人民出版社 1980 年版,第 40 页。

的国家,国家政权真正地属于广大人民所有。苏维埃政权作为一种新型民主政权。中国共产党深受苏联共产党的影响,带领着中国人民开展了轰轰烈烈的新民主主义革命,取得革命胜利之后,按照苏联的模式建立了社会主义各项制度,并在实践中不断地落实无产阶级专政。

其二,社会主义基本制度是社会主义价值理念的制度保障。1949 年,经过艰苦卓绝的战斗,新中国终于成立,中国共产党从此拉开了社会主义建设的序幕,结合中国的具体国情,构建了各项基本制度,保障社会主义价值理念得到践行,得到发展和完善。

其三,发展社会主义经济是社会主义价值理念的实现条件。新中国成立之后,共产党领导的中国人民进行了一系列的社会改造,彻底打破了生产资料私有制的模式,建立了生产资料公有制。在经济建设之初,共产党人非常重视生产力和经济的发展,带领着中国劳动人民开展了各种形式的大生态,创造了丰富的物质资料,让人民的生活水平得到了明显提升。

其四,繁荣文化建设是社会主义价值理念的精神动力。文化是一个民族精神的凝聚,能够提高民族的向心力,能够形成一股奋发向前的动力。党中央对此重视程度非常高,发展文化就是要打破旧文化,构建新民主主义新文化,不断地繁荣文化,让文化更好地感染人、影响人。新中国成立之后,党中央对此重视程度非常高,开展了各项文化、教育和科学技术等职业,社会主义价值理念随着文化的传播而发扬光大。

二、社会主义核心价值观的初步形成(1978—2012)

20 世纪 80 年代开始,中国拉开了改革开放的序幕,邓小平对改革开放进行了诠释,“什么是社会主义? 怎样建设社会主义?”是当前必须思考和探索的问题。任何问题的症结就是解放社会主义价值,让社会主义得到更广阔的发展,比如一个中心、两个基本点,就是社会主义价值理念的体现。社会主义价值思想还体现在其他方面,比如四项基本原则、改革开放、共同富裕、解放和发展生产力等。中国共产党人大刀阔斧地开始了改革开放,无论如何改革、怎样开放? 都始终不渝地坚持立国之本。上述事项涉及多个方面,在邓小平理论中都能够找到思想的出处和渊源。

价值问题引起了江泽民的关注，江泽民对此进行了深入的研究，赋予了更高的理论、思想和政治地位，江泽民认为，价值问题探索虽然没有直接地明确价值的内涵，没有明确冠以社会主义价值、社会主义核心价值的称谓，但是要想回答价值问题，就必须从什么是社会主义，怎样建设社会主义方面进行思考，在此基础上，江泽民提出了“三个代表”的重要思想，并对此进行了详细的阐述，形成了完整的体系，根据江泽民推进人的全面发展的论述来看，江泽民的“三个代表”思想已经触及核心价值观的问题，为核心价值观的提出奠定了基础。“三个代表”集中体现了江泽民的社会主义价值取向，江泽民从多个方面对此进行了阐述，人的全面发展、小康社会、价值目标，等等，“三个代表”理论体系完整而系统，为核心价值观的构建提供了丰富的思想资源，并且在方法上实现了科学的指导。十六大以来，中国在新一代领导人的带领之下，迈开了快速发展的步伐，胡锦涛从新世纪新阶段的实际出发，对中国的科学发展观、和谐社会、执政能力、新农村建设等进行了全面的阐述，并提出了一系列的重大战略思想，这些思想如同牢固的长城，成为新时期社会主义建设的指导思想。

2006 年，十六届六中全会召开，提出了建设社会主义核心价值体系，作为一个完善的、系统的体现，成为新中国社会主义现代化建设的风向标，表明了党已经更加深入地接触到了核心价值观，能够充分感受到高度理论自觉。十七大报告对此进一步明确，“构建社会主义核心价值体系”已经成为当前的战略任务。

三、社会主义核心价值观的正式提出（2012—2018）

经过多次经验的总结，时间的沉淀，十八大报告正式提出了社会主义核心价值观：“倡导富强、民主、文明、和谐，倡导自由、平等、公正、法治，倡导爱国、敬业、诚信、友善，积极培育社会主义核心价值观。”社会主义核心价值观分别从国家、社会和个人三种不同层面高度概括出基本价值观念，三者构成一个统一的价值观念整体，凝聚了全民族的价值共识，是对社会主义制度精神的高度概括，它引领着各个领域的具体价值观念，影响着人们生活的方方面面，必将在中华民族伟大复兴事业和社会主义建设进程中发挥着精神统摄的巨大作用。

党的十八大以来，习近平多次做出重要论述并提出明确要求，根据习近平的重要讲话精神，可以总结为如下几个方面：首先，社会主义核心价值观的重要性：

核心价值观如同精神纽带一般，让各民族紧密地团结在一起，增强了民族向心力和凝聚力，是一个国家共同的思想道德基础，体现了一个国家文化的软实力，也表明了一个国家文化建设的方向和重点。社会主义核心价值观决定了社会主流意识形态，任何文化、政治和经济都必须围绕着核心价值观进行。无论是历史经验还是实践经验，无一不证明了核心价值观的伟大的感召力，只有在统一规律的作用下，才能够构建和谐社会，才能够推动社会的稳定持续发展。其次，社会主义核心价值观并不是空中楼阁，也不是空穴来风，其内容体现在国家层面、社会层面、公民层面。新中国成立以来，每一代的中国共产党领导人都非常推崇劳模精神，劳模精神是什么？就是爱岗敬业、争创一流、勇敢创新、敢于奉献、艰苦奋斗，等等，而这些难道不是社会主义核心价值观的体现吗？在社会主义核心价值观中，爱国主义是最深层的精神，也是几千年来亘古不变的民族精神，我们提倡核心价值观，就是爱国思想的再次展现，就是多少仁人志士追求的目标，就是革命烈士抛头颅洒热血的目的，也是各族人民的期望，是人们实现美好生活的理想，是不懈为之奋斗的向往。社会主义核心价值观是经过几千年文化历史的比对，在实践过程中积极地培育，需要不断地践行，国家层面、社会层面和公共层面，任何一个层面都不可缺少。最后，在新的时代下，不仅要大力弘扬社会主义核心价值观，而且还要脚踏实地地践行，让核心价值观渗透在生活的各个方面、各个环节，就像空气一样，成为人们的必需品，无处不在，时时刻刻存在于人们的生活中，成为共同的价值追求，成为中国人的精神支柱，成为百姓血脉中根深蒂固的思想，成为不用质疑的行为准则。号召全社会、所有的人民行动起来，学习核心价值观，形成了一种浓烈的社会舆论、文化氛围，不断地去实践，去保障，让社会主义核心价值观内化为人的精神、思想和意识形态，成为人们的精神追求，成为行为的指导。要想在整个社会中，形成一股浓郁的社会主义核心价值观思想理念，是一个庞大的工程，不能够一蹴而就，在实践过程中，要循序渐进，逐渐改变人们日常的行为准则，逐渐建立起适应时代发展的理想信念，自觉地去遵守它，热烈地去拥护它，使其成为意识形态不可缺少的内容。

第三节　社会主义核心价值观的最新探索

党的十八大报告从建设社会主义文化强国的战略高度,深刻论述了社会主义核心价值体系建设的重要意义与战略要求,并强调:"倡导富强、民主、文明、和谐,倡导自由、平等、公正、法治,倡导爱国、敬业、诚信、友善,积极培育和践行社会主义核心价值观。"这"三个倡导"12 个词、24 个字,清晰表达了中国共产党人对社会主义核心价值体系的理论探索新成果,生动展现了中国共产党和中华民族高度的价值自信与价值自觉,同时也提出了积极培育社会主义核心价值观这一在新的起点上深入推进社会主义核心价值体系建设的新课题。

一、国家层面的价值目标:富强、民主、文明、和谐

神州百年,沧海横流。近代以来,中华民族历经屈辱,而又涅槃重生。今天的中国,比历史上任何时期都更接近中华民族伟大复兴的目标。魏征在《谏太宗十思疏》中说:"求木之长者,必固其根本;欲流之远者,必浚其源泉;思国之安者,必积其德义。"当代中国,将亿万中国人凝聚在一起的"根本"、推动我们不断前行的动力"源泉"是什么? 那就是实现国家富强、民族振兴、人民幸福的中国梦。正因如此,我们才将"富强、民主、文明、和谐"作为国家层面的社会主义价值目标,并将之置于"社会主义核心价值观"的首要层面。简单地讲,"富强、民主、文明、和谐"的价值目标就是要使我们国家在经济建设上越来越富强,政治建设上越来越民主,文化建设上越来越文明,社会建设上越来越和谐。这一核心价值观集中体现了当代中国人民努力实现中华民族伟大复兴的共同愿景,是一个鼓舞士气、凝聚共识、激发活力的价值目标。

(一)富强:社会主义现代化建设的基本价值目标

国家富强是促进社会进步、人的自由全面发展的物质基础和制度保障。从国家层面倡导富强、民主、文明、和谐,并将富强列为社会主义核心价值观的首位要素,这体现了马克思主义唯物史观生产力标准的根本要求,也体现了中华民族的千年夙愿和中国共产党人的奋斗目标。

1. 富强是中华民族的千年夙愿和中国共产党人奋斗目标

为什么说富强是社会主义核心价值观的首要价值目标呢？简单地讲，对富强的追求是任何社会主体的基本需求和前进动力。自人类产生以来，摆脱物质匮乏，不断创造、积累物质财富就成为社会主体的生存所需和基本追求。社会个体如此，民族、国家也是如此。今天，中国共产党人正带领中国人民为实现中华民族伟大复兴的中国梦而奋斗，国家富强是实现这一梦想的物质基础和保障。

(1)富强是人类的永恒梦想

历史唯物主义认为，物质利益及其实现是任何社会主体活动的主要动因，也是推动社会进步和人的全面自由发展的物质保障。只有在生产力高度发展、社会财富充分涌流的前提下，才有可能消除旧式分工，克服人的片面发展，最终实现人的自由全面发展："在随着个人的全面发展，他们的生产力也增长起来，而集体财富的一切源泉都充分涌流之后……社会才能在自己的旗帜上写上：各尽所能，按需分配！"①所以，富强作为一种价值目标，不仅反映了不同社会主体的生存需要，也是推动社会主体发展的主要动因。

在人类历史发展进程中，创造物质财富、追求物质利益的生产劳动构成社会历史发展的基础。其中，生产力与生产关系、经济基础与上层建筑的矛盾，构成人类历史发展的基本矛盾和主要动力。在人类历史的不同阶段，人类或以狩猎为生，力图生存；或以农牧为本，追求温饱；或以工业强国，追求强盛……虽然凭借的手段不同，达到的境界不一，但对富强的追求，则是一以贯之的永恒主题。

(2)富强是中华民族的千年夙愿

一部人类发展史，就是人类追求富强的历史。纵观人类历史图景，多少国家曾经辉煌一时，但又瞬间衰落；多少国家企图称霸一世，却成南柯一梦。如何跳出兴衰治乱的历史周期，永葆国家繁荣富强，是每个国家面临的历史课题，中华民族亦是如此。

一方面，中华民族在追求富强的道路上取得过辉煌成绩，为世界文明发展做出过卓越贡献。中国很早就有富民强国的思想，如《管子》："主之所以为功者，富强也"。"凡治国之道，必先富民。民富则易治也，民贫则难治也。"富强是中华民

① 《马克思恩格斯选集(第3卷)》，人民出版社1995年版，第305－306页。

族千年夙愿,一代又一代的勤劳的中华儿女发愤图强、励精图治,创造了一个又一个的辉煌盛世。从西周的成康之治始,历经两汉等朝的文治武功,到唐宋时期,更是达到了冠绝宇内的少见盛世。比如唐朝,无论贞观之治,还是开元盛世,都映照出富强国家的真实图景:“小邑犹藏万家室。稻米流脂粟米白,公私仓廪俱丰实。”

另一方面,中华民族寻求富强的历史进程也曾为小农意识所缚、为闭关锁国所累,遭受了惨痛教训。明清以降,先有海禁,后有闭关。一个古老的民族不愿睁眼看世界,还沉浸在自欺欺人的“天朝上国”迷梦中不能自拔。鸦片战争以来,面对西方国家的强势冲击,中国一度陷入落后挨打的境地,贫弱的中国逐步沦为西方列强殖民的对象。面对亡国灭种的危机,先进的中国人举起富国强民的旗帜,前赴后继。19 世纪中后期,洋务派提出了“以中国伦常名教为原本,辅以诸国富强之术”的富强观,学习西方的物质器物、坚船利炮。然而,“自强、求富”的梦想终结于甲午惨败的风云中;其后,以康有为、梁启超为代表的资产阶级维新派提出“变法图强”,学习西方的政法制度,力图强国富民。可叹的是,百日维新仅是昙花一现,最后落幕于“戊戌六君子”血荐轩辕;而后,以孙中山为代表的资产阶级革命派提出“振兴中华”的口号,主张实业救国,发展工商,在追求国家富强的道路上不懈探索。但是,终因其阶级局限和革命的不彻底性而归于失败。正如毛泽东所言,“中国人向西方学得很不少,但是行不通,理想总是不能实现。多次奋斗,包括辛亥革命那样全国规模的运动,都失败了”①。这些失败,既是坏事,也是好事。它促使中国人开始深思失败的原因,另求他路。

(3)富强是中国共产党人的奋斗目标

领导中国人民探索国家富强的道路,实现民族伟大复兴的责任,历史地落在了中国共产党人的肩上。自中国共产党成立以来,国家富强的目标就写进了不同时期的党的大会报告和《党章》中。

在新民主主义革命时期,中国共产党领导全国人民力图“建立独立、自由、民主、统一和富强的新中国”。为此,中国共产党人领导中国人民历经艰苦卓绝、荡气回肠的革命斗争,建立了一个独立的新中国。一个独立的中国,是国家富强的前提。

---

① 《毛泽东选集(第 4 卷)》,人民出版社 1991 版,第 147 页。

新中国成立后,我们党领导全国人民完成了社会主义改造,确立了社会主义制度,为国家富强奠定了政治前提和制度基础。20 世纪 50 年代中期,中国共产党人又适时提出要实现马克思主义和中国实际的"第二次结合",为中国特色社会主义建设进行了有益探索,积累了宝贵经验。党的八大通过的《党章》中明确提出,要把中国建设成为一个"伟大的、富强的、先进的"社会主义国家。

改革开放以来,中国共产党带领中国人民进入了建设富强国家的新时期。1978 年,安徽小岗村 18 位农民引领的农村变革,揭开了中国社会巨变的序幕;1992 年,邓小平的南方谈话破除了姓资姓社的争议。"东方风来满眼春",中国自此进入了社会主义市场经济发展的快车道。"社会主义要消灭贫穷。贫穷不是社会主义,更不是共产主义。"生产发展、国家强大、人民富裕,被纳入社会主义的本质内涵。

2. 富强是生产力标准和价值标准的统一

富强作为国家层面的社会主义核心价值观的首要价值目标,其内涵是什么?具体说来,要正确把握富强这一国家层面的首要价值目标,我们必须正确认识以下几对范畴的辩证关系。

(1)国强和民富的关系

"富强"的含义,笼统讲就是民富国强。若进一步细分,"富强"包含着两大主体的价值诉求:一是人民的富裕,二是国家的强盛。"富强"首先在于富民,即人民富裕。民富国强,没有民富就没有国强。中华民族自古以来就有"凡治国之道,必先富民"之说。马克思主义也认为,无论是社会生产力的发展,还是国家财富的创造,其根本目的都在于丰富人民的物质生活和精神生活,进而促进人的自由全面发展。其次,"富强"还在于强国,即国家强盛。富强除了体现为富民之外,也体现为国家拥有巨大的经济财富和强大的综合国力,能对他国和国家秩序产生强大的影响力。

人民富裕,国家强盛,这二者从根本上讲是统一的。在中国传统文化中,家国一体,国家不分。国是放大的家,家是缩小的国。在现代西方政治理念中,国家也是人们生存于其中的最重要社会组织形式。在此意义上讲,国家强盛和人民富裕互为条件,相辅相成。在社会主义国家,由于国家利益和个人利益是根本一致的,所以人民富裕和国家富强是有机统一的。一方面,国家的富强是为民造福的重要前提;另一方面,实现富强的最终目的是增进人民的自由和幸福。

当然,人民富裕和国家强盛也存在不一致的时候。在人类历史上,存在过国弱民富或国强民贫的极端状态。历史上的一些国家,由于国家力量孱弱,即便民众富裕,在外部压力下也难成富强。比如北宋时期的中国,虽然市民社会发达,民间财富充裕,但崇文抑武的治国理念使得国势软弱,在其他国家政权的压力下迁徙辗转,终至灭国。历史上也有一些国家,片面强调国家的强大,忽视人民需求和幸福。这种强盛是虚幻的,且不可持续。比如,美苏全球争霸时的苏联,貌似强大,却罔顾民生,终至解体崩溃。可见,国家不强盛,人民的富裕得不到保障;人民不富裕,国家的强盛不可能持续。

(2)先富和共富的关系

富强作为国家层面的首要价值目标,还体现了中国特色社会主义的本质。"什么是社会主义?"这是建设中国特色社会主义必须回答的首要问题。首先,"贫穷不是社会主义","社会主义必须摆脱贫穷"。社会主义的优越性之一就是利用更先进的生产力,创造出更多的物质财富。其次,"两极分化也不是社会主义"。社会主义社会的富裕,不是资本主义社会的少部分人的富裕,而是全体人民的共同富裕。"如果走资本主义道路,可以使中国百分之几的人富裕起来,但是绝对解决不了百分之九十几的人生活富裕的问题。"①

什么才是社会主义的本质呢?那就是"解放生产力,发展生产力,消灭剥削,消除两极分化,最终达到共同富裕。"这一本质概括,既包含生产力发展标准,也包含共同富裕的价值标准。生产力标准要求大力发展生产力,做大社会物质财富这一蛋糕;共同富裕的价值标准则要求公平合理地分配蛋糕,最大限度地实现全体人民的共同富裕。

生产力标准更多强调的是效率优先。共同富裕并不等于同步富裕、同等富裕,必须允许一部分人、一部分地区先富起来,先富带动后富,最终达到共同富裕。先富不是目的,而是实现共同富裕的途径和手段。

共同富裕的价值标准则更多强调公正为本。实现富强的要义是人民的共同富裕。社会主义制度在本质上不同于以往剥削阶级占统治地位的社会制度,不是

---

① 《邓小平文选(第3卷)》,人民出版社1993年版,第64页。

追求少数人的富裕,而是努力实现大多数人的富裕。

社会主义的富强观,兼顾生产力标准的效率原则和共同富裕价值标准的公正诉求。在此意义上,它超越了中国传统的平均主义的富强观和西方资本主义两极分化的富强观。中国传统文化中有深厚的平均主义思想,“不患寡而患不均”的理念,既包含重视公平的积极思想元素,也流露出自给自足小农经济忽视财富积累的局限。而西方资本主义国家鼓励发展生产、开拓市场、积累财富。但是,资本主义私有制决定了资本主义的财富观从根本上只能满足少数人的致富梦想。社会主义富强观既吸收了中国传统价值观中重视公平和西方价值观中重视生产和物质财富的积极因素,也摒弃了中国传统中阻碍生产发展和西方资本主义无视多数人利益的错误观念。

3. 积极弘扬和践行社会主义富强观

当代中国,比历史上任何时期都更接近中华民族伟大复兴的目标。但是,“行百里者半九十”。越是接近国家富强、民族复兴的历史目标,我们越应该保持清醒头脑,正视我们存在的问题和差距。党的十八大指出,我国仍处于并将长期处于社会主义初级阶段的基本国情没有变,人民日益增长的物质文化需要同落后的社会生产之间的矛盾这一社会主要矛盾没有变,中国是世界最大发展中国家的国际地位没有变。建设社会主义富强国家,必须深刻把握我们身处的新形势、新机遇,全面认识我们面对的新任务、新课题,科学分析我们面临的新矛盾、新挑战,真正把社会主义富强观内化于心,外化于行。

(1)把富强观的宣教融入社会主义核心价值观的宣教

社会主义核心价值观的三个层面是一个有机体系,富强不仅与国家层面的其他价值目标有直接联系,而且与社会层面的价值取向和公民层面的价值准则有密切联系。要把富强观的宣教融入社会主义核心价值观的宣教,把富强观的培育同社会和公民层面的价值取向和价值准则结合起来。

尤其要注意的是,“富强”虽是国家层面的价值目标,但也是与每一个中国人息息相关的目标。国家富强、民族振兴、人民幸福的中国梦体现了中华民族整体利益与每个中国人个人利益的有机统一。中国梦是民族的梦,也是每个中国人的梦。中国梦归根结底是人民的梦,必须紧紧依靠人民来实现。“功崇惟志,业广惟勤。”实现国家富强、人民富裕的价值目标,需要我们每一个人付出辛勤劳动和艰苦努力。我们必须破除国家富强是党和政府的事情的错误心态,增强建设富强国家的使命感和责任意识,把实现个人理想和实现国家富强的中国梦结合起来,自觉地把个人奋斗融入国家发展的历史潮流。

(2)把富强观的培育融入社会主义核心价值体系的培育

社会主义核心价值观和核心价值体系是有机联系在一起的,核心价值观是对核心价值体系的深度概括和凝练。要把富强观的培育融入社会主义核心价值体系的培育,尤其要把富强观的教育和民族精神及时代精神的教育结合起来。

以爱国主义为核心的民族精神和以改革创新为核心的时代精神是社会主义核心价值体系的精髓。在五千年的历史演进中,中华民族形成了以爱国主义为核心的团结统一、爱好和平、勤劳勇敢、自强不息的伟大民族精神。爱国主义始终是把中华民族坚强团结在一起的精神力量,我们要把弘扬和践行社会主义富强观融入爱国主义的民族精神教育,使每个公民尤其是青少年形成国家富强、匹夫有责的使命感和责任感。在改革开放的伟大实践中,我们形成了以改革创新为核心的与时俱进,开拓创新,求真务实,奋勇争先的伟大时代精神。在全面深化改革的实践中,改革创新始终是鞭策我们攻坚克难,不断前进的精神力量。我们要把弘扬和践行社会主义富强观融入改革创新的时代精神教育,要让每个公民都认识到,改革创新是我们这个时代的最强音,国家富强的梦想只有在改革创新的时代潮流中才能真正实现。

(3)把国家富强的目标和当前全面深化改革,完善和发展中国特色社会主义制度,推进国家治理体系和治理能力现代化的事业结合起来

价值理念必须付诸主体实践,才能发挥现实作用。富强的社会主义国家价值目标,必须渗透于国家行为和国家制度安排中,才能真正有助于实现国家富强、民族复兴的中国梦。弘扬和践行社会主义富强观,不能停留于口头和观念上,必须把国家富强的价值目标和当前全面深化改革的伟大事业结合起来。党的十八届三中全会指出,全面深化改革的总目标是完善和发展中国特色社会主义制度,推进国家治理体系和治理能力现代化。从国家层面来说,培育和践行社会主义核心价值观,就是要在推进国家治理体系和治理能力现代化的过程中实现富强、民主、文明、和谐的价值目标。空谈误国,实干兴邦。我们要把实现国家富强的目标同科学发展结合起来。我们的党员特别是领导干部,要把发展作为执政兴国的第一

要务，切实落实党的十八大和十八届三中全会制定的各项战略部署和任务，为实现两个百年目标而不懈努力，艰苦奋斗。

还需要指出的是，社会主义的富强观体现的不是弱肉强食的丛林法则，而是追求共享、共赢的新发展模式。在人类历史上，很多强国的诞生，往往以武力为手段，侵吞他国利益，划分势力范围，甚至威胁他国生存。中国的发展、强大是和平发展；中国的发展、强大对他国不是威胁，而是机遇。因为，我们倡导的社会主义富强观强调富强的公正性和世界性，具有服务于世界和平和人类进步的积极价值导向。中国的发展，将为世界和平和人类文明注入正能量，提供新模式。我们应加强中国国家形象宣传，积极地向其他国家宣扬、阐释我们的富强观，在国际上树立文明、富强的大国形象。

(二)民主:社会主义始终高扬的旗帜

民主是人类普遍追求的一种价值理念。在马克思主义政治思想中，民主更是一种核心价值理念。民主是中国特色社会主义的本质要求，没有民主就没有中国特色社会主义。中国特色社会主义民主既是一个价值目标，更是一种政治实践。中国特色社会主义民主建设不可能一蹴而就，而是一个不断发展的过程。

1. 民主是人类共同的政治理想和中国共产党人的不懈追求

为什么说民主是社会主义现代化国家政治建设的价值目标呢？原因就在于，民主是人类共同的政治理想。而且，对民主的追求既是中华民族的一种政治传统，也是中国共产党人一以贯之的政治目标。

(1)民主是人类共同的政治理想

马克思主义认为，“国家是文明社会的概括”。人类进入文明社会的标志，就是国家这一政治组织的形成。国家一经产生，处于这一政治共同体中的人们就开始追问一个问题:国家的主人是谁？人民在国家中居于何种地位？

在人类历史的不同阶段，人们给出了不同答案。古代封建专制条件下，在君权神授等意识形态的氛围中，人民期盼能够出现明主贤君来为自己做主；近现代以来，尤其是经过英国资产阶级革命和法国大革命之后，西方资本主义国家力图通过选举政治和代议制度选出自己熟悉的、能体现自身利益诉求的人来代表自己行使权力，管理国家；当然，选举政治和代议制度只是民主的一种重要形式，并不是民主的理想状态。就民主的本义和人民的理想诉求而言，人们更期望能够实现民众自主管理、自主治理。

在人类政治的发展演进中,不论是古代寻求的“民之主”,还是近代以来的“民选主”,以至现在和将来希望的“民自主”,民主都是人类一以贯之的共同理想,虽然在各个不同时期人们对民主的含义和实现方式有不同的理解。

(2)对民主政治的追求是中华民族的一种政治传统

旧中国长期实行封建制度,一方面它是一种专制,君主拥有很大的权力,正所谓“普天之下,莫非王土,率土之滨,莫非王臣”;另一方面,它也包含着丰富的民本政治思想。比如强调“民为邦本,本固邦宁”,再如告诫统治者“水能载舟,亦能覆舟”,甚至提出“民为贵,社稷次之,君为轻”这些民本政治思想,是对君权的有效制约,体现了中华民族朴素的民主理念。

中华民族在几千年的发展历程中,之所以能创造出辉煌灿烂的文明,长期走在世界前列,民本政治发挥了重要作用。近代以来,中国人民对民主的追求也曾受到西方民主思想的影响。比如,在 20 世纪初的新文化运动中,为了反对专制,先进的中国人举起了西方的“德先生”(民主)和“赛先生”(科学)两面旗帜。这表明,中国人民和世界各国人民一样,一直追求着民主政治。

(3)人民民主是中国共产党人的不懈追求

马克思主义自产生以来,就以推翻专制和剥削制度,建立人民民主的社会为己任。以马克思主义为指导思想的中国共产党自成立之日起,就为争取实现人民民主而不懈奋斗。早在新中国成立前,毛泽东就明确指出,“没有广大人民的民主,就没有人民当家做主的国家”。在 1945 年的延安,毛泽东与来访的民主人士黄炎培探讨了历史周期律和民主问题。黄炎培对毛泽东说:“一部历史,‘政怠宦成’的也有,‘人亡政息’的也有,‘求荣取辱’的也有。总之没有能跳出这周期率。”毛泽东满怀信心地回答说:“我们已经找到了新路,我们能跳出这周期率。这条新路,就是民主。只有让人民起来监督政府,政府才不敢松懈。只有人人起来负责,才不会人亡政息。”①

新中国成立后,我们党领导全国各族人民建立了人民民主专政的国体,为人民民主的实现提供了政治前提;通过社会主义改造,建立了社会主义制度和人民

① 《党的建设七十年纪事》,中央党史出版社 1992 年版,第 204 页。

代表大会制度，为人民民主的实现奠定了制度基础。党的十一届三中全会以来，我们总结发展社会主义民主正反两方面的经验，开创了中国特色社会主义民主发展的新道路。新世纪、新阶段，党的十八大提出了"两个百年"目标，中国特色社会主义民主政治展现出更加旺盛的生命力和更加辉煌灿烂的发展前景。在实现中国梦的历史征程中，每一个中国人正以前所未有的主人翁姿态，"通过各种途径和形式管理国家和社会事务、管理经济和文化事业，共同建设，共同享有，共同发展，成为国家、社会和自己命运的主人"。①

2. 社会主义民主蕴含着民主政治的核心要义和未来方向

要正确理解民主尤其是社会主义民主观的含义，需要注意：民主既是一种价值理念，又是一种政治实践和制度安排；民主既带有普遍性，又是具体的、相对的；民主既是永恒的政治理想，又是历史的发展形态。

(1)在中国和西方，民主的具体含义存在差异

何谓民主？在中国和西方，人们对民主的阐释既有相通之处，也有明显差异。在中国传统文化中，民主的意思是为民做主。在《说文解字》中，"民"的解释是："众萌也"，意为众多之数；"主"的解释是："灯中火主也"，意为指明方向的人。"民主"一词最早见于《尚书》，如"天惟时求民主""诞作民主"等。这里的"民主"即"民之主"，就是管理人民的君主，有为民做主之意。我国古代政治实践中，为约束君权，又提出了"国以民为本"的政治理念，形成了中国传统的民本政治思想。

现代意义的民主制度源于西方，英文的"democracy"源于古希腊文 demokratia，由 demos(平民)及 kratia(权力或治理)两个词组合而成，意为"平民的治理"。两千多年前的古希腊实行公民直接治理国家的模式，被誉为西方民主的起源。古希腊雅典时期的伯里克利说："我们的制度之所以被称为民主政治，因为政权在全体公民手里。"近现代意义上的民主，直至十八十九世纪才在英美诸国确立。到了 20 世纪，民主制度逐步成为西方发达国家的普遍政治制度。

(2)民主具有普遍性，但又是历史的、相对的，不同的民族创造了不同的民主模式和制度

---

① 习近平：《在首都各界纪念现行宪法公布实行 30 周年大会上的讲话》，新华网 2012 年 12 月 4 日。

民主作为政治理想和价值理念,具有普遍性特点。但在人类历史发展中,民主往往表现为一种政治实践和政治制度,它又是历史的、具体的、相对的。世界上从来就没有抽象的、绝对的民主,没有一成不变的民主发展道路和民主模式。一个国家选择什么样的政治发展道路和民主模式,是由这个国家的历史文化传统、经济社会发展水平决定的。由于历史传统、具体国情和发展阶段的不同,各个国家的民主道路和模式呈现出不同的特征。比如,英国是在君主制基础上通过改良方式发展为君主立宪制;美国是在移民文化基础上通过革命形式建立起以联邦制为基础的总统共和制;而法国则在革命和复辟的多次反复中,建立了兼具议会制和总统制特征的混合制。

世界上没有放之四海而皆准的民主发展道路和民主模式,我们不能以某种所谓的普遍的民主模式为标准来评判其他国家的民主实践和道路选择。英国学者马丁·雅克曾在《卫报》撰文指出:“西方的民主模式就像其他所有事物一样,都是历史长河中的一个特定阶段。它不是普遍适用的,也不会永远存在下去。”一系列的经验和教训告诉我们,不同国家和民族必须根据自己的历史传统与现实条件,选择和探索适合自身发展的政治道路和民主模式,照抄照搬只会水土不服,南橘北枳。

(3)社会主义民主继承了人类政治文明的积极价值,蕴含着人类民主政治的核心要义和未来发展趋势

资本主义民主相比于封建等级和世袭制度,具有历史进步性和一定的世界历史意义。“资产阶级的共和制、议会和普选制,所有这一切,从全世界社会发展来看,是一大进步。”①但是,西方国家的民主不是绝对的、普世的民主形态,资产阶级民主仍然是民主的阶段性形态。

资产阶级民主是与资本主义私有制紧密联系在一起的,这就决定了资本主义民主只能是少数人享有的民主。西方的选举制度和代议民主在现实中往往受资本和金钱主导。“资本主义社会讲的民主是资产阶级的民主,实际上是垄断资本的民主。”②当代西方资本主义社会在不断的发展演进中,人民表面上获得越来越

① 《列宁选集(第3卷)》,人民出版社1995年版,第601页。

② 《邓小平文选(第3卷)》,人民出版社1993年版,第240页。

多的政治权利,但这并没有改变资本主义民主的实质。德国哲学家哈贝马斯指出,资本主义民主只是在形式上保障每一个公民的平等权利,而这种权利的实际结果却是:每个人都拥有"在桥梁下睡觉"的平等的权利。

只有社会主义才能"建立更高的民主制",社会主义民主是比资本主义民主更先进的民主。社会主义民主继承了人类政治文明史积累的积极价值,代表着人类民主政治的核心要义和未来发展趋势。

首先,从所有权意义上说,社会主义民主意味着人民做主,即人民是国家的主人。资本主义国家虽然也标榜"主权在民",但在生产资料私有制条件下,国家权力控制在少数人手里。社会主义民主建立在生产资料公有制基础上,这是一种"真正实现大多数人享受的民主制度,使大多数人即劳动者实际参加国家的管理"①。

其次,从利益角度而言,社会主义民主要求发展和维护人民的根本利益。国家服务人民,是社会主义民主的内在要求;维护绝大多数人民的利益,是社会主义民主的根本职责。西方资本主义民主也宣称为全体国民利益服务,但实际上却是为资产阶级的利益集团服务。"我们在那里却看到两大帮政治投机家,他们轮流执掌政权……这些人表面上是替国民服务,实际上却是对国民进行统治和掠夺。"②

再次,从效率上讲,中国特色社会主义民主有利于发挥集中力量办大事、提高效率办成事的政治优势。我国的人民代表大会作为国家权力机关统一行使国家权力,国家行政机关、审判机关、检察机关都由人大产生、对人大负责。这就保证了各国家机关协调一致、高效运转。相比于西方资本主义国家的三权分立和相互掣肘而言,这是我们的一大政治优势。"社会主义国家有个最大的优越性,就是干一件事情,一下决心,一做出决议,就立即执行,不受牵扯。"③曾以《大趋势》一书而闻名的美国学者奈斯比特敏锐地观察到,"在全球金融危机的背景下,西方民主体制的弊端频频暴露,低效率、犹豫不决;与此同时,中国民主体制的优势却在逐

---

① 《列宁选集(第3卷)》,人民出版社1995年版,第722-723页。
② 《马克思恩格斯选集(第3卷)》,人民出版社1995年版,第12页。
③ 《邓小平文选(第3卷)》,人民出版社1993年版,第240页。

步彰显,快速、高效率”。

3. 积极弘扬和践行社会主义民主观

社会主义民主的发展不是孤立的,它要受到经济文化条件、社会环境等多种因素的制约。正如马克思所说,权利永远不能超出社会的经济结构以及由经济结构制约的社会的发展。当前,我国仍处于并将长期处于社会主义初级阶段,这就决定了中国特色社会主义民主的发展不可能一蹴而就,而是一个长期的过程。

(1)坚定不移走中国特色社会主义政治发展道路

道路决定未来。政治发展道路正确与否,对一个国家的民主政治建设具有决定性意义。中国特色社会主义政治发展道路,是在我国历史文化传统、经济社会条件的基础上长期发展、内生演化的结果。走中国特色社会主义政治发展道路,是历史的必然,是现实的要求。近代以来,一些志士仁人在探索中国国家发展道路时,曾效法西方的政治发展道路,这些探索最终都没有成功。只有在中国共产党领导下,中国人民才真正走上了民主道路,社会主义民主才展现出更加旺盛的生命力和更加广阔的发展前景。

走中国特色社会主义政治发展道路,必须坚持党的领导。对中国而言,不存在多党轮流执政的政治基础和社会基础。邓小平深刻指出,在中国这样一个大国,“我们人民的团结,社会的安定,民主的发展,国家的统一,都要靠党的领导”①,没有共产党的领导,必然四分五裂,一事无成。一些原社会主义国家亡党亡国的历史教训告诉我们,放弃党的领导,社会主义社会的性质就会改变,人民当家作主的地位就会丧失。坚持党的领导,必须完善党的领导。要改革和完善党内民主制度,不断发展党内民主,以党内民主带动人民民主。

走中国特色社会主义政治发展道路,要健全社会主义协商民主制度。协商民主是中国特色社会主义民主的重要形式。要坚持和完善中国共产党领导的多党合作和政治协商制度,充分发挥人民政协作为协商民主重要渠道的作用,推进政治协商、参政议政制度建设,更好地汇聚力量、建言献策。要把政治协商纳入决策程序,坚持协商于决策之前和决策之中,增强民主协商实效性。

(2)借鉴、吸收人类政治文明的一切有益成果,积极、稳妥地推进政治体制

---

① 《邓小平文选(第2卷)》,人民出版社1994年版,第342页。

改革

中华民族是一个兼收并蓄、海纳百川的民族。“社会主义要赢得与资本主义相比较的优势,就必须大胆吸收和借鉴人类社会创造的一切文明成果”①。从历史来看,中国特色社会主义民主的实践只有几十年时间,在民主的具体实现形式和运作机制等方面还不够成熟,有待完善。西方资本主义民主虽然有其根本局限,但经过几百年的发展,在具体实现形式和运作机制方面积累了不少积极成果。这些积极因素可以为社会主义民主建设所用。

深化政治体制改革是发展中国特色社会主义民主的必然要求。邓小平指出,有人说我们只搞经济体制改革,不搞政治体制改革,这不对;我们的改革是包括政治体制改革在内的全面改革。“进行政治体制改革的目的,总的来讲就是要消除官僚主义,发展社会主义民主,调动人民和基层单位的积极性。”②深化政治体制改革,必须从中国实际出发,与我国生产力和生产关系的发展相适应,与我国的历史条件、经济文化发展水平相适应。既要积极,又要稳妥;既要坚定不移,又要循序渐进。

(3)积极提升公民的民主素养,将民主转化为每个公民的生活方式

弘扬和践行社会主义民主观,必须提升公民的民主素养,将民主转化为每个公民的生活方式。

首先,要提高每个公民的政治参与意识和能力。社会主义民主只有通过公民广泛的政治参与才能真正实现。改革开放以来,随着社会主义民主政治的发展,我国公民的民主素养不断提升,政治参与意识不断增强。但是,我国是一个有着几千年专制历史的国家,公民的民主素养和政治参与意识总体上还有待提升。要积极拓展扩大公民政治参与的渠道,提升公民政治参与能力,最广泛地动员和组织人民依法管理国家事务和社会事务、管理经济和文化事业。

其次,把民主转化为生活方式,要求每个公民积极培育有利于民主的各种思想意识。我们要多些规则和法制意识,少些江湖习气和圆滑世故;我们要多些人格独立和平等意识,少些等级观念甚至奴才意识;我们要多些对话意识和妥协精

① 《邓小平文选(第3卷)》,人民出版社1993年版,第373页。

② 《邓小平文选(第3卷)》,人民出版社1993年版,第177页。

神,不能只想着压制甚至消灭对方,等等。只有在日常生活中积极培育这些有利于民主的思想意识,我们才能离民主政治越来越近。

最后,把民主转化为日常生活,还体现在基层自治和社会自主治理之中。马克思主义认为,人民民主不断发展的过程,也就是实现社会自主治理的过程。当然,最终完全实现社会自主治理是一个漫长的过程。基层自治是迈向社会自主治理的重要环节和步骤。党的十八大报告指出,在城乡社区治理、基层公共事务和公益事业中实行群众自我管理、自我服务、自我教育、自我监督,是人民直接行使民主权利,实现社会主义民主的重要方式。

(三)文明:社会主义的重要特征

文明是社会进步和国家发展的重要标志。在社会主义核心价值观中,“文明”集中体现着社会主义先进文化的前进方向和社会主义精神文明的价值追求。弘扬和践行社会主义文明观,必须自觉遵循文化建设规律,既要吸取古今中外一切文明成果的有益成分,更要立足于中国特色社会主义伟大实践,使文化建设与时代进步同行、与实践发展同步。

1. 文明是社会进步的精神动力和文化体现

在人类发展史上,文明作为一种价值追求,对社会主体的实践活动起着十分重要的价值导向作用。社会主体对文明的追求,可以提升个人素养,优化社会秩序,推动国家发展。概括地讲,人类社会史就是一部人类文明史。

(1)文明是个人素养的重要体现

在东西方文化中,“文明”一词在词源学上的含义,都与社会个体在文化和道德品行上的素质紧密相关。英文中的“文明”(civilization)一词源于拉丁文“civis”,意思是指罗马的城市公民身份,含有比非城市人生活状态优越的意思,后引申为一种先进的社会和文化发展状态。

汉语的“文明”一词,最早出自《周易》。《乾》卦:“见龙在田,天下文明”,有“光明”之意。在其他典籍中,文明一词更多意指人的教养和开化。《尚书·舜典》称赞舜:“浚哲文明,温恭允塞。”唐人孔颖达注解说:“经天纬地曰文,照临四方曰明”,意涵王者修德、民风淳朴。《礼记》说:“是故情深而文明,气盛而化神,和顺积中而英华发外。”这里的文明,是个人内在德行和文化素养外显的结果,不仅个人神采奕奕,而且能让他人如沐春风。正是在文明的教化之下,中华民族在长期的历史发展中不仅物质文明昌盛,而且博得礼仪之邦的美誉。

(2)文明是国家发展的精神动力和文化体现

文明不仅是社会个体文化素养的表征,还是国家发展的目标和动力。在历史唯物主义看来,文明是对国家发展状态的一种总体描述,文明即国家创造的物质财富与精神财富的总和。文明的产生,与生产力发展紧密相连:"文明时代是学会天然产物进一步加工的时期,是真正的工业和艺术产生的时期。"①而生产力和生产关系的矛盾运动,促进文明形态的发展变化:"通过私有财产及其富有和贫困——或物质的和精神的富有和贫困——的运动,正在生成的社会发现这种形成所需的全部材料。"②

当今时代,文化在综合国力竞争中的地位日益重要,文明成为国家发展的灵魂和精神动力。当代国际竞争中,谁占据了文化发展的制高点,谁就能在国际竞争中掌握主动权。改革开放以来,中国的社会主义现代化建设取得了举世瞩目的成就,社会主义文明也取得了长足发展。但不可否认的是,相对于物质文明建设所取得的成就而言,我们在文化和精神文明建设方面还存在诸多问题。人类文明进步的历史充分表明,"没有先进文化的积极引领,没有人民精神世界的极大丰富,没有全民族创造精神的充分发挥,一个国家、一个民族不可能屹立于世界先进民族之林"③。

(3)文明是中国共产党人始终不变的价值诉求

建设文明国家,是中国共产党始终不变的价值诉求。在革命战争年代,建设文明国家就是共产党领导人民进行革命的目标之一。毛泽东指出,我们"不但要把一个政治上受压迫、经济上受剥削的中国,变为一个政治上自由和经济上繁荣的中国,而且要把一个被旧文化统治因而愚昧落后的中国,变为一个被新文化统治因而文明先进的中国"④。

在社会主义建设和改革开放新时期,我们党一再强调,不仅要建设高度发展的物质文明,还要建设高度发展的精神文明。二者都是社会主义建设的重要内

① 《马克思恩格斯选集(第4卷)》,人民出版社1995年版,第24页。

② 马克思:《1844年经济学哲学手稿》,人民出版社2000年版,第88页。

③ 《十六大以来重要文献选编(下)》,中央文献出版社2008年版,第752页。

④ 《毛泽东选集(第2卷)》,人民出版社1991年版,第663页。

容,相互支撑,不可偏废。“社会主义的优越性不仅表现在经济政治方面,表现在能够创造出高度的物质文明上,而且表现在思想文化方面,表现在能够创造出高度的精神文明上。贫穷不是社会主义;精神生活空虚,社会风气败坏也不是社会主义。……必须充分认识到,两个文明建设缺少任何一个方面的发展,都不成其为有中国特色的社会主义。”①

在新世纪、新时期,我们党将社会主义文明上升到兴国之魂的高度。习近平指出,中国共产党人要领导中国人民实现民族复兴的中国梦,就必须弘扬凝聚社会主义核心价值体系精髓的中国精神。“实现‘中国梦’必须弘扬中国精神。这就是以爱国主义为核心的民族精神,以改革创新为核心的时代精神。这种精神是凝心聚力的兴国之魂、强国之魂。”

2. 社会主义文明是迄今为止最先进的文明形态

在人类文明的发展历程中,人们关于文明一词的定义林林总总、不一而足。简单地讲,人们对文明一词的理解大致可归结为广义、狭义两个层次。广义上的文明,是人类改造世界的物质成果和精神成果的总和;狭义上的文明则主要是指精神文明,特指思想上的进步以及文化上的先进。

(1)文明既是一个客观的描述性概念,也是一个历史的价值概念

文明既是一个客观描述社会发展状况的描述性概念,也是一个评价社会发展状况是否合理的价值概念。当文明作为一个客观的描述性概念时,它与文化有相通之处。文化是一个中性词,“文化即人化”,人的一切实践活动及其产物都可以叫做文化。文化的累积,则构成文明。这里的文明相当于我们前面分析的广义上的文明,是人类改造世界的物质成果和精神成果的总和。它横向展开为物质文明、政治文明、精神文明、社会文明和生态文明五大构成系统。这五个系统,是对社会文明完整形态的把握,它们各自从自己特定的方面描述出人类社会的发展状况。

当文明作为一个价值概念时,它相当于我们前面分析的狭义上的文明,即指与思想上的保守和文化上的落后相对应的思想上的进步以及文化上的先进。唯物史观告诉我们,人作为一种历史的社会存在物,其主体评价尺度复杂多样。其

---

① 《社会主义精神文明建设文献选编》,中央文献出版社 1996 年版,第 473 - 474 页。

中,只有那些有符合历史发展趋势,推动社会进步,促进人的自由解放的价值尺度才是合理、先进的。从人类文明史的发展来看,我们可以以社会形态为据,纵向划分出奴隶制文明、封建制文明、资本主义文明、社会主义文明等文明形态。这些文明形态存在层次上的递进更替关系,历史地看,后者是比前者更高一级的文明形态,它们依次构成人类文明进步的各个历史阶段。

(2)社会主义文明是迄今为止最先进的文明形态

马克思主义认为,随着社会生产力的不断发展,人类文明不断由低级向高级发展,社会主义文明是人类社会发展迄今为止最先进的文明形态。社会主义文明之所以比以往的社会文明更先进,首先就在于它是建立在生产资料公有制和人民当家作主这样的经济和政治基础之上的。在社会主义文明产生之前,其他几种文明类型都是建立在生产资料私有制和少数人对多数人进行阶级统治基础之上的"文明"。这些文明有名无实,恩格斯甚至将这些所谓的文明时代称为人类的史前时期。恩格斯指出,只有消灭了私有制,建立了社会主义制度,才使人们之间的"生存斗争停止了,于是人才在一定的意义上最终地脱离了动物界,从动物的生存条件进入真正人的生存条件。……人们第一次成为自然界的自觉的和真正的主人,因为他们已经成为自身的社会结合的主人了"。只有从这时起,才揭开了真正人的历史的序幕,"人们才完全自觉地自己创造自己的历史","这是人类从必然王国进入自由王国的飞跃。"①由此,人类文明才发展到一个全新的历史阶段,社会主义文明才开辟了"真正的人"的文明的广阔发展前景。

此外,社会主义文明以最广大劳动人民为服务对象,以最终实现人的自由全面发展为最高价值目标。在社会主义文明产生前的诸种文明中,创造社会文明的广大劳动者不仅不能充分享受文明的成果,反而越来越被"工具化",人最终成了"单面人"。社会主义文明则不然,人的解放,人的自由全面发展始终是社会主义文明发展的主题和目标。在从社会主义到共产主义的发展链条中,社会主义文明将为未来的"每个人的自由全面发展"的共产主义高级阶段准备条件、提供基础。与此同时,只有在社会主义文明中,最广大的劳动人民才第一次真正成为服务对象。列宁明确指出,社会主义文明要"为千千万万劳动人民,为这些国家的精华、

① 《马克思恩格斯选集(第4卷)》,人民出版社1995年版,第758-759页。

国家的力量、国家的未来服务"①。毛泽东在谈到社会主义文艺的服务对象时也提出:"历史是人民创造的,但在旧戏的舞台上人民却成了渣滓,由老爷太太少爷小姐们统治着舞台,这种历史的颠倒,现在由你们再颠倒过来,恢复了历史的面目。"②

3. 积极培育和践行社会主义文明价值观

社会主义文明作为人类文明发展史上一种新型的文明,是社会主义核心价值观的重要组成部分。培育和践行社会主义文明价值观,既要自觉遵循社会主义文化建设的规律,还要把文化建设和中国特色社会主义的各项建设结合起来,使社会主义文明与时代进步同行、与实践发展同步。

(1)遵循文化发展规律,把传承和发扬中华民族的优秀文化传统同借鉴人类文明的一切积极成果有机结合起来

社会主义文明是人类文明发展的必然结果,社会主义文明之所以是迄今为止最先进的文明,就在于它继承了先前人类文明形态的一切积极成果,并在全新的基础上发扬光大。对于中国这样一个有几千年悠久文明传统的国家而言,培育和践行社会主义文明观,首先就要继承和弘扬中华民族的优秀文化传统。我们必须旗帜鲜明地反对"历史虚无论""全盘西化论"等论调。"中国文化应有自己的形式,这就是民族的形式。"对于"从孔夫子到孙中山"的全部优秀民族文化遗产,我们必须加以继承。当然,继承和弘扬民族优秀文化传统,并不是夜郎自大,故步自封。相反,我们要以开放的胸襟,"广泛吸收外国的进步文化,作为自己文化的食粮的原料"。"凡属我们今天用得着的东西,都应该吸收。"社会主义新文化不是"自闭于幽谷"的旧文化,它是广泛吸收进步的外国文化资源基础上的,开放的、创新的民族新文化。③

(2)把精神文明建设和中国特色社会主义建设的各项事业结合起来

唯物史观认为,生产力决定生产关系,经济基础决定上层建筑。"物质生活的生产方式制约着整个社会生活、政治生活和精神生活的过程。"④物质生产是一切

---

① 《列宁选集(第1卷)》,人民出版社1995年版,第666页。

② 《毛泽东书信选集》,中央文献出版社2003年版,第199页。

③ 《毛泽东选集(第2卷)》,人民出版社1991年版,第706-707页。

④ 《马克思恩格斯选集(第2卷)》,人民出版社1995年版,第32页。

历史发展的基本条件。社会主义精神文明建设,必须以社会主义物质文明建设为基础并与之相适应。也就是说,培育和践行社会主义文明观,必须融入社会主义物质文明、政治文明、社会文明和生态文明的宏大系统,这是社会主义文明发展的内在要求。对此,毛泽东深刻指出,“一定形态的政治和经济首先是决定那一定形态的文化的;然后,那一定形态的文化才给予影响和作用于一定形态的政治和经济。……我们要建立的这种中华民族的新文化,它也不能离开中华民族的新政治和新经济。”①

(3)坚持以人为本,立足于提升公民文明素养、促进每个人的自由全面发展

人民群众是历史的创造者,也是社会文明的创造者。社会主义文明之所以是人类迄今为止最先进的文明形态,就在于它以最广大劳动人民为服务对象,以最终实现人的自由全面发展为最高价值目标。培育和践行社会主义文明观,必须以人为本,尊重人民群众的主体地位。当然,每个社会个体的内外部条件有所不同,人们的文明观念和价值尺度也会有所不同。这其中,有的是多样性的合理差异,我们要加以尊重;也有的属于素养差别和境界区分,对此我们要坚持鼓励先进,鞭策后进。此外,要用社会主义文明观指导精神文化产品的生产创作,用更多体现社会主义文明观的精神文化产品去影响、塑造广大人民的精神世界和价值观念,发挥社会主义核心价值观春风化雨的引导作用。

(四)和谐:中国特色社会主义的本质属性

自人类社会产生以来,对和谐社会的追求就成为一种重要的价值取向。在中国,和谐自古以来就是中华文明遵循的核心价值理念。在西方,法国的空想社会主义者在18世纪就提出了建立“和谐社会”的构想。马克思主义批判地吸收了空想社会主义理论中的合理成分,科学地描绘了未来理想社会的蓝图。中国特色社会主义和谐社会建设,正是实现这一价值目标的伟大实践。

1. 追求和谐是中华民族的优秀传统和中国共产党的一贯诉求

为什么要把和谐作为社会主义国家层面的核心价值观呢?因为和谐是万事万物存在方式的一种本质体现,追求和谐是中华民族的优秀传统,也是中国共产党执政兴国的一贯诉求。

---

① 《毛泽东选集(第2卷)》,人民出版社1991年版,第664页。

(1)和谐是世界万物存在的根据和发展的动因

和谐是世界万物存在的一种方式。唯物辩证法认为,万事万物都是矛盾的统一体,和谐是矛盾的一种表现形式,是在承认事物多样性、差异性存在的前提下,矛盾双方相互依存,互为条件,协调发展的状态。

和谐作为世界的一种本质,构成事物存在的根据和发展的动因。这在东西方哲学思想史上都有深刻论述。在古希腊,著名哲学家和数学家毕达哥拉斯就认为,"整个天就是一个和谐"。同时,他还提出,"万物皆数","数是万物的本质",是"存在由之构成的原则"。在他看来,世界上的万事万物体现的都是数及其关系的和谐。

在古代中国,和谐同样被视为万事万物存在的根据和发展的动因。据《国语·郑语》载,西周末年,著名思想家史伯就说过:"夫和实生物,同则不继。以他平他谓之和,故能丰长而物归之。""和"即不同、差异,是万物生存、发展的基础,"同"即简单的同一,不能产生任何新的东西。所以,《荀子》说:"万物各得其和以生,各得其养以成。"可见,"和"既是万物"生"的根据,也是万物"成"的"达道"。

(2)追求和谐是中华民族的优秀传统文化

"和谐"是中国传统文化的核心理念,它贯穿于个人修为、国家治理、社会建构各个层面。在个人层面,和谐是一种重要的修养目标。孔子说:"君子和而不同,小人同而不和。"儒家认为,若要有君子之修,必须善于兼听各种不同的声音,协调各种不同的关系。道家庄子说:"天地与我并生,而万物与我为一",认为天地万物与我之间是一种共生共存的关系,即物我相通,和谐如一。

在治国理政方面,和谐也是一种价值追求。《论语》言,为政之道,在于"近者悦,远者来。"《周礼》中有"建邦治国"的"六典"之说,其中"三曰礼典",就是要"以和邦国,以统百官,以谐万民"。《左传》说:"八年之中,九合诸侯,如乐之和,无所不谐。"

在中国传统文化中,和谐还是构建理想社会的价值根据。《礼运·大同篇》描绘了古人心中梦想的"大同之世":"大道之行也,天下为公,选贤与能,讲信修睦,故人不独亲其亲,不独子其子,使老有所终,壮有所用,幼有所长,鳏寡孤独废疾者皆有所养;男有分,女有归……是谓大同。"很明显,大同社会就是一个完美调节老幼、男女等自然差别和贤愚、公私等社会区分的和谐世界。

(3)构建和谐社会是中国共产党执政兴国的一贯诉求

今天,中国共产党人正带领中国人民行进在全面建成小康社会,实现中华民族伟大复兴的历史征程上。一方面,经过改革开放30多年的发展,我们经济建设取得重大发展,社会变革日新月异。另一方面,我们也面临诸多社会矛盾,城乡、贫富、区域差距拉大,教育、医疗、社会保障等方面矛盾突出,人与自然关系紧张,等等。这些问题,迫切要求我们党把构建社会主义和谐社会摆在更加突出的地位,最大限度激发社会活力,最大限度增加和谐因素,最大限度减少不和谐因素。

2004年党的十六届四中全会首次明确提出"和谐社会"的概念。2006年党的十六届六中全会通过了《中共中央关于构建社会主义和谐社会若干重大问题的决定》,指出要切实把构建社会主义和谐社会作为贯穿中国特色社会主义建设全过程的长期历史任务和全面建设小康社会的重大现实课题抓紧抓好。2012年党的十八大报告提出"两个百年"奋斗目标,并把"必须坚持促进社会和谐"作为在新的历史条件下,夺取中国特色社会主义新胜利必须牢牢把握的八个基本要求之一。

2. 和谐是中国特色社会主义的本质属性和人类世界的发展方向

和谐作为社会主义核心价值观的重要组成部分,其具体内涵是什么呢？我们可以从以下三个层次来把握:首先,就一般事物而言,和谐是事物存在的一种辩证关系的积极展现;其次,就社会形态的特征而言,和谐是中国特色社会主义的本质属性;最后,就人类历史的未来发展而言,和谐世界是人类的共同价值追求。

(1)和谐是事物存在的一种辩证关系的积极展现

就一般事物的存在和发展而言,"和谐"是事物内部诸要素矛盾统一关系的辩证体现,也是不同事物之间相辅相成、共同发展的辩证关系的体现。在《说文解字》中,"和"字左"禾"右"口",解释为"相应也",引申为互相唱和的意思;"谐"字原作"龤",从龠声,指音乐和谐,引申为和合、调和之义。按《现代汉语词典》的解释,和谐即配合得适当而不生涩、融洽而不别扭。

在中国传统文化理念中,和谐具有重要的价值论意蕴。儒家讲:"礼之用,和为贵。"《周易·乾卦》:"乾道变化,各正性命,保合太和,乃利贞。""保合太和"成为一种价值追求的高明境界。不仅如此,和谐在中国传统文化中还被上升到世界观和本体论的高度。《礼记·中庸》:"中也者,天下之大本也;和也者,天下之达道也。致中和,天地位焉,万物育焉。"

(2)和谐是中国特色社会主义的本质属性

在人类发展史上,和谐是一种共同的价值诉求。但是,在社会主义产生之前,其他社会形态由于自身的制度局限,都不可能建立真正的和谐社会。马克思主义认为,只有建立社会主义制度,才能真正实现社会和谐和人的自由全面发展。

什么才是未来真正和谐社会的特征呢?马克思在他的共产主义理想中做了这样的描绘:"这种共产主义……是人和自然界之间、人和人之间的矛盾的真正解决,是存在和本质、对象化和自我确证、自由和必然、个体和类之间的斗争的真正解决。"①未来理想社会的本质特征之一,就在于它完全实现了各种矛盾关系(人与自然、人与人)的和谐。中国特色社会主义是迈向未来共产主义社会的初始阶段,将为最终实现马克思描绘的未来理想的和谐社会准备条件、提供基础。在此意义上,社会和谐不仅是未来理想社会的要求,更是中国特色社会主义的本质属性。展开地讲,社会主义和谐观大致包含以下几个方面的内容:

第一,人与人的和谐,即社会关系的和谐。人是社会关系的产物,"人的本质并不是单个人所固有的抽象物。在其现实性上,它是一切社会关系的总和。"②作为社会关系的产物,人的全面发展必然蕴含着正确处理个体与个体、个体与社会的关系。马克思主义认为,人的发展取决于社会关系的发展。"社会关系实际上决定着一个人能够发展到什么程度。"在资本主义条件下,由于私有制和旧的分工的存在,人的各种社会关系是异化、颠倒的。要实现人的自由全面发展,就必须把各种异化的社会关系颠倒过来,"推翻那些使人成为被侮辱、被奴役、被遗弃和被蔑视的一切关系","使人的世界和人的关系回归于人自身。"③所以,要实现人与人关系的和谐,就必须推翻资本主义私有制和旧的社会分工,建立社会主义的生产关系和政治制度。

第二,人与自然的和谐,即人与自然界和谐。人是自然的一部分,自然界"是我们人类(本身就是自然界的产物)赖以生长的基础"。④ 马克思主义认为,人的

---

① 《1844 年经济学哲学手稿》,人民出版社 2000 年版,第 81 页。

② 《马克思恩格斯选集(第 1 卷)》,人民出版社 1995 年版,第 56 页。

③ 《马克思恩格斯全集(第 3 卷)》,人民出版社 2002 年版,第 189 页。

④ 《马克思恩格斯选集(第 4 卷)》,人民出版社 1995 年版,第 222 页。

解放面临的两大基本问题，是如何处理人与自然以及人与人之间的矛盾："我们这个世界面临的两大变革，即人同自然的和解以及人同本身的和解。"①在资本主义制度下，私有制刺激人们不断追求个体利益最大化，人也以自然界征服者的身份出现。恩格斯对资本主义造成的生态失衡问题提出了严肃警告："我们不要过分陶醉于我们人类对自然界的胜利。对于每一次这样的胜利，自然界都对我们进行报复。"人类要实现与自然的"和解"，"需要对我们迄今存在过的生产方式以及和这种生产方式在一起的我们今天整个社会制度的完全的变革"。② 对于在资本主义制度内发展起来的对自然环境的破坏力，需要有"联合起来的生产者的控制"才能够加以克服。因此，人与自然的和谐，只有在社会主义制度中才能真正实现："社会化的人，联合起来的生产者，将合理地调节他们和自然之间的物质变换，把它置于他们的共同控制之下。"③

第三，国际关系的和谐。和谐作为中国特色社会主义的本质属性，不仅是我们国内建设遵循的价值准则，也是我们积极倡导的处理国际关系的价值准则。中国对内提出构建和谐社会，对外则主张共建和谐世界。和谐世界的构想是和谐社会构想在国际上的延伸，二者在价值追求与行为逻辑上是一致的。社会主义和谐世界理念主张，面对族群矛盾，国家冲突，文明差异等问题，应以开放的态度包容差异，以对话的方式解决冲突，以合作的方式谋求共赢。社会主义和谐价值观所蕴含的和谐世界观，代表着人类世界的普遍要求和未来方向，是社会主义和谐观的世界历史意义的现实体现，反映了人类世界的共同价值诉求。

3. 积极培育和弘扬社会主义和谐价值观

今天，我国社会主义现代化国家的社会建设取得了积极进展，但也存在价值诉求多元、利益纷争突出、矛盾冲突多发等影响社会和谐的问题。培育和弘扬社会主义和谐价值观，任重而道远。一方面，我们要善于继承发扬中华民族优秀文化传统中蕴含的和谐价值理念；另一方面，我们要遵循培育核心价值观的一般规律，做到内化于心，外化于行。此外，还要将培育和弘扬社会主义和谐价值观和构

---

① 《马克思恩格斯全集（第 1 卷）》，人民出版社 1956 年版，第 603 页。

② 恩格斯：《自然辩证法》，人民出版社 1984 年版，第 306 页。

③ 《资本论（第 3 卷）》，人民出版社 1975 年版，第 926－927 页。

建和谐社会的实践结合起来。

(1)立足中华优秀传统文化,继承发扬中华民族的和谐智慧

习近平在中共中央政治局第十三次集体学习的讲话中指出,牢固的核心价值观,都有其固有的根本。抛弃传统、丢掉根本,就等于割断了自己的精神命脉。不忘本来才能开辟未来,善于继承才能更好创新。具体到社会主义和谐价值观的培育,我们要深入挖掘和阐发中华优秀传统文化讲仁爱、尚和合、求大同的优秀价值观念,积极吸取中华民族在处理身心关系、人人关系、族群关系等方面的和谐智慧。比如身心和谐,中国传统哲学认为,身心和谐可以帮助人在生命与心灵上都处于健康状态。再如各族群、民族之间的和谐。中华民族在五千年甚至更长时期,多地域多族群不断融合,在观念上形成了“天下一家”“协和万邦”的文化理想,和谐成为处理族群关系的重要原则和目标。当然,我们还要处理好继承和创造性发展的关系,坚持古为今用、推陈出新,有鉴别地加以对待,有扬弃地予以继承,重点做好创造性转化和创新性发展。

(2)遵循价值建设的一般规律,切实做到内化于心、外化于行

我们要加强对和谐价值观的倡导,努力使社会主义和谐价值观成为全社会的主流价值导向。我们要通过舆论引导、文化熏陶、实践养成等,使社会主义和谐价值观内化为每一个社会个体的价值理念和精神追求,引导人们用和谐的思维认识事物,用和谐的态度对待问题,用和谐的方式处理矛盾。培育和弘扬社会主义和谐价值观,还要善于做到外化于行,将社会主义和谐观融入人们的日常社会生活,让人们在实践中感知它、领悟它、践行它,在落细、落小、落实上下功夫。只有每个公民都成了“和谐分子”,整个社会才能成为和谐社会。作为一位公民,我们要从自己做起、从现在做起,积极融入构建和谐社会的实践中,逐步实现身心和谐、人际关系和谐、人与社会关系和谐、人与自然关系和谐。

(3)将社会主义和谐价值观与构建社会主义和谐社会的实践结合起来

培育和践行社会主义和谐价值观,必须同当前我国建设社会主义和谐社会的实践结合起来。我国要构建的和谐社会是“民主法治、公平正义、诚信友爱、充满活力、安定有序、人与自然和谐相处的社会”。和谐社会应是一个民主法治的社会,人们的权利和义务,以及各种社会关系都要由法律来规范和确定,全社会要形成遵纪守法的意识和风气;和谐社会应是一个公平正义的社会,要妥善协调各方

利益关系,正确处理各种社会矛盾;和谐社会应是一个诚信友爱的社会,全社会诚实守信、平等友爱、互帮互助,形成融洽相处的人际环境;和谐社会应是一个充满活力的社会,要调动一切积极因素来使一切有利于社会进步的创造愿望得到尊重,创造活动得到支持,创造才能得到发挥,创造成果得到肯定;和谐社会应是一个安定有序的社会,要建立协调社会矛盾的各种机制,整合社会管理资源,建立新的社会治理机制,维护社会稳定;和谐社会应是一个人与自然和谐相处的社会,要严格遵循科学发展观的要求,建设资源节约型、环境友好型社会,统筹人与自然的关系,促进可持续发展。

二、社会层面的价值取向:自由、平等、公正、法治

"自由、平等、公正、法治"是社会主义核心价值观在社会层面上的价值取向,是立足社会集体层面对社会主义核心价值体系的高度凝练。既契合了中国特色社会主义的发展要求,又承接了中华优秀传统文化和人类文明优秀成果。促进和实现社会的自由、平等、公正、法治,有助于完善社会主义市场经济体制,激发社会活力;有助于培育现代公民社会,推进社会主义政治文明建设;有助于促进社会公平正义,使发展成果更多更公平惠及全体人民,对于建设富强民主文明和谐的社会主义现代化国家、实现中华民族伟大复兴的中国梦有重要而深远的意义。

(一)自由:社会主义的价值理想

自由是马克思主义的终极追求,也是社会主义的内在逻辑。自由是改革和发展的源头活水,是完善社会主义市场经济体制的必然要求。倡导和促进自由的实现,对于推进中国特色社会主义事业有着重要意义。

1. 自由的内涵

"生命诚可贵,爱情价更高。若为自由故,二者皆可抛。"裴多菲的这首诗表达出古往今来人们对于自由这一价值的珍视和渴望。

自由是一个内涵丰富的概念。在人们的日常认知中,自由与约束和限制相对,是一种摆脱束缚、无拘无束的自在状态。从哲学层面来说,这涉及自由与必然的关系问题。必然是指自然规律、社会历史规律等不以人主观意志为转移的客观必然性,生活在自然和社会中的人总是受到客观必然性的制约。一切旧哲学要么把自由理解为对客观必然性的认识和服从,要么把自由理解为对必然的精神超

脱。马克思主义哲学用实践的观点看待自由,把自由看作是基于对必然性认识之上的对客观世界的改造。恩格斯这样说道:“自由不在于幻想中摆脱自然规律而独立,而在于认识这些规律,从而能够有计划地使自然规律为一定目的服务……自由就在于根据对自然界的必然性的认识来支配我们自己和外部自然。”①首先,对必然性的认识和把握是自由的基本前提。对必然性的认识越全面、越深刻,人类驾驭自然和自身的能力就越大,自由的程度也就越大。其次,自由最终实现于实践之中。自由不是对必然的消极服从,而是主动运用规律去改造世界。马克思主义认为,实践是一种自由自觉的活动。作为主体的人在实践中将自身的意志、思想、情感自觉运用于客观对象之上,由此体现人的自由。自由无法依凭精神或信仰去实现,也不能仅仅停留于意识层面,人类只有在对客观世界的改造中才能真正实现自身的自由。

而在政治哲学传统中,自由又是一个与权利相联系的范畴,意味着国家赋予公民各种各样的权利。现代国家普遍承认并保障公民拥有基本的权利和自由,包括财产和人身自由、言论和出版自由、集会自由、宗教自由、良心和思想的自由等。自由不等于没有约束、为所欲为,权利和自由的行使要遵循一定的规范,否则自由将化为泡影。如果每个公民都享有不受限制的权利,那么无约束的权利便会相互抵触,从而使每个人的自由都失去保证。试想,在一场会议上,如果没有关于讨论的秩序和程序方面的规范,人人放任发言,那么会议就会成为一锅粥,导致人人都无法实现言论的自由。所以,权利和自由又总是在规范之内的权利和自由。

从本质上看,人的自由状况与其所处的社会制度紧密相关。因此,自由不仅是标志个体存在状态的范畴,而且是标志社会状态的范畴。虽然近代资产阶级在实现公民的基本自由和权利方面做出了贡献,但自由决不是资本主义社会的专利,而是人类政治文明发展的有益成果,亦是社会主义追求的价值目标。不同社会所倡导的自由具有不同内容。资本主义的自由只限于在政治和法律上保障公民基本权利不受干涉的消极形式自由;而社会主义的自由内涵不仅包括政治权利和自由,而且包括使人人都有自我发展、自我实现的权利和机会,它是一种积极的实质自由。社会主义所倡导和追求的自由比资本主义所倡导和追求的自由要更

---

① 《马克思恩格斯选集(第3卷)》,人民出版社1995年版,第455-456页。

为优越。

马克思恩格斯深刻揭露过资本主义自由的虚伪实质。在资本主义制度下,工人所拥有的自由不过是在市场上出卖自身劳动力并任凭资本家剥削的自由。由于被剥夺生产资料,工人没有任何自我发展、自我实现的实质自由。在社会主义以前的所有阶级社会中,自由和权利都只限于统治阶级内部,所谓自由只是单个集团所拥有的自由。而在社会主义中,自由是指每个人的自由。社会主义自由的内涵是要保障每个个体都有生存和发展自由。马克思恩格斯所设想的未来社会是“自由人的联合体”,“在那里,每个人的自由发展是一切人的自由发展的条件”。① 这是社会主义自由的最高理想。自由人的联合体就如同一场所有社会成员共同演奏的音乐会。乐队中的每个人都想自由地实现自我,但只有在所有人都自由地实现自我的条件下才能奏出最和谐、最美妙的乐章。如果某些社会成员的自由发展受到限制和阻碍,那么一切人的自由全面的发展就无从实现。只有每一个个体都获得自由全面的发展,才能实现社会共同体的自由全面发展。社会主义的自由以人的自由全面发展为核心,是最广泛、最全面的自由。

2. 自由的价值与意义

自由是马克思主义的终极追求。马克思在《1857—1858 年经济学手稿》中提出过人类发展的三个阶段和形态,而这三个阶段正是以自由作为首要衡量指标。最初,在生产力还不发达的自然经济社会,人或者盲目受自然规律限制,或者屈从于他人的压制和束缚之下,既没有独立性,也没有自由,只有“人的依赖关系”。而在第二个发展阶段,即资本主义社会,人虽然获得了形式的独立性,但却在私有制和商品经济体系中沦为资本、金钱、商品的奴隶,全面地依赖于物。只有到了最高的发展阶段,即共产主义社会——那里生产力高度发达,人们共同分享社会生产能力和社会财富,才能实现人的全面发展和自由个性,才能实现真正的自由。根据马克思恩格斯的描绘,在共产主义社会中,人类超越了仅仅为生存、为外在目的而进行活动的不自由状态,每个个体都可以根据自身的兴趣、爱好、需求、能力自由地从事活动,像马克思恩格斯所说的那样,上午打猎、下午捕鱼,傍晚从事畜牧,晚饭后从事批判,自由而全面地发展自身的个性和能力。这种以人的全面发展为

① 《马克思恩格斯选集(第 1 卷)》,人民出版社 1995 年版,第 294 页。

内容的自由是马克思主义的终极价值目标。

自由是社会主义的内在逻辑。个体能否实现自由、实现何种程度的自由，在根本上取决于其所处社会的性质。在资本主义条件下，人的自由受到多重因素的限制。首先，生产资料私有制使工人受到资本家的剥削和压迫；其次，精细的现代分工体系使人片面化发展，人的各种本质、需要和能力由于狭隘的职业限制而遭到压抑；最后，资本主义商品拜物教使人成为商品和金钱的奴隶，所有人都处于异化、不自由的状态。社会主义最初正是在对资本主义社会普遍存在的压迫、片面化、异化等不自由现象的反抗中诞生的，并以共产主义的自由理想为前进方向，因此自由是社会主义内在固有的本质和要求。如同恩格斯所说，“我们的目的是要建立社会主义制度，这种制度将给所有的人提供健康而有益的工作，给所有的人提供充裕的物质生活和闲暇时间，给所有的人提供真正的充分的自由。”①社会主义不仅要消灭一切不自由的制度根源——生产资料私有制，而且要充分保证人们发展自由个性的物质和时间前提，为最终实现人的自由全面发展的共产主义做好准备。

自由是中国特色社会主义的基本要义，是“中国梦”的核心意蕴。中国特色社会主义事业的出发点和落脚点都是为了实现广大人民群众的根本利益。人民的利益不仅仅是物质生活的改善，更重要的是保证人民能够充分享有发展自我、实现自我的条件和自由，使每个人都能够自由全面的发展，都能享有“人生出彩”“梦想成真”的机会。十八大明确把“促进人的全面发展”纳入中国特色社会主义道路的内涵。促进人的全面发展，既需要保障人们所拥有的言论、思想等基本权利和自由不受干涉，又需要提供人们自由发展的资源和条件。党的十八大和十八届三中全会所制定的政治、经济、文化等各领域的各项改革，都是为了扩大人民的自由，使每个人都能有更大的权利、机会、能力并且在更完善的社会条件下来实现自己美好生活的梦想。

自由是改革和发展的源头活水，是完善社会主义市场经济体制的必然要求。改革需要创新，需要解放思想。只有倡导思想自由，才能破除思想上的种种禁锢，从一切不合时宜的观念、做法和体制的束缚中解放出来，从教条主义和主观主义

---

① 《马克思恩格斯全集(第21卷)》，人民出版社1965年版，第570页。

的桎梏中解放出来,真正做到与时俱进,不断推进和深化改革。自由是解放和发展生产力、解放和增强社会活力的基本前提。只有让人们自由地享有发展的机会和权利,自由地发挥自身的能力和特长,让一切劳动、知识、技术、管理、资本的活力竞相迸发,才能让一切创造社会财富的源泉充分涌流,才有社会的进步发展。自由也是健全社会主义市场经济体制的必然要求。十八届三中全会提出,要形成企业自主经营、公平竞争,消费者自由选择、自主消费,商品和要素自由流动的现代市场体系。只有确保市场各方有充分的、正当的自由,才能形成健康活泼的市场经济体系,才能使各种生产要素充分发挥作用,社会主义市场经济才有源源不断的内在动力。

3. “自由”的现状:成就与问题

回顾历史,中国人民追求自由的道路是漫长而坎坷的,甚至经过了血与火的斗争,但同时也取得了丰硕的成果。近代中国沦为半封建半殖民地社会,深受外国列强的侵略和奴役,国家主权沦丧,人民的自由失去了起码的保障。中国共产党领导全体人民完成了新民主主义革命,实现了民族独立和人民解放,为广大人民个人自由的实现提供了民族和国家基础。新中国成立后,党领导人民进行社会主义改造,废除了压迫人民的旧制度和旧习俗,建立了社会主义制度,在经济上实行生产资料公有制,在政治上实行人民民主专政制度,从根本上消除了阻碍全体人民享有自由的社会政治经济制度,从此,中国人民在共产党的领导下走上追求自由和权利的新阶段。改革开放时期,中国共产党提出“实践是检验真理的唯一标准”,破除了“两个凡是”的思想禁锢,倡导解放思想,极大地促进了思想自由,并带来一系列的制度和体制创新。改革开放 30 年来,我国在经济上建立了社会主义市场经济体制,不断完善自主经营、自主消费、商品和要素自由流动的现代市场体系,打破多年的封闭状态,与世界市场接轨,实行自由贸易。在政治上确立了社会主义民主政治建设的基本框架,不断完善民主选举、民主决策、民主管理和民主监督的相关机制,使人民能够广泛地参与政治决策过程。在法律上明确规定和保障公民的基本权利,使广大人民都能享有选举权和被选举权、言论、出版、集会、结社、游行、示威的自由,宗教信仰自由,人身与人格权以及一系列社会经济、文化权利和自由。自改革开放以来,中国经济发展突飞猛进,居民生活水平大幅度提高,不仅解决了贫困人口的温饱问题,使 13 亿中国人都能享有生存发展的基本权利和自由，而且不断完善社会建设，加大对教育、科技、文化、卫生等社会事业的支持力度，有效扩大了人民的社会、经济、文化权利和自由。这一切，都为实现人的自由全面发展的终极目标奠定了牢固的基础。

但不可否认的是，中国目前仍是一个发展中国家，仍处于社会主义初级阶段，仍然存在不少制约人自由和权利的因素，诸如发展水平有待提高，社会财富积累不够，社会制度和各方面体制不完善、旧的传统习俗和旧体制的残余，等等。总的来说，当前我国自由方面存在的问题包括：社会建设相对滞后，社会保障体系不够完善，产生了上学难、就业难、看病难、住房难等民生问题，未能满足人民实现生存发展自由的基本前提；经济社会发展不平衡，城乡之间、区域之间、行业之间、居民之间差距过大，从而造成收入、就业、教育、医疗、住房等保障生存和发展自由的资源分配不平等，使一部分人无法享有自由生活、自由发展的条件和基础；民主法制尚不够健全，一些政府和执法机关尊重人权和公民自由的意识比较薄弱，在执法过程中对公民人身自由造成侵犯；户籍制度影响公民的迁徙自由，特别是二元户籍制对农民自由的限制，不仅造成身份、流动的不自由，也使农民无法平等享有教育、就业等自由发展的资源，等等。

4. 促进自由的原则和途径

马克思说过，“权利决不能超出社会的经济结构以及由经济结构制约的社会的文化发展。”①实现以人的自由全面发展为核心内容的马克思主义自由目标，是一项长期而艰巨的任务，不能脱离实际盲目求快，而要依据当前发展阶段的社会经济文化条件制定相应的权利和自由清单，逐步实现自由的终极目标。

解放和发展社会生产力是实现自由的实践基础。社会生产力的发展为人的自由全面发展提供现实条件。只有生产力发展了，才能满足人们多方面的需要，培养和挖掘人多方面的能力和才干，形成普遍的交往体系，为人自由丰富的个性和全面自由的关系提供物质条件。因此，要实现自由必须以解放和发展生产力为前提。只有不断发展生产力，扩大生产交往，让集体的一切财富充分涌流，自由的实现领域和实现程度才能得到拓宽和加深。

促进自由是一项系统工程，既需要社会条件不断完善，也需要全体人民觉悟

---

① 《马克思恩格斯选集(第3卷)》，人民出版社1995年版，第305页。

和素质的提高。首先,自由的实现必须由制度来保障。推进社会主义政治体制改革,保证人民享有广泛的权利和自由。政治权利和自由不仅关系到人民的主体地位,而且影响公民其他方面权利和自由的享有,因此要扩大人民民主,并实现公民各项权利得到保障和在不断发展基础上的民主。其次,要推进社会主义法治建设,坚持依法执政,依法行政、依法办事,使宪法规定的公民权利和自由得到保障。还要加强公民意识教育和宣传,树立社会主义权利、自由、民主和法治观念。既保证公民的自由和权利得到尊重和保护,又保证公民自觉依法行使权利和自由。

(二)平等:社会主义制度的基本原则

平等是社会主义的本质要求。大力倡导平等价值,促进平等目标的实现,对于推进中国特色社会主义事业有着重要意义。

1. 平等的内涵

平等是现代社会的基本特征,是衡量人类文明进步的重要标准,也是人类向往的理想价值。人们向往和追求平等,首先要明确平等的内在意涵。平等是什么?平等是一种社会价值,是一种关于社会应当如何对待其成员的规范性价值。具体而言,一个社会中的全部成员在特征、个性、能力、需求等方面肯定是千差万别的,但他们在作为人、作为社会主体的意义上是平等的。社会应将每个人作为平等的社会成员来对待,确保每个人生存和发展的需求都受到同等程度的尊重和照顾。这就是现代社会平等理念的基本意涵。

虽然平等已成为现代社会的基本共识,但在现实生活中却仍然存在广泛的不平等。这些不平等有的是由历史和社会因素造成的,比如家庭背景、教育机会、阶级、阶层等,有的是由自然、个人甚至难以描述的因素造成的,比如天赋、才能、勤奋程度、运气等。倡导和促进平等,就是要对社会中存在的不平等,特别是由不合理、不正当的因素造成的不平等予以矫正和补偿,弥合人们在权利、机会、财富、生活前景等方面的差距。

"平等"这一价值追求虽然自古有之,但平等的内涵却不是永恒不变的。恩格斯告诉我们,平等的含义随历史发展而不断变化着,不同社会不同阶级有不同的平等观念。在最原始的、自然形成的公社中,平等只限于公社成员之间的平等,妇女、奴隶和外地人则不在平等之列。在古希腊和古罗马的奴隶制时期,产生了自由民私人之间的平等,但古希腊人和野蛮人、自由民和奴隶之间都处于不平等的地位。而到了基督教封建国家，一切人的平等只意味着承认一切人在原罪上的平等，除此之外便只有封建社会森严的等级秩序。在反对封建专制制度的过程中，现代资产阶级提出了现代意义上的平等要求，“一个国家的一切公民，或一个社会的一切成员，都应当有平等的政治地位和社会地位”。① 这一现代意义上的平等观念经过了几千年才成为某种自然而然、不言而喻的东西。

社会主义核心价值观所倡导的平等是社会主义的平等，它不同于近代启蒙意义上的资产阶级的平等。资产阶级的平等要求最初是在推翻封建社会的资产阶级革命实践中产生的，其内涵在于消灭封建特权和等级制度，使资产阶级拥有平等的政治权利和社会地位。而无产阶级的平等要求则是在推翻资本主义的革命实践中产生的，其内涵在于消灭一切剥削和阶级，实现生产资料公有制，使人民当家作主。马克思恩格斯曾向我们深刻揭示社会主义平等与资本主义平等的本质差异。资本主义平等只消除了政治和法律上的阶级特权，但容许经济上的阶级剥削。这种平等只停留在表面和形式上，其下掩盖的则是有产者和无产者在财富、地位、生活前景等方面广泛而巨大的不平等。社会主义平等则要求消灭阶级本身，消灭由阶级所造成的一切剥削和不平等。阶级是造成不平等的深刻根源，所以恩格斯说，“无产阶级平等要求的实际内容都是消灭阶级的要求。任何超出这个范围的平等要求，都必然要流于荒谬。”②历史和现实证明，只有在社会主义社会才能真正消灭阶级，实现人民对生产资料的共同占有和对国家权力的共同支配。就此而言，社会主义比资本主义为平等提供了更坚实的制度基础。

平等既包括政治平等、经济平等、社会平等等不同层面，也包括权利平等、机会平等、身份平等、资源平等等不同内容。社会主义所倡导的平等不仅要求在政治、法律的层面实现人的平等权利，而且要求在经济领域里建立生产资料公有制，实现实质的结果平等，使人民共同分享社会发展的成果。因此，社会主义将比资本主义更真实、更广泛地实现平等，社会主义的平等价值比资本主义的平等价值更为优越。

在社会主义的平等目标之上，马克思还向我们描绘了更高层面的平等追求，

① 《马克思恩格斯选集(第 3 卷)》，人民出版社 1995 年版，第 447 页。

② 《马克思恩格斯选集(第 3 卷)》，人民出版社 1995 年版，第 448 页。

即共产主义的平等目标。共产主义不仅消灭一切由阶级和剥削造成的不平等，而且还要能照顾到不同的人在天赋、能力和需求方面的不同，根据每个人的个性和需求进行分配，使每个人都能拥有最适合自己全面发展的资源和机会。当然，共产主义平等理想的实现需要长期的发展和积累，如同马克思所说，"在随着个人的全面发展生产力也增长起来，而集体财富的一切源泉都充分涌流之后，——只有在那个时候……社会才能在自己的旗帜上写上：各尽所能，按需分配！"①可见，平等是马克思主义和社会主义的基本价值追求。

需要注意的是，社会主义平等并不是绝对的平均。平等与平均是两个内涵不同的概念。平均与差异相对，强调在分配时每个人得到均等的份额；而平等则强调每个人拥有平等的权利和机会，并且在分配时用平等的尺度进行衡量。比如社会主义按劳分配制度就是平等的集中体现，它以劳动作为统一的尺度来衡量收入分配。社会主义倡导平等，并不表示要排除一切差别。差别可以是正当的，当且仅当造成差别的因素是正当的。比如勤奋工作的人比消极怠工的人收入多，或者贡献突出的人比无所作为的人得到更多奖励，等等。这类差别是正当的，因为它并非由不正当的特权等因素造成，而是因人们不同等的付出和贡献而产生的正当差别。

2. 平等的价值与意义

倡导并促进平等的实现，对于推进中国特色社会主义事业有着重要的价值和意义。

平等是社会主义的本质要求。马克思主义创始人告诉我们，社会主义运动的根本目标在于消灭阶级，消灭剥削，使社会摆脱和超越资本主义制度造成的人压迫人、人剥削人的现象，让人民共同占有生产资料、共同支配国家权力。因此，科学社会主义在诞生之始就将平等作为社会主义的本质要求。在中国特色社会主义建设过程中，邓小平再次强调社会主义的本质是解放生产力，发展生产力，消灭剥削，消除两极分化，最终实现共同富裕。党的十八大提出，"努力营造公平的社会环境，保证人民平等参与、平等发展权利"。这表明，无论在哪个时期，平等都已经内在地成为社会主义的本质特征。

① 《马克思恩格斯选集(第3卷)》，人民出版社1995年版，第305－306页。

平等是保证人民当家做主的基本条件。马克思主义认为,历史活动是群众的事业,人民是推动社会发展的决定性力量。人民当家做主是社会主义民主政治的本质和核心。党的十八大强调要坚持人民主体地位,并指出中国特色社会主义是亿万人民自己的事业。要实现人民民主,就必须消灭阶级,使广大人民拥有平等的政治权利和社会地位。如果人民群众不能平等地参与政治生活,那就谈不上真正地当家作主;如果社会隐性地被分为三六九等,那么人民的主体地位便成为空谈。

平等是完善社会主义市场经济体制的前提条件。市场经济以身份平等和规则公平为基本前提。不平等和特权只会造成弱肉强食、恶性竞争的市场风气,最终破坏经济秩序,影响市场经济的良性运行。只有确保市场主体享有平等的权利、机会和地位,引入公平的竞争机制,才能形成健康良好的市场环境,激发人们的积极性和创造性,才能为社会主义市场经济发展提供源源不断的动力。

促进平等是实现社会公正的必由之路。公平正义是中国特色社会主义的内在要求。然而,当今中国社会发展不平衡,城乡之间、地区之间、行业之间、居民之间的收入差距已成为阻碍社会公平正义的重要因素。缩小贫富差距,使广大群众能平等地享有社会发展的成果,是实现社会公平正义的必要手段。

只有实现平等,才能真正做到以人为本。以人为本是科学发展观的核心,是中国共产党的根本宗旨和执政理念的集中体现。十八大报告强调,要“始终把实现好、维护好、发展好最广大人民根本利益作为党和国家一切工作的出发点和落脚点”。如果只有一部分人享受了社会发展所取得的成果,那还算不上符合最广大人民的根本利益。只有实现平等,确保人人都从改革和发展中受益,才能切实增进人民福祉,才是真正的以人为本。

3.“平等”的现状:成就与问题

新中国成立后,中国共产党领导人民进行社会主义三大改造,确立了社会主义制度,为实现平等提供了坚实的制度基础和广阔的发展前景。首先,建立了社会主义公有制经济。广大人民群众共同占有生产资料,平等地享有运用生产资料进行生产的权利。公有制和按劳分配原则从根本上消灭了人压迫人、人剥削人的不平等现象。其次,使人民成为国家和社会的主人,以法律的形式确立了所有公民的平等地位,切实保证公民平等地享有政治、经济、文化、教育等方面的权利和机会。改革开放以来,中国共产党领导人民群众结合中国国情的实际不断探索实现共同富裕的新道路。中国处于并将长期处于社会主义初级阶段的基本国情决定了,要想真正实现共同富裕,必须首先解决贫穷和低效的问题,就必须以经济建设为中心,坚持效率优先、兼顾公平,允许一部分地区、一部分人先富起来,带动和帮助后富,逐步实现共同富裕。这种效率优先的思路极大地解放了生产力,使我国经济水平大幅度提高,为平等的实现奠定了物质基础,但同时也产生了发展不平衡、贫富差距等消极因素。随着生产力水平的不断提高和改革成就的不断增多,中国共产党将工作重心置于平等的实现之上,通过切实有力的举措清除各种不平等因素,并取得了一系列显著成果。

缩小城乡差距。20 世纪 90 年代,党中央、国务院在国家财力有限的情况下,通过 7 年的扶贫攻坚,基本解决了全国农村贫困人口的温饱问题。党的十六届五中全会提出了建设社会主义新农村的重大历史任务,从此"三农"问题成为党和国家工作的重中之重。通过在农村地区全面启动公路改造、电力设施建设、农产品市场建设等工程、加强农村义务教育和医疗保障、建立农村最低生活保障制度等措施,提高了农村发展水平和农民的生活水平。

促进区域平等发展。根据邓小平同志"两个大局"的思想,以江泽民为核心的第三代中央领导集体在 90 年代末提出了"西部大开发"战略,使西部地区得到快速发展。以胡锦涛为总书记的党中央继续深入地推进西部大开发,并全面振兴东北地区等老工业基地,大力促进中部地区崛起,进一步缩小了区域发展差距。

促进居民的收入平等、机会平等、身份平等、资源平等。针对人民群众的衣食住行、教育、医疗等民生问题,党和国家不断完善社会保障体系,朝着全体人民学有所教、劳有所得、病有所医、老有所养的方向前进。

党和国家在平等目标上表现出坚定的决心,但实现平等的道路注定是漫长的。我国当前社会中仍然存在各种各样的不平等现象,比如城乡不平等、官民不平等、男女不平等,居民收入不平等、教育机会不平等,等等。在所有影响平等的因素中,与民生最相关也最紧迫的就是贫富差距问题。2013 年,国家统计局首次公布了我国从 2003 年到 2012 年十年间的基尼系数,其中连续数年都超出 0.4 的国际警戒值,表明我国收入分配差距问题亟待解决。

4. 促进平等的原则和途径

平等不仅是当今中国人民群众的迫切要求,也是中国特色社会主义的本质要求。平等的实现,既需要平等理念的弘扬,也需要社会改革的促进,需要党和人民的共同努力。

平等的实现,首先需要生产力的发展来保证。贫穷不是社会主义,只有大力发展生产力,才能夯实共同富裕的物质基础。我国仍然处于社会主义初级阶段,必须坚持发展仍是解决我国所有问题的关键这一重大战略判断,以经济建设为中心,不遗余力地发展生产力。只有把蛋糕做好做大,才能使最广大人民群众都能分到蛋糕,并且使每个人分到的蛋糕更多更大。

缩小收入差距是实现平等的关键。须根据十八大提出“两个同步”“两个比重”“两个公平”,逐步建立公平合理的分配制度。通过税收等再分配手段有效地调控收入差距,调节过高收入,增加低收入者收入,扩大中等收入者比重,努力缩小城乡、区域、行业收入分配差距,逐步形成橄榄型分配格局。根除因非法收入而造成的不平等现象,规范收入分配秩序。既保证人们合法的劳动所得不被剥夺克扣,又规避和清除由特权、违纪违法所得的非法收入。建立个人收入和财产信息系统,保护合法收入,清理规范隐性收入,取缔非法收入。不断完善以社会保险、社会救助、社会福利为基础,以基本养老、基本医疗、最低生活保障制度为重点,以慈善事业、商业保险为补充的社会保障体系。

推进教育平等。教育不仅在很大程度上决定着一个人未来的收入水平和生活前景,而且决定着一个人的眼界和情怀,是人们实现美好生活的重要基石。只有使每个公民,不论其家庭收入、地域、民族、身份、性别,都能平等地拥有受教育的机会,平等地使用教育资源,才能使每个人真正拥有人生出彩的机会,才能实实在在地促进人与人之间平等。

需要指出的是,社会主义平等的实现不能一蹴而就,要遵循社会发展的客观规律,根据实际情况分阶段、分步骤地予以实现。当前我国仍长期处于社会主义初级阶段,为了更好地发展社会主义市场经济,建立良性激励机制,应允许存在一定范围一定程度的收入差距。在生产力还未达到条件允许的情况下盲目追求过度的平等和平均化,只会使人们丧失劳动积极性,使社会主义市场经济发展失去原动力,阻碍生产力的发展,反而使平等更加难以实现。如同马克思所说,如果没有以生产力的发展为前提,就只会造成“贫穷、极端贫困的普遍化;而在极端贫困的情况下,必须重新开始争取必需品的斗争,全部陈腐污浊的东西又要死灰复燃”①。这一点在早期社会主义实践中有过经验教训。如果脱离社会发展的实际情况和客观规律盲目追求平等,平等就将成为空想。要克服“不患寡而患不均”的观念,坚持发展仍是解决我国所有问题的关键这一重大战略判断,做到既尽力而为,又量力而行,才能最大限度地消除差距,实现平等。

(三)公正:社会主义的基本价值取向

公正是社会主义的本质体现,是构建和谐社会和实现科学发展的必要前提。促进社会公正,是全面深化改革的出发点和落脚点,也是中国特色社会主义的内在要求。

1. 公正的内涵

公正,英语对应词是 justice,在当代中国语境里,公正的同义语是“公平正义”。公正是人类社会最古老的价值追求。早在古希腊时期,柏拉图就把公正视为理想政体的重要德行。公正亦是社会制度的最高价值。当代最著名的政治哲学家罗尔斯曾说,公正是社会制度的首要价值,如同真理是思想的首要价值。公正是一切统治者孜孜以求的价值目标。只有建立了公正的秩序,才能获得政权的合法性和正当性。公正也是所有人民最渴望的价值理想。只有在公正的社会中,人民才能各得其所、安居乐业。

公正作为一种社会价值,是衡量一个社会的制度安排是否正当合理的重要标准。一个社会的公正,应当体现在经济、政治、法律等社会生活的各个领域、各个层次和各个方面。公正的核心是分配公正。依据政治哲学传统,公正的内涵在于“给予其所应得”,马克思也曾指出,各种公平主张实际上是人们对现存分配形式与自身利益关系的价值判断。也就是说,社会公正最重要的内容,就是要对权利和义务进行合理分配,依据合理的尺度来分配权利和自由、权力和机会、收入和财富等社会资源。

古往今来,公正在不同时期不同群体的诠释中呈现出各式各样的形态和内涵。马克思主义认为,公正观念总是一定社会集团的公正观念,不存在永恒的、普

① 《马克思恩格斯选集(第1卷)》,人民出版社1995年版,第86页。

适的公正,而一定集团的公正观念又是该集团现存经济关系的体现。恩格斯说,公正“始终只是现存经济关系在保守方面或其革命方面的观念化、神圣化的表现”。① 古希腊人和古罗马人的公正观认为奴隶制度是公正的,资产阶级的公正规则要求废除封建制度。每个社会集团都是基于自身的经济关系和利益诉求来提出自身的公正理念。

社会主义所倡导的公正理念是基于最广大人民群众根本利益提出的无产阶级公正理念,比资本主义的公正理念更具优越性。马克思恩格斯指出,资产阶级公正观是基于符合资产阶级利益的生产资料私有制提出,其公正的唯一尺度就在于商品经济的等价交换原则,除此之外便只有剥削和不平等。马克思深刻地揭露了资本主义公正的虚幻性,“自由!因为商品例如劳动力的买者和卖者,只取决于自己的自由意志。他们是作为自由的、在法律上平等的人缔结契约的。……平等!因为他们彼此只是作为商品的所有者发生关系,用等价物交换等价物。”②在资产阶级自诩的正义社会里,不仅没有消除有产者和无产者之间的不平等,反而使其更加尖锐化。资本主义按照正义平等自由所建造的社会是“一幅令人失望的讽刺画”。而社会主义的公正理念,是在无产阶级要求推翻资本主义私有制、消灭一切阶级和剥削的革命实践中产生的。具体而言,社会主义的公正理念和公正目标包括以下层面和内容:

实行生产资料公有制,保证人民群众在生产资料占有上的公平和平等,从而保障社会利益分配的起点公正;实行按劳分配原则,以劳动作为统一的分配尺度,排除社会产品分配上的垄断和特权,从而保障社会利益分配的程序公正;以共同富裕为发展目标,使发展成果为全体人民所共享,从而保障社会利益分配的结果公正;坚持人民民主,尊重人民群众主体地位,使人民共同参与和管理国家事务,并依照体现人民意志和社会发展规律的法律治理国家,保障政治和法律的公正。

社会主义的公正理念是以人为本的公正理念。依据这种理念,社会主义社会的各项制度安排总是将最广大人民群众的根本利益作为出发点与目的,并在社会发展的过程中不断实现人民的愿望、满足人民的需要、维护人民的根本利益。社

① 《马克思恩格斯选集(第3卷)》,人民出版社1995年版,第212页。

② 《马克思恩格斯选集(第2卷)》,人民出版社1995年版,第176页。

会主义公正与资本主义公正更具有广泛性和现实性。邓小平同志说过,“我们为社会主义奋斗,不但是因为社会主义有条件比资本主义更快地发展生产力,而且因为只有社会主义才能消除资本主义和其他剥削制度所必然产生的种种贪婪、腐败和不公正现象”①。在以往一切剥削和压迫制度下都不可能真正实现社会的公正。社会主义制度从根本改变了无产阶级和广大劳动人民的命运,在实现社会平等和公平正义方面取得了巨大进步,这是社会主义制度优越性的集中体现。正是在这种意义上,公平正义是社会主义区别于资本主义的重要特征,也是社会主义核心价值观中的最为核心的价值。

2. 公正的价值与意义

公正是社会主义的本质体现。社会主义优越于资本主义的重要特征就在于它以消除两极分化、实现共同富裕为根本要旨。以往一切阶级社会的发展都以某个集团的利益为目的,以某个集团的意志作为公正的尺度。如马克思所说,“过去一切阶级在争得统治之后,总是使整个社会服从于它们发财致富的条件,企图以此来巩固它们已经获得的生活地位”②。只有社会主义代表最广大人民群众的利益和意志,让人民能够平等地享有社会发展的成果,是社会主义分配公正理念的集中体现。党的十七大报告明确指出,“实现社会公平正义是中国共产党人的一贯主张,是发展中国特色社会主义的重大任务”。党的十八大提出,“公平正义是中国特色社会主义的内在要求”。十八届三中全会也强调,全面深化改革,“必须以促进社会公平正义、增进人民福祉为出发点和落脚点”。这表明,公平正义是社会主义须臾不可分的特征和要求。一个社会福利总量的增长,并不意味着每个社会成员的福利都能得到相应增长。如果社会不公正,即便社会福利总量翻了几番,也可能出现小部分人垄断福利而大部分人没有受益的情况。中国特色社会主义以坚持维护公平正义为原则,不仅要把蛋糕做大,还要把蛋糕分好,推动发展成果更多更公平惠及全体人民。

公正是和谐社会的必然要求。社会的和谐,离不开公平正义。任何社会都是矛盾的统一体,社会不同群体和个人之间的差异、矛盾和冲突是不可避免的。构

① 《邓小平文选(第3卷)》,人民出版社1993年版,第143页。

② 《马克思恩格斯选集(第1卷)》,人民出版社1995年版,第283页。

建和谐社会,就是要使各种矛盾因素趋于平衡和协调,使社会良性运行。成员之间的和谐并不能依靠强制来实现,强硬的戒律也许能让人们互不侵犯,但却无法使人与人天然地产生彼此信任、相互包容、互助互利的和谐关系。一个社会如果不公正,受损的人将心理失衡,得益的人则提心吊胆,人与人之间互相忌妒、防范、猜忌、钩心斗角,矛盾和冲突加剧,整个社会将如同霍布斯所说,"陷入一切人对一切人的战争"。只有建立公正的社会秩序,在人们产生利益分化和冲突时有据可循,使社会利益得到正当合理的分配,才能协调好人们之间的关系。公平正义比太阳还有光辉,当公平正义的阳光洒向社会的每一个角落,就将形成光明、积极的社会秩序和社会氛围。一个崇尚公正的社会,人们各得其所,安居乐业,整个社会也将在团结和谐的氛围中良好运行。

公正能为社会发展进步提供有力保证。社会的发展进步,要依靠人民群众的智慧和力量,依靠人民群众齐心协力的奋斗和努力。一个社会集体,如果不公正的现象随处可见,人民对集体的认同感就会降低,社会就会失去凝聚力,就不可能有人民群众的各尽其能,各得其所。没有了人民投身建设和发展的积极性,社会发展就会像无源之水,最终失去前进的动力。只有在公正的社会环境中,人民的利益才能得到有效保证,人民的心情才能舒畅,各方面的社会关系才能和谐,人民群众的积极性、主动性、创造性才能充分发挥出来,不断激发社会活力,把社会推向前进。

公正是国家稳定的基本前提。水能载舟,亦能覆舟。国家的稳定,政权的牢固,离不开人民的拥护和支持。失公正则失民心。社会任何方面的公正缺失都会直接伤及人民的利益,从而损伤民心,磨损人民对国家,对党和政府的信任。公正是社会安定、国家繁荣昌盛的基础。历史无数次证明,任何制度和形态的国家,如果特权横行,腐败当道,公平正义得不到维护,国家就会像大厦失去根基一样,走向崩塌。只有坚决维护社会公正,切实保障人民的利益,才能使人民对党和政府充满信心,社会才能安定团结,国家才能长治久安。

维护社会公正符合广大人民的根本利益。一切以广大人民的根本利益为出发点,是中国共产党执政理念的集中体现。而人民的根本利益与社会的公平正义息息相关。社会分配所涉及的权利、机会、财富等社会资源是人民生存和发展的必要前提,只有维护分配公正,才能使人民平等地享有人生出彩的机会。同样,只有维护司法公正，才能保障人民的合法权益在遭到损害时能够得到有效解决和补偿。人民的利益不仅只是物质利益，随着物质生活水平不断提高，人民的权利意识也日益增强。平等、公平、正义等社会价值已成为人民迫切的期待和需求。只有构造公平正义的社会环境，才能让广大人民活得有尊严，活得有奔头，才能提升人民的幸福感，真正让人民满意。

3.“公正”的现状：成就与问题

社会公正的实现，既是社会主义制度的本质要求，也是中国共产党人的一贯追求。新中国成立后，中国共产党领导全国人民建立社会主义制度，消灭剥削阶级，实行生产资料公有制和计划经济，为的是使广大人民在政治、经济和社会生活中公平地享有各种权利和机会。改革开放以来，党带领人民走中国特色社会主义道路，经过 30 多年的发展，我国社会主义事业取得了巨大成就，国民经济持续、快速、健康发展，GDP 年均增速保持在 9% 以上，社会生产力和国家综合实力不断增强，经济总量稳居世界前列，人民生活水平显著提高，这些都为实现社会公正提供了强大的基础和保障。

当前我国在维护社会公平正义方面的具体成果包括：(1)缩小收入差距。近年来，国家通过一系列再分配手段和政策措施努力缩小居民收入差距，将个税起征点从 2000 元提到 3500 元，减轻工薪阶层税负；2006 年取消农业税，每年减轻农民负担约 1335 亿元；全面确立最低工资制度，并连续上调最低工资、基本养老金；大幅提高国家扶贫标准和城乡低保补助水平；深化企业薪酬制度改革，加强对国有企业高管薪酬的管理，对国企工资总额进行调控；这些对策在一定程度上调整了分配格局，缩小了居民收入差距。(2)初步建立了较为全面的社会保障体系。自党的十六大以来，我国社会保障事业快速发展。当前已初步建立起覆盖城乡居民的社会保障体系框架，并且社会保障制度仍在不断完善、覆盖人群不断扩大，保障水平持续提高。2007 年我国开始城镇居民基本医疗保险试点，目前已从制度上实现了基本医疗保险对城乡居民的全面覆盖。2012 年，新型农村社会养老保险和城镇居民社会养老保险基本实现全面覆盖。(3)统筹城乡发展，缩小城乡差距。全面取消了农业税、牧业税和特产税，建立农业补贴制度，千方百计促进农民收入持续增长；全面建设社会主义新农村，促进城乡一体化发展；推动户籍制度改革，部分地区已取消二元户籍制。

改革开放以来,我国逐步推进从高度集中的计划经济体制转变为充满活力的社会主义市场经济体制、从半封闭型社会转变为开放型社会、从传统农业社会转变为现代工业社会的三大社会转型,在这一过程中产生了发展不平衡、资源分配不公、收入差距拉大、社会建设相对滞后等影响社会公正的因素。当前,我国仍处于社会转型的关键期,社会上还存在不少有违公平正义的现象和问题。比如,城乡之间、地区之间、行业之间、居民之间的收入差距拉大;城乡二元经济结构造成城乡发展差距,城乡分治、户籍制度使农民无法享受同等的机会、资源和福利;未形成健全的社会保障体系,仍存在上学难、就业难、看不起病、住不起房等民生问题;教育、医疗等机会和资源分配不平等;就业与劳动报酬中的身份、性别等歧视因素;"权钱交易""关系风""潜规则"等各类腐败现象;由权力和资本造成的特殊利益集团,并造成官二代、富二代与草根阶层的显著差距,导致社会阶层固化。

4. 促进公正的原则和途径

在当今中国,促进社会公平正义是大势所趋、民心所向,也是党和国家未来工作的重中之重。

始终坚持发展是实现社会公正的关键。公平正义并非抽象的口号,需要现实的社会经济条件来保证。恩格斯告诉我们,"社会的公平或不公平,只能用一种科学来断定,那就是研究生产和交换的物质事实的科学——政治经济学"①。也就是说,要解决公平正义问题,不能仅仅停留在道德层面的呼吁,而要遵循"现代社会生存和发展的规律",即政治经济学规律。历史证明,脱离生产力发展水平的社会公正只能是空中楼阁。只有大力发展生产力,集中精力搞经济建设,不断增加社会财富和改善人民生活,才能为社会公正的最终实现提供经济基础和物质条件。

加紧建设对保障社会公平正义具有重大作用的制度,逐步建立以权利公平、机会公平、规则公平为主要内容的社会公平保障体系,努力营造公平的社会环境,保证人民平等参与、平等发展权利。进一步深化经济、政治和社会体制改革,缩小不同地区、不同行业、不同居民在收入、教育、就业、医疗、社会保障等权利和资源上的差距。推进城乡一体化发展,健全体制机制,形成以工促农、以城带乡、工农

① 《马克思恩格斯全集(第19卷)》,人民出版社1965年版,第273页。

互惠、城乡一体的新型工农城乡关系,让广大农民平等参与现代化进程、共同分享现代化成果。严厉打击腐败、特权等不公正现象,敢于啃硬骨头,敢于涉险滩,突破利益固化的藩篱,破除各方面体制机制的弊端。拿出逢山开路,遇水架桥的改革决心和勇气,推进有利于社会公正的各项改革。

深化收入分配制度改革,建立合理有序的收入分配格局。消除当前收入分配制度中的不合理因素,规范收入分配秩序,完善收入分配调控体制机制和政策体系,建立个人收入和财产信息系统,保护合法收入,调节过高收入,清理规范隐性收入,取缔非法收入,增加低收入者收入,扩大中等收入者比重,努力缩小城乡、区域、行业收入分配差距,逐步形成橄榄型分配格局。必须指出的是,收入分配改革,必须遵循经济规律,依生产力发展水平而定,不能盲目求快。马克思主义认为,一定的分配关系只是历史规定的生产关系的表现。某一时期某一社会的分配关系反映着该时期该社会的生产关系,并最终取决于社会生产力的发展水平。因此,必须立足于我国长期处于社会主义初级阶段这个最大实际,根据现阶段的生产力水平来决定收入分配改革的具体方案,兼顾公平和效率,在发展经济的基础上,实现共同富裕。

继续完善和扩大社会保障制度和体系。健全的社会保障体系对于促进社会公平正义有着重要的积极作用,它不仅能使社会弱势群体享受生活和发展的基本权益,而且促进社会福利为广大人民共同享有。建立公平可持续的社会保障制度,不断扩大社会保障的范围,使我国社会保障建设向着使全国人民学有所教、劳有所得、病有所医、老有所养、住有所居的方向前进。

(四)法治:现代社会治理的基本方式

法治是治国理政的基本方式,是实现自由平等、公平正义的可靠保障。党的十八大报告提出,要全面推进依法治国,加快建设社会主义法治国家。倡导和推进法治建设,对发展中国特色社会主义事业有重要意义。

1. 法治的内涵

"法治"是一种治国理念或治国方略,强调法律的权威性和普遍适用性,其基本内涵在于,将法律作为治理国家和社会的最高准则,任何人和机构都不得凌驾于法律之上。"法治"与"人治"相对。"人治"是指依人而治,依靠的是掌权者的智慧和权威,强调掌权者的绝对权力。而"法治"是指依法而治,依靠的是法律的理性和权威,强调法律在国家和社会治理中的至上地位。现代国家普遍承认,法治是优于人治的治理方式。最早对“人治”和“法治”的优劣进行比较的思想家是亚里士多德。他指出,人治容易偏离公正,再伟大的贤人也难以完全摒除个人好恶,而法治则体现理性精神,更能确保公正;法律由众人审慎考虑后制定,比一个人或少数人意见具有更多正确性;而且法律具有稳定性,人则容易朝令夕改。故而,“法律是最优良的统治者”①。

法治应与法制相区分。法制是法律制度的简称,属于法律的体系和架构层面,而法治则是依法治理的总原则和总理念。法制国家并不等于法治国家。法制国家仅仅表示一个国家设有法律制度和法律体系,但仍可能存在当权者凌驾于法律之上的情况。法治和法制最大的区别,在于后者则无法排除人治的可能性。如果只有法制而没有法治,法制反而可能成为人治和专制的工具。反过来,法治的实现离不开法制,法治的实施必须建立在法制之上。法律制度越合理越完善,越有利于法治的实现。

法治是人类政治文明发展到一定历史阶段的标志。不同社会的法治理念具有不同内容。社会主义法治理念包括依法治国、执法为民、公平正义、服务大局、党的领导五项内容。依法治国是社会主义法治的核心内容,执法为民是社会主义法治的本质要求,公平正义是社会主义法治的价值追求,服务大局是社会主义法治的重要使命,党的领导是社会主义法治的根本保证。这五大内容相互支持、相互补充,体现了党的领导、人民当家做主和依法治国的有机统一。

社会主义法治理念是在以马克思主义为指导,充分吸收和借鉴古今中外法治思想精髓和人类法治文明的优秀成果,并深刻总结我国社会主义法治实践经验及充分考虑我国基本国情的基础上提出来的,各方面内容相辅相成,构成科学的有机整体,因而具有充分的开放性和系统的科学性。社会主义法治建设的根本目的在于实现好、维护好、发展好最广大人民的利益。社会主义法治理念将执法为民作为社会主义法治的本质属性,既体现了人民群众的主体地位,又体现了全心全意为人民服务的执政理念,因而具有彻底的人民性。社会主义法治理念还具有鲜明的政治性。社会主义法治建立在社会主义民主政治的基础之上,要求民主立

---

① 亚里士多德:《政治学》,商务印书馆 1981 年版,第 171 页。

法、人民监督,将服务大局作为社会主义法治的重要使命,要求社会主义法治全面服务社会主义政治、经济、文化、社会及生态文明建设,并将党的领导作为社会主义法治的根本保证,不断增强党的科学执政、民主执政与依法执政能力,实现法治与民主政治的统一。综而论之,社会主义法治理念以公平正义为价值导向,以执法为民为本质要求,将法治与民主政治统一起来,目的在于真正实现运用人民赋予的权力来为人民谋利益。因此,社会主义法治理念具有其他社会的法治理念无法比拟的优越性。

2. 法治的价值与意义

法治是国家长治久安、社会安定有序、人民安居乐业的重要保障。法治是维护国家稳定、维持社会秩序的可靠手段。近年来,我国社会群体事件频发,严重干扰了社会秩序和居民生活,这与执法人员和群众的法律意识淡薄有直接关联。事实证明,没有法治,我们所追求的安定有序的社会就没有前提和基础。法治还能为社会经济发展保驾护航。只有加强经济立法,禁止任何组织或个人扰乱社会经济秩序,社会主义市场经济才能良性运行和发展。

法治是实现自由平等、公平正义的有力保障。法治为社会主义所倡导的自由、平等、公正等核心价值提供可靠的制度基础。法治代替人治,是现代文明的标志,不仅将民众从专制统治下解放出来,而且在政治上实现公民平等,推进了自由、平等和公正价值的实现。在社会主义法治国家中,法律体现人民意志,规定和保护公民的基本自由和权利,并确保法律面前人人平等。法治也是实现社会公平正义的有效途径,司法体系是社会公正的最后一道防线。

法治契合中国特色社会主义的发展要求。社会主义法治的目的在于保护人民的利益不受侵犯,确保权力的正确运用,这符合以人为本的科学发展观和中国共产党的执政理念。法治是和谐社会的基础。法治引导人民在遇到不可调解的冲突和争端时自觉诉诸法律手段解决,有助于形成清晰、和谐、有序的社会关系和社会秩序。法治有利于培育现代公民社会,使人民知法、懂法、守法、形成明确的法律意识,了解自身的权利和义务,为推进中国特色社会主义事业和实现中华民族伟大复兴的中国梦奠定良好的社会秩序和公民基础。法治在促进经济社会发展、维护社会公平正义、保障人民各项权利、确保国家权力正确行使等方面都起着重要作用,是建设中国特色社会主义经济、政治、文化和构建和谐社会的必然要求。

3."法治"的现状:成就与问题

中国共产党领导全体人民在建设社会主义法治国家的道路上不断摸索,进行了长期不懈的奋斗。新中国成立以来,特别是改革开放30年来,中国的法治建设取得了显著成就:

第一,确立了依法治国的基本方略。依法治国,建设社会主义法治国家已成为国家基本方略和全社会共识。社会主义法治理念逐步形成。全社会法律意识和法治观念普遍增强,自觉学法守法用法的社会氛围正在形成。第二,中国共产党依法执政能力显著增强。中国共产党已经探索出了一条具有中国特色的科学执政、民主执政和依法执政相结合的道路。在法治建设中,中国共产党通过领导立法、带头守法和保证执法,依法执政的能力不断增强。第三,以宪法为核心的中国特色社会主义法律体系基本形成。在现行宪法基础上,制定并完善了一大批法律、行政法规、地方性法规、自治条例和单行条例,法律体系日趋完备,国家经济、政治、文化和社会生活的各个方面基本实现了有法可依。法律在促进经济发展、维护社会公平正义、保障人民各项权利、确保国家权力正确行使等方面的作用不断增强。第四,人权得到可靠的法制保障。通过宪法和法律保障公民的基本权利和自由。依法保障全体社会成员平等参与、平等发展的权利。随着法律规定、司法体制、维护权益机制的不断完善,人权在立法、执法、司法等各个环节得到了更加充分的保障。第五,形成促进经济发展和社会和谐的法制环境。建立健全了一系列促进经济发展、维护市场秩序、实现社会公平正义的法律和制度,初步建立了社会主义市场经济的法律制度。第六,依法行政和公正司法水平不断提高。通过建立健全行政执法和司法的组织法制和工作机制,保证了行政和司法机关按照法定权限和程序行使权力、履行职责。行政立法和制度建设进一步加强,各类公开办事制度不断完善,法治政府建设不断推进。公安机关依法履行职责,维护国家安全和社会治安秩序,保障人民安居乐业。审判机关和检察机关依法独立行使审判权、检察权,坚持以事实为依据、以法律为准绳,坚持公民在法律面前一律平等,维护和实现司法公正和权威。第七,权力制约和监督机制不断加强。建立健全了既相互制约又相互协调的权力结构和运行机制,已建立起比较完善的监督体系和监督制度,监督合力和实效不断增强。①

中国仍处于社会主义初级阶段,集中进行社会主义法治建设的时间还不长,这一实际情况决定了中国法治建设还不够完善。中国当前法治建设面临的具体问题包括:法律体系和法律结构有待进一步健全和完善;有法不依、执法不严、违法不究的现象在一些地方和部门依然存在;地方保护主义、部门保护主义和执行难的问题时有发生;存在公职人员贪赃枉法、执法犯法、以言代法、以权压法的现象;全社会的法律意识和法治观念有待进一步提高。

4. 推进法治建设的原则和途径

社会主义法治建设不可能一蹴而就,它是一个长期、复杂的系统工程,既需要法律制度的不断完善,也需要法律意识的日益增强。

全面推进社会主义法治建设必须遵循以下原则:坚持中国共产党的领导、人民当家做主、依法治国有机统一,保证中国共产党在法治建设中始终发挥总揽全局、协调各方的领导核心作用,保障广大人民群众依照宪法和法律的规定实现当家做主的权利,保证国家各项工作都依法进行;坚持一手抓建设、一手抓法治,紧密结合经济社会发展的客观需要,不断健全和完善法律制度,使法治建设为经济社会发展和构建和谐社会服务;坚持把法治建设植根于中国社会的实际,既注意借鉴国外的有益经验,又立足于中国国情,不照搬别国的法律制度和政治体制;坚持把法治建设的基础放在制度建设和增强全社会的法治观念上,不断提高全社会法治文明水平。②

在当前阶段推进社会主义法治建设,应从完善立法、严格执法、公正司法、自觉守法等方面着手,具体途径包括:进一步完善法律体系。根据社会发展的需要制定新法律和改进旧法律,坚持科学立法、民主立法,不断提高立法质量,尽快形成更加完备的中国特色社会主义法律体系。加强宪法和法律的实施力度。在有法可依的基础上,确保有法必依、执法必严、违法必究,维护人民合法权益和社会公平正义,维护社会主义法制的统一、尊严、权威。深化司法体制改革,建设公正高效权威的社会主义司法制度。确保审判机关、检察机关依法独立公正行使审判

① 参见国务院新闻办公室 2008 年 2 月 28 日发表的《中国的法治建设》白皮书。

② 参见国务院新闻办公室 2008 年 2 月 28 日发表的《中国的法治建设》白皮书。

权、检察权;实行司法公开,加强对司法权力的监督,打击司法腐败;提高司法能力,最大限度减少冤假错案发生。深入开展法制宣传教育,弘扬社会主义法治精神,倡导和树立社会主义法治理念,形成自觉学法尊法守法用法的社会氛围。加强执法监督,健全监督机制,确保权力正确行使,让权力在阳光下运行,接受人民群众的监督,确保有权必有责、用权受监督、违法要追究。

三、公民层面的价值准则:爱国、敬业、诚信、友善

缺少了全体社会成员的共同努力,健康社会风尚的形成就无从谈起;没有个体公民道德素质的提升,社会风气的净化便是空中楼阁;不改善普通中国人的情操修养,全民族精神气质的升华也会遥遥无期。共性需要表现为个性,普遍需要具体到个别,社会主义核心价值观不能缺失公民层面的价值准则。国家富强、民族振兴、人民幸福的中国梦,向每一个中国公民都提出了爱国、敬业、诚信、友善的道德要求。

(一)爱国:民族精神的核心

爱国主义是中华民族民族精神最稳定的文化基因。自古以来,舍身为国者荣,卖国求荣者耻,一直都是国人普遍认可的道德标准。时至今日,经过数千年的沉淀、特别是百年来反帝自强斗争的洗礼,爱国主义已然内化成了中华民族民族精神的核心,构成了实现中国梦的精神支柱。

1. 爱国主义的深刻内涵

爱国主义是强调个人与国家之间相互支撑关系的学说,也是一种建立在理性基础之上的感性认同,表现为个人生活方式中的一系列选择。国家通过历史文化、生活保障、安全环境等多种渠道支撑起个人生活的意义与条件。但这些支撑在日常生活中过于稳定,以致只有在这些支撑崩溃的时候,众多个人在漫长的重建过程中才体会得到这些支撑的可贵。中国人民将历史上反复取得的这种经验积累为爱国主义的学说与感情,并将之上升为民族精神的核心,形成了强大的主流意识形态和舆论环境,进而塑造了每一个生于斯、长于斯的中国人的生活方式。

爱国主义需要中国公民将自己国家的历史地理和文化整合进自己个人价值与生活意义的构建中。中国显著区别于其他国家的第一个特点是自己悠久的历史。个人在思考自己人生价值与意义的时候,总会问到自己从哪里来这样一个问

题。国家历史与个人思考结合起来,便能够将个人短暂的生命作为民族漫长发展的成果,并将有限的个体生活意义与几乎无限的民族延续结合起来,让个体自己的价值意义取得一种由民族历史锻造的厚度。中国显著区别于其他国家的第二个特点是自己广阔的国土。多数个体生活的实际范围有限,但国土的辽阔一方面扩展了想象的边界,属于自己的土地远大于居住地;另一方面提供了实际的可能,为求学、就业、定居提供了广泛的选择。这些想象的空间和实际的可能让公民个体的价值和意义不再与居住地的狭隘性相联系,而是取得了一种由领土面积拓展的宽度。中国显著区别于其他国家的第三个特点是自己灿烂的文化。从百家争鸣到唐诗宋词,从古代的儒家传统到近现代的革命与改革,文化的传承让公民的思想感情得到了一种格外的深度。通过把国家的历史地理文化与自身的价值意义对接,公民的个体生活获得了极具厚度、宽度与深度的方式,而民族国家这一总体性的存在也得到了具体的表达。

爱国主义需要中国公民将最广大的人民群众的福祉整合进自己个人价值的内容系统。个人价值的内容不能只限于个人的物质享受和财富积累,甚至不能只限于个人的精神愉悦与知识追求,而必须超越个体的利益,将个人价值与更多人的幸福联系起来。否则,个人价值的内容就过于孱弱和单薄,就容易脆折以至断裂。个体价值的实现,如果不和其他人生活的改善结合起来,就始终不能得到社会的认可与赞许,反过来便让个人价值具有很大的局限性。只有个人承担了他人福利提高的成本之后,社会才会给予个人价值以充分的肯定。在当今世界,民族国家仍然是公民资格的给予单位,从而使得一个国家的公民形成了一个共同体。这种现实,让公民人生意义中改善他人生活这一方面具有了历史赋予的范围,那就是民族国家的范围。当一个中国公民将自己的人生意义与中国最广大的人民群众福利的增进对接起来之后,他将既不会因为个人命运的暂时挫折而过分失望,也不会因为个人事业的阶段成功而过度骄傲,而且社会也会因为他对社会中其他公民的贡献而给予其充分的肯定。

爱国主义还要求中国公民充分肯定自己国家发展的成就,自信有本国特色的理论、道路和制度。否定自己国家的进步和成就,对有本民族特点的发展理论、发展道路和制度体系缺乏信心,必然会动摇对自己国家前途的自信,否定自己对民族的感情,从而走向爱国主义的反面。新中国成立以来,特别是改革开放以来,中国实现了高速的发展，取得了巨大的成就，而且这样的发展和成就，既不是照搬照抄苏联模式社会主义的理论、道路和制度的产物，也不是全盘西化、移植资本主义的理论、道路和制度的结果，而是独立自主地探索中国特色社会主义道路的结果。当西方都已经注意到借鉴中国发展理论、道路和制度的必要性的时候，我们如果还以西方社会的现状为标准来评判自己，便谈不上任何的民族自信，也谈不上真正的爱国主义。

2. 爱国的原因

中华民族在自己漫长的历史实践中，经验性地得到了必须将爱国主义作为自己民族精神核心的结论。甚至许多历史不及中国悠久、地域不及中国辽阔、文化不及中国灿烂的民族，也高举着爱国主义的旗帜。各个民族，特别是中华民族之所以得到了类似的结论，正在于爱国有着多方面现实的原因。把这些原因总结起来加以归纳，可以分成三类，即基于个人视角的原因、基于阶级视角的原因以及基于国家视角的原因。

从个人的视角来看，公民应该爱国。首先，公民的生活需要一个安全的环境，而这正是国家提供的。认为其他国家会为中国公民的福利而奋斗，那是无视中国数千年历史中多次被异族入侵、国破家亡教训的幻想。如果没有强大的国防，中国就会再次成为帝国主义逐利的战场，个人的一切发展就只能沦为泡影。就心理层面而言，正面的国家身份认同能够带来安全和自信，而对国家负面的感情则造成不安全感和心理上的虚弱。其次，公民只有爱国，才能正常参与国际交往。现在世界仍未大同，民族国家仍然是除去性别之外个人首要的身份来源，表现为公民的国籍。无论个人特点如何，国际社会首先关注的是个人的民族国家身份，即国籍。如果一个公民不是爱国，而是相反地力图抹去自己的国籍印记，将无异于挑战国际惯例和礼节，失去正常进行国际交流的基础。在国外生活过的人往往具有更强的爱国意识，原因就在于此。最后，个人生活价值和意义的构建也需要公民爱国。公民要获得社会认可，那么其个人努力必须与民族国家的利益具有一致性；如果其个人成就伤害了民族国家利益，从而伤害了其骨肉同胞的福祉，那么其成功不可能受到社会的认可，其个人生活的价值与意义也就打了很大的折扣。

从阶级的视角来看，公民应该爱国。在中国这样的落后国家，阶级的解放与民族的解放具有内在的一致性。在资本主义世界体系中，发达国家的垄断资产阶级不仅利用自己在本国的垄断地位榨取本国的垄断利润,也利用发达国家的国家机器掠夺落后国家,将之变成自己的原料来源和倾销市场。在旧殖民主义体系中,发达国家是通过用暴力方式将落后国家变成殖民地;在新殖民主义体系中,发达国家是通过经济方式将落后国家固定在世界分工体系的低端。无论是在旧殖民主义体系中,还是在新殖民主义体系中,发达国家的垄断资产阶级与落后国家劳动者之间的对立都是通过帝国主义国家与落后国家之间的国际关系表现出来。落后国家的劳动者要摆脱先进国家垄断资产阶级对自己的剥削和压迫,首要的任务就是反对帝国主义国家主张的国际政治经济旧秩序。正是因为落后国家的民族解放斗争与无产阶级反对资产阶级的斗争具有这种利益上的一致性,列宁才把马克思提出的“全世界无产者,联合起来!”发展为“全世界无产者和被压迫民族,联合起来!”的口号。如果没有对自己民族国家的深厚感情,就不能做到通过争取民族解放来争取阶级解放。在中国这样的后发的国家,爱国与争取劳动者的阶级解放是一致的。

从国家的视角来看,公民也需要爱国。首先,现代民族国家的合法性源自本民族成员对国家的认同。古代国家的合法性源自神话或神授,而现代国家的特点则是以成员的心理认同为基础。如果公民失去对国家的认同和感情,那么一方面国家将必须使用暴力来维持自己的存在,而不能用文化力量来凝聚公民的支持;另一方面将导致国家合法性的危机,而近现代史的教训告诉我们重建这种国家合法性的过程将极为漫长,代价将极为高昂。其次,中国的工业化和现代化任务,需对各方面的资源进行深度整合才能够完成。而这些资源,无论是经济的还是人力的,都分散在为数众多的国民之中。在公民缺乏对国家的感情的时候,动员这些资源将是极其困难以至不可能的。一旦丧失了国民的认同和支持,以及与这种认同和支持相匹配的资源,工业化和现代化注定就难以为继了。随着工业化和现代化目标的落空,中华民族伟大复兴就从理想沦为了空想。动员国内公民力量以推进工业化和现代化,也离不开公民层面的爱国主义。

3. 爱国精神的现状、问题及其对策

人们有一种预期,那就是中老年人由于经历过民族国家危机的年代,或者受到较多的爱国主义教育,爱国主义情感相对较为强烈;而青年人因为没有反面的经验,又成长在多种社会思潮激烈碰撞的新时期,爱国主义的情感可能相对较弱。

但现实的状况是哪怕在青年人中,认同和坚持爱国主义的人也是压倒性的多数。共青团中央前一段时间专门组织了一次针对青年群体爱国主义现状的调查,对象是大学生、企业青年、进城务工青年以及农村青年四类青年群体,方式是大样本、分类别的思想状况问卷。调查结果显示,无论是大学生,还是企业青年、进城务工青年和农村青年,坚持爱国主义几乎得到所有人的一致认同。这一结果表明,与人们的预期不同的是,即使是青年人,对国家民族的情感也是非常深厚的,对爱国主义这一民族精神的核心也是高度接受的。在当代中国,热爱祖国是绝对的主流,不认可爱国主义的只是个别人。

多数青年认同爱国主义,但也有不和谐的声音。这些声音可以区分为两类:一类是质疑乃至反对爱国主义,另一类则是极端民族主义。

反对爱国主义的声音主要来自自由主义思潮。自由主义认为民族国家的合法性不是来自民族成员的民族认同,而是来自社会契约。在自由主义看来,人类本来不需要国家,只是为了避免人与人之间都是野蛮的战争状态,为了保护个人的自由与财产,才订立契约形成国家。既然公民需要国家的原因在于国家能够保护公民的自由与财产,那只有能够保护公民自由与财产的所谓"自由"国家才值得认同和热爱,而不保护自由的"专制"国家则不应该热爱。也就是说,在自由主义者的眼中,并不是所有的国家都值得公民去爱,而是只有特定的国家才值得去爱。他们把这种以自由主义为基础的爱国主义称为"理性之爱"。但如果从自由主义的这种话语体系出发,就会得出非常荒唐的结论:全世界人民都只能去热爱所谓的"自由"国家,即以美国为代表的帝国主义国家。美国人爱美国,落后国家包括中国在内的国民则不能爱自己被打上"专制"标签的祖国,也必须去爱美国。在激烈的国际竞争中,这种结果无疑是对帝国主义国家,特别对美国是非常有利的。我们自然可以预料到,美国这样的国家为了自己的国家利益,不但会乐于看到中国公民从自由主义出发放弃爱国主义,甚至会主动地支持中国自由主义思潮对爱国主义的质疑乃至反对。

实际上,自由主义对爱国主义的质疑和反对是完全站不住脚的。首先,自由主义对国家起源的假设就是完全不符合历史实际的。现代美国是美利坚民族争取民族独立的独立战争的产物,现代英国是光荣革命的产物,现代法国是法国大革命的产物,现代中国则是抗日战争和解放战争的产物。没有哪个国家是通过公民从自然状态出发签订契约的产物,所有国家都是近代以来民族形成过程的产物。从社会契约的假设出发来用自由主义的合法性取代实际的民族国家合法性,赤裸裸地用想象来代替历史,唯一的目的就是通过欺骗性的宣传获取自己的国家利益。其次,自由主义对公民权利和义务的界定也是非常功利主义的。一方面,以自由主义的社会契约论来瓦解中国公民爱国主义情绪的帝国主义国家自己并不实行社会契约论,其公民身份的确定仍遵循血缘和出生地的民族主义原则;也就是说,其他国家的公民不能以契约方式加入美国国籍。另一方面,这些帝国主义国家又向落后国家推销自由主义,要求中国公民支持美国、热爱美国,而不支持、不热爱自己的祖国。用民族主义的方式来确定权利,以自由主义的方式来确定义务,这种隐蔽却无耻的功利主义的原因便在于美国的国家利益。最后,美国声称自己是"自由"国家也不过是意识形态的宣传。斯诺登事件表明,美国非但不保护他国人民的自由与隐私,对自己本国公民的自由与隐私也是随意侵犯的。甚至在斯诺登揭露出美国维护自己国家利益,而非在全世界保护自由的真实面目后,美国还要以危害国家安全罪来抓捕和审判他。在明知自己的民族主义做法的同时,还要向中国灌输自由主义来质疑和反对中国的爱国主义,帝国主义的国家利益是唯一的动因。

与自由主义质疑乃至否定爱国主义相反,极端民族主义则走向了另一个极端。极端民族主义又有两种表现形式,一种是民族分离主义,另一种是非理性爱国主义。

民族分离主义者认为,一个民族对应一个国家;有多少个民族,就应该有多少个国家。如果多个民族共存于一个国家,那么就必然存在着主体民族对其他民族的压迫。他们现实的政治主张,便是西藏和新疆应当独立,成立藏族的"雪山狮子国"和维吾尔族的伊斯兰教国家。民族分离主义者的危害显而易见:他们直接充当了帝国主义国家侵害中国核心利益的工具和先锋。美国和其他一些帝国主义国家不顾中国的一再反对,或者给予政治支持,或者给予物质资助,其用心是非常险恶的。民族分离主义者的理论也是说不通的。首先,作为极端民族主义者全部信念支撑的一个民族对应一个国家的教条就是完全独断的。世界上有1000多个民族,但民族国家却只有不到200个。多民族国家是常态,单一民族国家才是例外。多个种族和民族在历史的发展中形成有统一区域、统一语言、统一经济和统一文化的统一民族,是世界历史中非常常见的现象。之所以提出一个民族对应一个国家的信念并向中国推销,就是想破坏少数民族对中国国家的认同,并在中国的国家认同危机中浑水摸鱼,牟取不正当利益。其次,无论是美利坚民族、英格兰民族、法兰西民族,还是中华民族,都是多个种族和民族融合的产物。美国不会允许黑人成立独立国家,英格兰也没有允许英格兰、威尔士甚至北爱尔兰独立,法国也打击国内的分离主义势力,为什么对中国的民族分离主义力量就要加以支持呢?中国境内各民族早已在中国近代史上争取民族独立、自由和统一的斗争中形成统一的中华民族,中华民族统一和复兴的利益高于各民族的个别利益。民族分离主义在理论上逆历史潮流而动,是缺乏依据的;在现实上违背中华民族多数人的核心利益,也是注定要失败的。

非理性爱国主义则把中华民族的利益进行了无限扩张和想象,而堕落为狭隘的民族主义。这种看法认为,只要打着爱国的旗号,什么都可以干;只要把某种做法与国家利益挂钩,那这种做法就具备了合法性。非理性爱国主义者或狭隘民族主义者没有想到,如果将所谓"民族利益"和"爱国行动"泛化,它们就会走向自己的反面。如果把"民族利益"理解为旧式帝国主义的殖民与扩张,就会主张争夺海外势力范围,以及进行相应的军事准备。但只要走上了这条道路,与其他国家的军事对抗就无法避免,中国发展的和平环境也将不复存在。如果说与军事弱国的竞争还有可能取得些许成果的话,与军事强国的碰撞将极具风险,改革开放几十年积累的发展成果会毁于一旦。如果把"爱国行动"理解为在中国排斥外国人,打砸国外商品,则会在影响中国开放姿态的同时,破坏国内经济发展环境的稳定。而国际开放的格局和国内改革的环境遭到干扰,回过头来自然会影响到我们自己的发展,影响真正的中华民族的核心利益。因此,在爱国主义的主流中也要排除非理性爱国主义的干扰。

面对爱国主义主流中的这些不和谐的声音,不能坐视不管。首先,要直面问题,正视各种错误思潮的侵袭,甚至要估计到其中某些理论泛滥起来的可能性。只有这样,才能够充分重视这些对民族国家认同破坏力极大的思潮的影响。其次,要勇于面对,敢于与它们正面交锋。很大程度上,这些错误观点之所以对爱国主义的主流产生影响,原因就在于没有针锋相对的观点让公民辨别,形成了错误观点的一言堂。实际上,真理愈辩愈明,这些错误观点全都是站不住脚的。最后,还要加强对公民的爱国主义正面教育,用中国的历史和现实来告诉每一位公民,不但要爱自己的祖国,而且要爱得正大光明、理直气壮。

(二)敬业:职业道德的灵魂

敬业是中华民族的传统美德。《礼记》讲人成长时要“一年视离经辨志,三年视敬业乐群”,认为青年学习要达到的第二个阶段就是要学会敬业。时至今日,在当代社会,热爱与敬重自己的工作和事业,已经成为职业道德的灵魂,是公民应当遵循的基本价值规范之一。

1. 敬业的内涵

爱岗敬业体现的是公民热爱、珍视自己的工作和职业,勤勉努力,尽职尽责的道德操守。任何一个社会的存在和发展,都是以其成员勤奋工作、创造价值为前提的。因此所有生气蓬勃的社会,都把敬业作为核心价值加以强调,将之作为对自己成员的基本要求。对于每一个公民来说,敬业精神的内涵表现在三个方面,即热爱、勤勉和克制。

敬业须热爱工作。热爱自己的工作和所投身的事业,是敬业精神的前提。只有当公民把工作当作自己珍视的领域,视为自己价值得以表达的所在时,他才有可能进行真正的精力与体力的投入,才有可能克制自己放松懒惰的想法,才有可能不满足于自己所取得的成就。也只有当社会中的绝大多数人都把热爱自己的工作当作自己的核心价值时,产品的生产与再生产的链条才能够得以保持乃至发展,社会才能够进步。如果公民像厌恶疾病一样厌恶自己的工作,那么他就会像逃避瘟疫一样逃避工作中的劳动付出,就会在快乐的时候不工作,工作的时候不快乐,就会迅速满足于哪怕是最微不足道的成果。假使社会的多数公民都对自己的工作没有感情,麻木不仁甚至避之不及,那么社会的经济生活就会发生停滞以至倒退。个人和社会的成功,都有赖于公民努力的工作,而这又是以公民热爱自己的工作为基础的。热爱自己的工作,是敬业首要的内涵。

敬业须勤勉努力。热爱工作只是敬业的前提和基础,还没有从愿望转化为行动,从想法发展成实践。敬业除了是对工作的感情之外,还是对工作的劳动与付出。只有热爱工作的口号,而无勤勉工作的行动,那是比不唱高调而懒散的方式更恶劣的做法。古代有“五耻”之说:“居其位,无其言,君子耻之;有其言,无其行,君子耻之;既得之,而又失之,君子耻之;地有余,而民不足,君子耻之;众寡均而倍焉,君子耻之。"其中第二耻,"有其言,无其行",就包括这样只喊口号而无行动的做法。古人尚且以此为耻,我们就更不能言行不一了。只有在本职工作中精益求精的人,才能在磨炼自己品格、提升自己能力的同时,做出一番成就来。怎样做才叫勤勉努力呢?曾国藩曾经在《劝诫浅语十六条》里对勤勉的要素做出了全面的总结:"一曰身勤,险远之路,身往验之,艰苦之境,身亲尝之。二曰眼勤,遇一人,必详细察看,接一文,必反复审阅。三曰手勤,易弃之物,随手收拾,易忘之事,随笔记载。四曰口勤,待同僚,则互相规劝,待下属,则再三训导。五曰心勤,精诚所至,金石亦开,苦思所积,鬼神亦通。"在他看来,只要做到了身、眼、手、口、心五个要素均投入工作,就一定可以做好。这样就基本概括出来了勤勉的主要方面和基本方法。当然,勤勉不是一日之功;只是一天或一时做到了身眼手口心五者具备,还不是勤勉;只有长年累月地进行这样的努力,才是真正的勤勉。作家葛拉威尔在《异数》一书中指出:"人们眼中的天才之所以卓越非凡,并非天资超人一等,而是付出了持续不断的努力。只要经过 1 万小时的锤炼,任何人都能从平凡变成超凡。"这就是著名的"一万小时定律"。要成为某个领域的专家,需要一万小时;假设每天工作八个小时,一周工作五天,那么成为一个领域的专家也至少需要五年。可见,要想在某一领域里做出成就,绝不是一日之功,而是长久勤勉积累的结果。

敬业须克制。一天只有二十四个小时;除去吃饭睡觉和其他必要的生活时间,实际上所剩无几。如果不能克制自己恣意享乐、纵情狂欢的欲望,甚至如果不能克制自己过长休息的想法,时间就会如白驹过隙,稍纵即逝。"明日复明日,明日何其多。我生待明日,万事成蹉跎。"没有克制,当岁月无情流逝而自己却一事无成的时候,就只有发出"时间去哪儿了"的感叹了。克制与敬业正如硬币的正反面一般,如影随形,相得益彰;且一旦做不到克制,敬业也就如水中月镜中花,可望而不可得了。韦伯在分析近代西方资本主义的兴起时,强调了文化条件对塑造现代精神的重要性;而他认为这种塑造中最关键的一环,就是形成了克制的美德。他说:"只有超乎寻常的坚强性格,才能使新型的企业家不至丧失适度的自我控制,才能使他免遭道德上和经济上的毁灭……没有任何别的东西能够给予他克服重重障碍的力量,更重要的是,没有任何别的东西能够使他承担起近代企业家必须承担的无比繁重的工作。"换句话说,韦伯把整个西方世界的兴起看作是克制美德的产物,这无疑是有一定道理的。今天我们要实现国家富强、民族复兴、人民幸福的中国梦,更要强调敬业精神中的克制品德。

2. 敬业的原因

敬业是职业道德的灵魂;人们经常听说要干一行,爱一行。但为什么要敬业呢? 敷衍工作、玩忽职守不是让人更舒服吗? 近代思想家梁启超在著名演讲《敬业与乐业》中,也提出了这样的问题:"业有什么好敬的呢? 为什么可敬呢?"这位思想家的回答可以总结为两点:第一,人不仅为了生活而工作,也为了工作而生活;第二,任何职业都有神圣性。其实,除了梁启超之外,很多人也对为什么要敬业的问题提供了其他的答案。把这些对敬业原因的回答总结起来,无非是两个方面:一是个人方面的原因,二是社会方面的原因。

从个人角度来讲,需要敬业的原因包括四个方面。首先,人有表达自己本质力量、实现人生价值的需要。人不能通过其他方式来表现自己的力量和智慧,只能通过将自己的能力与才干投射到自己的工作对象上,用自己的劳动创造对象或改变对象的形态,从而在工作的成果中证实自己。在这个过程中,人二重化为自己和自己的工作结果,将逝去的工作时间和耗费的劳动力凝结在产品中,并在这个现实的成果中展现了自己的力量与价值。如果不敬业,人的力量就得不到表达,人的价值就无从实现。生命的意义在于创造,但如果没有敬业精神,这种创造不能完成,生命的意义也就不存在了。其次,人的能力的丰富需要敬业。人的多数能力都不是自然具备的,而是后天锻造的产物。锻造的过程,次要的是通过学习,主要的是通过实践,通过工作。越是敬业的人,实践的程度越深,他得到锻炼的机会就越多,他的能力也就越丰富。对工作敷衍塞责的人表面上看起来是占了便宜,少付出了努力,结果却是丧失了实践机会;天长日久,便会技不如人。"故天将降大任于是人也,必先苦其心志,劳其筋骨",讲的就是这个道理。再次,人的性格的完善需要敬业。敬业使人变得严谨认真,有条不紊,明达事理而又坚毅顽强。一方面,工作中有其自身的规律,要求敬业的人让自己的行为符合这样的规律;另一方面,工作中往往需要与人合作,又要求敬业的人让自己的行为符合与他人交往的要求。这样,就形成了对敬业者性格的锻炼;久而久之,性格就会发生潜移默化的变化,变得适于工作和合作,并散发出一种特有的性格魅力来。最后,人的生活需要敬业。无论是个人生活品质的提高,还是家庭生活条件的改善,都依赖于经济收入。而在按劳分配为主的社会里,人所取得的社会产品的份额是与他的劳动成果直接相关的。越是敬业的人,他的劳动成果越多,对社会的贡献越大,社会给予他的回报自然也越多。总而言之,从个人的角度来看,敬业是一种对自己有多方面提高和回报的美德。

从社会的角度来看,也同样是如此。首先,敬业精神是社会存在和发展的基础。古代社会的特点,是自给自足,每一个人都生产自己需要的几乎一切产品;现代社会生产的实质,是每一个人都向别人提供自己的产品的同时,在别人那里取得自己所需要的一切。也就是说,古代社会如果不敬业的话,还只是影响到自己;而现代社会如果不敬业的话,则会影响到整个社会。例如,如果种苹果的人不敬业,非但他们自己不能得到足够的收入来支撑体面的生活,而且社会也将得不到足够的苹果供应。如果敬业精神在一个社会里普遍低落的话,那么这个社会的运转就会遇到困难,面临衰退甚至灭亡。如果敬业精神在一个社会里普遍高扬的话,那么这个社会的生产就会以极大的速度进步,相应的其他方面也会高速发展。其次,敬业精神也是良好社会风气的前提。敬业会使人形成严谨认真,有条不紊,明达事理而又坚毅顽强的性格特质;一个社会中的多数公民都敬业的时候,多数公民在性格上便会形成类似的优秀品质;当多数公民的性格都成熟起来之后,与优良性格以及以此性格为基础的良好生活方式相适应的淳朴的社会风气便是自然而然的结果了。更进一步的,如果这种社会风气能够长久地加以保持的话,就能够影响到更为稳定的民族性格。

3. 敬业精神的现状、症结与对策

2013 年的年底,盖洛普公司公布了其 2011—2012 年对全球雇员对工作投入程度的调查,结果显示,中国人的敬业比例只有 6%,远低于 13% 的世界平均水平。该调查的范围包括 142 个国家和地区的员工,通过被调查者回答的 12 个问题的不同答案,调查将他们对工作的投入程度分为敬业、漠不关心和消极怠工三种类型。调查显示,中国员工对工作的投入程度,在各行各业和各种教育水平中,都是一样的。比如 7% 的本科学历员工敬业,和 5% 的小学教育程度以下的员工敬业,两者差不多。即便是在高技术员工和管理者中,他们的敬业程度也很低,在 8% 左右。更甚者,在销售和服务类员工中,只有 4% 的员工真正积极投入。文秘和办公室员工的敬业程度最低,仅为 3%。另外,中国员工只有一半左右认为其现在的工作是理想的职业。从绝对水平上来讲,绝大多数中国公民都做不到敬业,而对自己的工作表示漠不关心甚至有意地消极怠工;从相对水平上来讲,中国公民敬业的比例不到世界平均水平的一半,与美国公民30%的敬业比例更是相差甚远。可见,无论是从绝对水平来说,还是从相对水平来讲,中国公民敬业精神的现状都不容乐观。

中国公民缺乏敬业精神的原因是多方面的,有市场经济不完善的客观体制原因,也有思想道德滑坡产生的影响。在市场经济建立和完善的过程中,社会在某一个阶段上拉开公民之间收入水平上的差距本来是正常现象;如果富裕阶层是依靠勤劳致富,敬业聚财,那么这种收入差距的产生非但不会有损敬业精神的弘扬,反而会促进公民爱岗勤勉的美德。美国社会的两极分化水平与中国接近,公民敬业的比例却是中国的5倍。正是由于中国体制改革过程中,出现了不少投机取巧、权钱交易而一夜暴富的情况,而一些热爱劳动、勤奋努力的人却下岗失业、生活无着,使得人们产生了普遍的心理失衡,得出了敬业吃亏、钻营得利的结论。基于市场经济不完善这一现实的共识一旦形成,就会挤压敬业精神的心理空间,造成敬业精神失落的现状。此外,思想道德品质的滑坡也是敬业精神不能普及的重要原因。部分富裕阶层子弟炫耀性的奢侈消费产生了非常恶劣的社会影响,使得青年不再以创造为荣,而是以消费为乐。实际上,如果只是消费的话,人与动物并没有本质的区别,都是用耗费的方式来完成生命力的再生产,只是耗费的对象不同的罢了。以消费为乐,实际上把人降到了动物的水平,取消了人与动物之间的差别。人真正的本质在于把自己精力的使用表现在对象的产生和改变上,在于把自己创造力的爆发表达在产品的更新与升级上,在于把自己生命与时间的流逝定格在财富价值的凝结上。真正的人不是用自己的消费来体现自己,并把自己与别人区别开来,而是用自己的创造来表达自己,通过独特的工作成果来展示自己出色的本性。当这种情况被逆转的时候,自然会造成人表现自己的方式发生异化,思想发生扭曲,结果就是公民快乐的时候不工作,工作的时候不快乐。

面对敬业精神失落的问题,必须要有两方面的对策。针对客观的体制原因,要有深化的改革。只有让公民感受到不劳而获的情况进一步减少时,公民勤勉敬业的美德才会得到增进。当中国公民爱岗敬业的收获高于其他国家,而投机钻营的现象由于遭到打击而几近绝迹的时候,我们的敬业精神便会拥有比其他国家更好的土壤。针对主观的思想原因,要加强公民素质教育,形成劳动光荣、浪费可耻的良好风气,把一定程度上被扭曲的社会风气再扭转过来。主流舆论要有明确的态度,对以奢靡享受为荣的现象要立场鲜明地加以抨击和批判,对敬业爱岗、勤勉努力的典型要不遗余力地加以表彰和宣传。在形成了敬业精神普及的现实条件的同时,将敬业精神铭刻在公民的头脑里,敬业精神就一定能够成为中国公民的普遍具备的道德品质。

(三)诚信:公民道德的基石

诚实守信是人类千百年传承下来的优良道德品质。诚信既是个人道德的基石,又是社会正常运行不可或缺的条件。诚信缺失的个人将失去他人的认可,诚信缺失的社会将失去人与人之间正常关系的支撑。在中国特色社会主义条件下,必须加强公民的诚信品质。

1. 诚信的内涵

诚信就其内涵而言,包括诚和信两方面;这两方面既有所区别,又可以互训使用。

"诚"的内容又包括两方面:一是真实,二为诚恳。真实的意思是不有意歪曲客观事物的本来面貌。人对客观事物的认识,本来就包含着两方面的内容:一是客观事物给人的声、光、热等刺激,二是主体对这些刺激的加工和整理。由于主体对客观事物进行了加工整理,而作为此整理基础的人的实践又受到历史条件等的制约,人的主观认识与客观事物之间有所差距,是难以避免的。但真实要求忠于自己现阶段对客观事物的认识,而不由于什么原因,特别是因为自己的利益而去有意地歪曲它。诚恳的意思是不有意歪曲自己主观意图的本来面貌。人对自己的主观意图,一般有着准确的把握,但直接表达这些主观意图,可能要付出代价。但诚恳要求忠于自己的主观意图,而不是由于畏惧代价而去歪曲自己的主观意图。真实与诚恳结合起来,就构成了"诚"的基本内容。"信"字由人字旁加一个言字组成,指的是人说话要算数,对自己的承诺负责,要言而有复,诺而有行。在古代,信一开始指的是在祭祀时人对神灵所说的话;由于古人认为神灵支配着自然并统治着自己,因此这些祭祀的话对他们来说具有非同小可的意义,必须要遵守。后来,这种意义扩展开来,不再是对神说的话要算数,而是所有的话都要算数了,言必信,行必果。诚与信有所区别:诚讲的是不能歪曲主观和客观的实际状况,更强调静态的真实;信讲的是不能违背自己的诺言,更强调动态的坚守。更深一层的,诚是一种内在的德行与修为,而信则是一种外在的确认与表达。但二者之间的联系又是一目了然的:静态的真实是动态坚守的基础,动态坚守也是静态真实的结果;内在的德行与修为会通过外在的言行加以确认,而外在的言行没有内在的涵养作为基础那也是难以持久的。正基于此,诚信经常互训连用:一方面,用诚来解释信,用信来解释诚,"诚,信也,从言从声","信,诚也,从人从言";另一方面,诚信结合在一起,表示诚实无欺、恪守信用之义。

需要特别指出的是,诚信的内涵是有条件的,而不是绝对的;它需要由更高、更重要的价值来引领和统率。当诚信的要求与更高、更重要的价值相冲突时,诚信需要服从那些更高、更重要的价值。例如当诚信与爱国相冲突时,诚信就应该服从爱国。如果侵略者向公民索要事关民族利益的机密时,如果公民在这种情境中讲求诚信,那无疑是非常愚蠢的,因为这样的诚信会伤害国家利益。如果这时能够隐瞒或者骗过敌人,那就非常机智了;如果不能够隐瞒,则大义凛然地拒绝敌人,乃至舍身成仁,那就更是民族英雄了。

2. 诚信的原因

诚信是各个文明都加以珍视的基本价值,而中华民族更是把诚信作为人之所以成为人的基本特点之一,认为人无信不立。西方社会步入近现代之后,由于市场经济履行契约的基本要求,开始把诚信作为最重要的个人品质加以强调。随着中国加入全球化,特别是实行市场经济之后,契约精神所要求的诚信维度也越发被凸显出来。可见,中国公民的诚信品质基于两种互相融合的传统,一是中国文化中内诚外信的传统,二是市场文化中契约之信的传统。

中国古典文化与西方基督教文化的一个基本区别,就是中国人没有宗教传统,而西方人却无法想象如何在没有神的条件下设计自己的生活意义。中国人将自己的意义不是归结于上帝,而是归结于自己的家庭和种族,用近乎无限的血缘和民族的延续,以及与之相应的文明传承来彰显自己有限生命的价值所在。但家庭和种族又来自哪里呢?来自自然和天道。于是,忠实于天地,顺应于自然,便成了中国人安身立命的价值支撑之一。而正是这种价值支撑,将"诚"的品性植入了中国人的生命意义。《礼记》讲"诚者,天之道也",以及朱熹注解的"诚者,真实无妄之谓,天理之本然也",都是沿着这个逻辑来解释诚对于人的价值。因此,"诚"作为中国传统文化的基点,不是由于类似契约之信那样的外在原因进入了伦理系统,而是由于人的价值需要而内化于人性本源。在古代中国人看来,天地万物皆有其道,不为人力所变,而人作为自然的产物,也应该保存天道自然的这一特征,从而将外在的自然特征转化为内在的德行品质。如果说在西方文化中,人无诚信还只是没有道德的话,那么在中国文化中,丧失诚信就在理论上被剥夺了做人的资格。这是相信上帝造人的基督教文明逻辑所难以企及的。既然诚是人的基本特征和内化了的德行,诚就必然要通过人的言行表现出来,并成为一个动态的过程,这就是信;反过来,一个人是否可信,也就成了他是否诚的判断依据与标准。如果一个人是诚的,那么他必然也是信的;反过来,一个人是信的,他必然也是诚的。孔子沿着这个思路,就得到了“今吾于人也,听其言而观其行”的结论。这种内诚外信并达到诚信统一的传统,向我们提示了诚信对于一个人的内在价值。只有诚信,一个人才获得了顺应自然的真诚无妄的德行,才获得了与天地一致的安宁,才获得了身心内外契合的统一。这便是中国公民诚信品德的第一个传统,即内诚外信的传统。

近代成为经济生活普遍组织方式的市场经济本质上基于契约,这又形成了中国公民诚信品德的第二个传统,即契约之信的传统。契约基于合同,它的前提有二:一是人与人之间的互相独立,二是人与人之间的互相依赖。就人与人之间互相独立而言,每个人都有自己的利益,并将与他人的交往视为自己收益最大化的手段,他没有义务也没有必要将其他人的福利考虑进自己的选择之内。就人与人之间的互相依赖而言,这些将自己与其他人区别开来的人之所以能够这样做,恰恰是因为他们不是通过血缘宗法关系,而是通过商品交换关系来满足自己的一切物质需求。这个认为自己独立于社会的人,实际上比历史上任何时候的个人都更加依赖社会,从而依赖其他人。一方面,公民把自己的利益看作是与其他人对立的,排斥其他人来保护自己;另一方面,公民在现实中是相互依赖的,他们只有在交换合作中才能真正实现自己的利益。调节这种既互相对立又互相依赖的办法,就只能是预先规定各自的权利与义务,通过彼此约束的方式来限制各自利益最大化的冲动,签订契约。但签订契约并不能够保证双方都履行契约,因为既然假设双方都是自私的人,就必须考虑他们机会主义地逃避契约义务的可能性。只要契约一方发现逃避契约的履行能够带来比信守承诺更大的利益,他就总面临诱惑。这个时候,人们发现仅契约本身并无法解决自利人的相互依赖的问题,而必须引入诚信的道德维度，市场经济的运转才真正可能是平滑的。换而言之，如果没有诚信，公民生活于其中的市场经济就会陷入不可克服的混乱。正是这种必不可少的契约之信，与传统文化中的内诚外信一起，构成了今天中国公民诚信品德的两种原因。

3. 诚信品质的现状、问题与对策

今日中国公民诚信品质的现状，可谓喜忧参半。既有很多诚实守信的楷模，也有不少无信无义的败类。前者的典型如兄债弟偿的"信义兄弟"，后者的典型则有臭名昭著的"三鹿"奶粉。普通公民中的情况也大体相似，有人一诺千金，有人言而无信。甚至在同一个人身上，都会出现时而诚信、时而失信的情况。这种现状表明，我国公民诚信品质仍然有提高的空间，需要找到问题所在并针对性地加以解决。

公民诚信问题时有发生，问题出在两方面。一方面，功利主义的兴起与传统道德的失落造成了人们不再把诚信作为自己的基本价值追求和安身立命之本，人们内心支撑结构的变化造成了诚信问题的出现。另一方面，市场经济的契约体系不仅是道德要求，还是一种制度建构，而目前后者在我国尚不完善，给了违约之徒以可乘之机。

诚信问题，在中国古代主要是通过人的道德修养来解决的。作为安身立命基础的诚信，是君子生活方式的特征之一。这种诚信不需要额外的制度加以保障，也不需要专门的惩罚来加以规训；人内心价值体系的要求和生命意义的寄托，是其最好的保证。这种价值意义体系，是与前市场社会的伦理秩序相一致的。但随着世界史发展到近现代史，封闭的小农经济为开放的市场经济所取代，个人利益的合法化是一个必然的趋势。在公民的内心之中，便会出现理性计算与道德压力的僵持。这种僵持在古代社会是不成为问题的，因为"君子"之所以为"君子"，正是因为他不能见利忘义。但在现代，公民的价值体系中利益的地位被抬高了，道德压力的强调减少了，终于形成了二者的僵持。当利益的算计压倒道德考虑的时候，人便表现不出诚信精神；只有道德考虑超过利益算计的时候，公民才能够表现出诚信品质来。也就是说，在功利主义与传统道德并驾齐驱的时候，在利益算计与德行思考等量齐观的时候，公民并不能保证总是表现出诚信品质来。这便是当今诚信问题时有出现却又不至于泛滥成灾的第一个原因所在。针对这一症结，没有其他办法,只能是加强宣传和教育,在增加诚信的舆论气氛的同时,适当地减少对市场经济功利主义的强调,以改变公民头脑中僵持二者的力量对比,让诚信能够稳定地战胜功利,从而提高全社会的诚信水平。

实际上,发达的市场体系也已经找到了解决自己诚信问题的方向。在传统道德受到功利主义冲击更严重的西方各国,曾经面临比今天中国更加严重的诚信危机。商品经济越是发达,人越是表现为独立的个体,他与其他人的相互依赖就更加明显,契约就越是必要。更多的契约意味着更多的机会主义的温床。当契约的缔结者反复面对违约所带来的利益诱惑时,自然会有更多的人选择抛弃诚信。当这种行为上的短期化成为常态时,市场也就面临崩溃的风险。为了重建诚信,进而保证契约的履行和市场的平滑化,从个人主义的视角看来,真正的出路就在于让违约成本远远超过违约收益。当个人面对的理性计算的结果改变时,他的行为也就自然而然地改变了。具体的做法,是建立广泛的信用记录,而让留下不良信用记录的人在下次进入契约时面临更高的门槛和成本。比如,让曾经没有按时还贷款的人的名单在所有银行之间共享,使其再次贷款时或者被拒绝,或者面临更高的利率。当个人意识到违约的风险很大而且长期化时,他就会改变自己对违约成本的判断,进而做出诚信的选择。在今日中国,已经有了市场化的功利主义来诱惑人们放弃诚信,却还没有制度化的惩罚机制来引导人们回归诚信,自然造成了有些公民义利不分的错误。虽然,因为惩罚机制总是少于和落后于人们订立契约的场合,西方的这一思路和实践并不能完全解决诚信问题,但是他们行之有效的制度化方式却是值得我们借鉴的地方。相信在诚信记录制度建立健全之后,诚信问题会在很大程度上得到缓解。

一方面加强对公民的教育,从主观上恢复中国传统文化给予国人的道德感;另一方面建立对公民的制度化的引导,从客观上改变中国公民面临的利益选择。这两方面结合起来,就能够基本解决中国公民当前面临的诚信问题。

(四)友善:社会和谐的润滑剂

现代公民社会与传统宗法社会的显著区别之一,就是现代公民社会中的成员在与他人的交往上突破了宗法社会成员所受到的血缘限制,开始拥有较大的公共空间与他人互动。友善的公民关系推动了和谐社会关系的构建,因此友善也成为公民的核心价值规范之一。

1. 友善的内涵

“友”在甲骨文中像两只手，象征着朋友之间的援手，因此其本意是帮助。“善”由一个羊和一个言组成；羊是吉祥的代表，言是讲话，因此其本意是吉祥的话语。两者结合起来，直接的意思就是像朋友一样善良，寓意是互相帮助和互相祝福。互相帮助意味着在其他人处于困境时要助人为乐，互相祝福意味着在其他人不需要自己帮助时心态良好。具体来说，友善需要公民做到待人平等、待人如己、待人宽厚与助人为乐四个基本方面。

友善首先需要公民做到待人平等，这是友善的前提。朋友之善就意味着，这种互相帮助和互相支持的关系不是发生在不同等级的人之间，而是发生在平等的人之间。如果支持的对象比自己的等级高，那么这种关系就是逢迎和依附，而不是友善；如果支持的对象比自己的等级低，那么这种关系就是恩赐，也不是友善。现代公民社会的特点，是人和人在政治上的差别已经不存在了，所有人，无论地位高低、财富多寡，都是社会平等的成员，因此都是公民。公民之间的互相支持和帮助，由于其平等的前提，自然是友善之举，而非逢迎与恩赐了。若是对富贵之人曲意奉承、有心巴结，对贫贱之人冷眼相对、拒绝来往，便是势利小人缺乏公民平等意识的表现，和友善无关了。要做到友善，首先便要待人平等。

友善需要公民做到待人如己，这是友善的重要方法。人从自我保存、自我发展的需要出发，不会对处于困境的自己无动于衷，也不会对自己恶意加害。如果人能够把对待自己的这种态度扩及他人，无疑能够做到扶危济困、善以待人。待人如己，从消极的方式来说，就是对自己的行为要有所限制，不要将自己不愿意承受的事情强加在别人身上，己所不欲，勿施于人。待人如己，从积极的方式来说，就是要对自己的行为要有所激发，将自己想做到的和想得到的促进和给予他人，成人之美，己欲立而立人，己欲达而达人。

友善需要做到公民待人宽厚，这是友善的重要要求。友善不仅需要在与他人趣味相投、关系良好时表现出来，更重要的是对自己不同甚至小有过失的人能够心平气和，容人之过。人的脾气性格难免不同，兴趣爱好常有差别，甚至利益还会时常冲突，有时感到他人冒犯也就相当正常了。如果这时针锋相对，就谈不上真正的友善；只有化干戈为玉帛，才能表现出友善的价值来。中国传统文化就非常强调宽厚的美德，提出应该“贤而能容罢，知而能容愚，博而能容浅，粹而能容杂”。

现代公民社会中公共空间比较起传统社会来肯定是更大了,进入社会交往范围的人也更多,因此更加显得人与人之间性格各异、看法悬殊、智愚不等,宽厚待人对于构造和谐的社会公共空间来说也更加重要。当然,宽厚不等于盲目迁就,更不等于姑息养奸,对于社会败类仍然应该疾恶如仇,而不应该将之纳入友善的范围。

友善需要公民做到助人为乐,这是友善的直接表现。友的最初意思便是互相帮助,这是善意最直接,也是最真实的表达。爱自己、爱家人都不难,难的是对不那么熟悉的人也能够伸出援手;发出善良的意愿、讲出祝福的话语也不难,难的是给予实实在在的帮助。友善并不是要人们在自己的能力范围之外去关心他人,而只是要求公民在力所能及的范围之内解决别人的问题,而且往往只是自己举手之劳,却能够给别人帮上大忙。他人之所以感受不到友善,绝对不是因为过分要求得不到满足,而是因为期望微薄之力却不见行动。正如孔子所说:“有能一日用其力于仁矣乎? 我未见力不足者。”只要做到了助人为乐,就一定能够让其他公民感受到友善。

2. 友善的原因

公民社会的基点,不在于与传统社会重合的那部分家庭伦理关系,而在于社会的公共空间。这种公共空间的存在和逐步扩大,提供了人本质的另外一种维度。而这个公共空间的氛围怎么样,取决于友善的价值是否能够与工具理性共存。当良好的社会氛围形成之后,每一个公民都将能够获益。因此,总结起来说,友善的原因至少基于三个方面:它是人的本质的要求,是社会和谐的润滑剂,也是每个公民都能从中获益的社会氛围。

友善是人的本质的要求。马克思指出,人的本质不是某种虚无缥缈的抽象物,而是人的现实的社会关系。人的社会关系如何,他的本质就怎么样。在前现代社会,人作为家庭血缘共同体的一部分,其本质不取决于公共空间的性质,而是取决于家庭血缘的情况,虽然这种家庭血缘的情况也是受到社会总体状况的影响的。但是进入现代社会之后,人的交往关系开始逐渐地突破家族的范围,开辟出社会的公共空间来。这个空间越是成长,在人的交往关系中所占的比例越大,人的本质就越取决于公共空间的性质。这个公共空间实际上又是由个别公民的总和所构成,因此每个公民进入公共空间的方式反过来影响着总体的状况。人的本质需要良好的公共空间,因此需要每个公民都以友善的方式来进入这个空间。

友善是社会和谐的润滑剂。现代社会的形成与相应的公共空间的出现,与技术的进步、生产的发展是相伴随的,相应地兴起的是工具理性。工具理性强调的是效率和收益的最大化,并不重视人与人之间关系的和谐。甚至由于工具理性推崇的效率挤压了人的自由空间,由于其支持的个人理性计算明确了人与人之间利益的对立,它不是促进而是破坏了社会的和谐。工具理性的兴起有其历史必然性,为技术的进步和生产力的发展开辟了道路,因此面对工具理性所带来的负面作用,正确的出路不是退回到非理性的前现代社会中去,而是对之加以平衡和限制。在这里,就显示出了友善的价值。首先,友善可以抵消工具理性的消极影响,给冷冰冰的效率原则加上了人情味。虽然重视效率,但也需要在此之外考虑公民之间的尊重和感情。其次,友善还可以限制工具理性的作用范围,将之控制在生产和交换活动的某些领域之内,而不致任之弥漫到社会生活的全部领域。在工具理性被平衡和限制之后,效率和利益的强调得到了控制,公民之间的关系不再过分紧张,润滑后的社会达到了和谐。

友善是每个公民都能够从中获益的社会氛围。人的生活由多方面的条件共同组成;其中有些条件自己解决起来很困难,但对其他公民来说却是举手之劳。例如摔倒的老人,自己站起来或去医院非常难,对其他公民来说扶一下却很容易。但谁家没有老人?谁自己又不会步入老年呢?若人们能够互相之间友善关爱的话,实际上对每个人都有潜在的帮助。墨子很早就意识到了这一点,并从“兼相利”的角度对这种互助带来互利的氛围进行了说明。他分析说:“夫爱人者,人必从而爱之;利人者,人必从而利之。”在墨子看来,只要有人首先做出了友善之举,那么他就能够影响到社会氛围,并促使其他人像他那样做,结果是大家都从中获益。

可见,基于人的本质的要求,基于社会和谐的需要,也基于良好社会氛围的要求,必须提倡友善这一核心价值。

3. 友善精神的现状、问题与对策

友善首先不是一个伦理学的理论问题,而是一个日常生活的实践问题。当你在公交车上与人发生碰撞时,你和他人是能够心平气和、互相体谅呢,还是最终发展为一场口角?当你在陌生的城市打听方向时,被询问的人是热情帮助,还是冷眼旁观?当老人摔倒在路边时,路人是赶紧扶起,还是扬长而去?可能每个公民对这些问题的判断都不一样，有的公民认为友善精神的总体面貌良好，有的公民认为友善精神的情况不容乐观。这种判断上的差异本身，就说明了友善精神的普及仍然具有提高的空间。

当前有待完善的市场经济条件下，公民对友善精神患有三症。一是公共空间里的冷漠症，二是社会和谐建构上的便车症，三是助人为乐上的恐惧症。

公共空间里的冷漠症本质上来源于人们对公共生活的不适应。从前现代的小农社会，到现代的公民社会，人们生活方式上的一个重要变化，就是交往范围扩大到了自己不熟悉的陌生人群中。在小农社会里，人们的生活主要集中在家庭，生活的范围往往局限在家庭所在的乡村；这样的生活里，打交道的都是熟人，不会发生冷漠的问题。但是，随着家庭生活之外的社会生活的逐步发展，人们活动范围突破地域的极度狭隘性，以往主要与熟人交往的生活方式变为经常要与陌生人交往。但生活方式的改变并没有马上造成观念的改变，人们仍然习惯于熟人圈，而在陌生人的环境中感到无所适从，于是用封闭冷漠的方式来保护自己的这种不适感和不安全感。你走你的路，我过我的桥；你身上发生的事，与我毫无关系；助人为乐、见义勇为和扶危济困，在陌生感都没有消失的时候，就更谈不上了。冷漠症的本质原因，还在于前现代社会向现代社会的转型过程中，观念的进步并没有完全跟上。

社会和谐上的便车症，指的是在构建和谐人际关系中的机会主义搭便车行为。和谐社会关系的建立和维持，既然有利于每一个人，就应该由大家共同来负责。但是，却有人会从理性计算的角度出发，认为自己只需要享受和谐社会中良好人际关系的成果，而不愿意为此做出自己的贡献。他的想法是，别人即使做了友善的事，我都还不一定做呢，更不要说别人还没有迈出第一步。也有人会把建设和谐社会关系的责任全部推给政府，认为公共空间的事情，由代表公共利益的政府来做就可以了，作为公民个人我是可以不付出成本的。但是，如果每一个人都把友善的责任挪到别人头上，每一个人都觉得政府可以包办友善精神普及的任务，每一个人都在是否搭便车的问题上持机会主义立场，结果就会是全体公民都没有愉悦感地生活在僵化的社会关系中。

助人为乐上的恐惧症也非常流行，那就是担心自己所帮助的人将他受困的原因推到自己身上。例如，摔倒的老人经常无人问津，主要的原因就是路人担心自己被诬陷为撞倒老人的肇事者,并承担相应的责任。助人为乐的结果,应该是被助者至少要对施以援手的人表示感谢;友善的公民虽然没有得到物质上的回报,但却在精神上感受到了自己的价值。如果非但没有感激,还要承担全部的结果,那么还要求公民助人为乐,就是近乎苛刻的要求了。这种愿意助人为乐却心理恐惧、行动犹豫的病症,根源在于三方面:一是医疗保障的缺乏,使得摔倒的老人有很强的动力去恩将仇报;二是法制的不健全,个别法官在没有弄清事实的情况下就采取折中主义的策略,各打五十大板,让被诬蔑的助人为乐的公民承担百分之五十的责任;三是道德教育的缺失,没有让公民有足够的道德感去打消甚至不要产生这样恶劣的想法。

面对公民在友善方面的这"三症",需要从多个方面努力加以治疗。首先,是建立正向的激励机制,严惩寻衅滋事和敲诈欺骗行为,鼓励助人为乐的典型人物事迹,让公民怀德畏法,有心向善。其次,需要改善社会保障制度,不要让公民个人承担无穷大的风险,要让公民有待人友善、涌泉报滴水之恩的物质基础,而不是受到生活困顿的威胁做出让人唏嘘的选择。再次,要健全法制,明察秋毫,不能做出无原则的裁决。原来和了稀泥的案子也要重查纠正,不能冤枉哪怕一个好人。最后,还要加强友善教育,让之限制私欲的无限发展,抗衡搭便车的机会主义行为,让所有公民都能够主动承担和谐人际关系建设的责任和义务。

第三章

社会主义核心价值观的构建

社会主义核心价值观的构建是历史唯物主义与中国特色社会主义建设正反经验具体结合的产物；社会主义核心价值观的构建聚合了历史唯物主义理论依据和中国特色社会主义建设实践要求等要素；社会主义核心价值观的构建传承和扬弃了中国传统价值观、批判和超越了资本主义价值观的内容。

第一节　基于马克思主义唯物史观的科学指导

唯物史观是指导马克思主义理论的核心，马克思一生中最大的发现之一就是唯物史观。唯物史观全面地论述了社会存在和社会意识的辩证关系，深入地分析了人和社会环境之间的关系，并提出了人的全面发展的条件。马克思主义的唯物史观已经成为核心价值观的重大指导，为核心价值观的构建解决了很多问题。核心价值观是在唯物史观的科学理论指导下生成的，只有在唯物史观的指导下，社会存在和社会意识的关系才能够正确解决，才能够真正地实现人的全面发展。

一、社会存在与社会意识的辩证关系

作为特殊意识形态的社会主义核心价值观，首先应面对社会意识和社会存在的关系问题。要解决思想意识和社会存在的关系问题，必须要运用唯物史观去分析才能正确解决它们之间的关系。马克思主义诞生之前，人们对思想意识的产生往往脱离人们的生活实践，离开社会的历史发展来研究人的思想意识的起源。马克思主义的诞生，特别是唯物史观的创立使人们找到了思想意识产生的真正原

因,马克思主义认为人的思想意识的起源是和历史的发展以及人们的社会实践密不可分的,取决于人们的物质生活条件。

社会存在与社会意识的关系问题是社会历史观的基本问题,也是核心价值观研究的基本问题,那么在唯物史观中社会存在和社会意识是什么关系呢?在探讨社会存在和社会意识之前有必要先考察一下马克思对"社会"的规定。马克思对社会有两个比较著名的规定,这两个规定对现代社会学产生了重大影响。第一个规定是1846年12月28日马克思在致巴维尔·瓦西里也维奇·安年柯夫的信中指出:"社会是人们交互作用的产物"①;第二个规定是在1847年的《雇佣劳动与资本》中指出:"生产关系总和起来就构成所谓社会关系,构成所谓社会。"②这两个规定具有有机的联系。"生产关系总和"和"人们的交互作用的产物",都是从人们社会生活的生产和再生产的角度加以概括的。马克思在《〈政治经济学批判〉序言》中指出:"人们在自己生活的社会生产中发生一定的、必然的、不以他们的意志为转移的关系,即同他们的物质生产力的一定发展阶段相适合的生产关系,这些生产关系的总和构成社会的经济结构,即有法律的和政治的上层建筑竖立其上,并有一定的社会意识形式与之相适应的现实基础。"③因此,在唯物史观的视域中,社会存在是指人们的现实生产生活过程、物质资料的生产方式、社会物质生活条件等。而社会意识则由两个方面的内容组成:一是由政治设施和法律设施所构成的实体性上层建筑;二是指政治、法律、宗教、哲学、艺术、道德等社会意识形态。唯物史观认为社会存在与社会意识形态之间的关系是对立统一的辩证关系。

1. 社会存在决定社会意识

社会意识是对社会存在的反映,意识在任何时候都是意识到的存在。马克思说:"精神一开始就很倒霉,注定要受物质的纠缠,在物质这里表现为震动着的空气层、声音,简而言之,语言。……意识一开始就是社会的产物,只要人们还存在着,它就仍然是这种产物。"④还指出:"思想、观念、意识的生产最初是直接与人们的物质活动,与人们的物质交往,与现实生活的语言交织在一起的。人们的想象、

① 《马克思恩格斯全集(第27卷)》,人民出版社1979年版,第477页。
② 《马克思恩格斯选集(第1卷)》,人民出版社1995年版,第345页。
③ 《马克思恩格斯选集(第1卷)》,人民出版社1995年版,第32页。
④ 《马克思恩格斯选集(第1卷)》,人民出版社1995年版,第81页。

思维、精神交往在这里还是人们物质行动的直接产物。”并强调:“意识在任何时候都只能是被意识到了的存在,而人们的存在就是他们的现实生活过程。”①

这就是说,社会意识是以社会存在为基础,其归根结底来源于社会存在,一切社会意识不管其内容是否正确,都是对社会存在的反映,哪怕是“人们头脑中的模糊幻象也是他们的可以通过经验来确认的、与物质前提相联系的物质生活过程的必然升华物”②。社会存在对社会意识的决定作用还表现为:“社会意识的重大变化归根结底是由社会存在的变化引起的。马克思指出社会的物质生产力发展到一定阶段,便同它们一直在其中运动的现存生产关系或财产关系(这只是生产关系的法律用语)发生矛盾。于是这些关系便由生产力的发展形式变成生产力的桎梏。那时社会革命的时代就到来了。随着经济基础的变更,全部庞大的上层建筑也或慢或快地发生变革。”③

2. 社会意识具有相对的独立性

所谓社会意识的相对独立性是指:在社会存在决定社会意识的大前提下,社会意识的变化和发展还有其自身内在运动的规律性和特点。这种相对独立性主要表现为:一是意识形态的历史继承性。这种继承性,一方面表现为意识形态家在创作思想体系时都会利用前人的思想成果,并根据实践经验对这些观念进行加工,发展为新的理论;另一方面,新的意识形态是建立在旧的意识形态基础之上的,通常还披着旧意识形态的外衣,否则这种新意识形态就会被扼杀在摇篮之中。二是意识形态发展的不平衡性。这种不平衡性是与社会存在、经济因素的状况相对而言的。意识形态作为远离社会经济基础的思想领域,对于社会经济基础的反映通常是“滞后”的。三是意识形态发展的不同步性。这种不同步性是在时间和空间两个维度上体现出来的。从历史发展的时间维度看,同一国家在某一时代,其经济发展水平较高而某些意识形式的发展水平可能较低;在另一个时代,其经济水平发展较低而某些社会意识形式发展水平可能较高。由此可以看出,社会存在对社会意识的决定作用是在归根结底的意义上而言的,因为,这种作用需要通

---

① 《马克思恩格斯选集(第1卷)》,人民出版社1995年版,第72页。

② 《马克思恩格斯选集(第1卷)》,人民出版社1995年版,第73页。

③ 《马克思恩格斯选集(第2卷)》,人民出版社1995年版,第32-33页。

过许多的中间环节，并非直接地、机械地决定，同一个社会存在可以产生不同的思想表现形式，因此，我们要克服在社会存在与社会意识关系问题上的机械决定论或经济决定论。

3. 社会意识对社会存在具有能动的反作用

正是因为社会意识的相对独立性，因此，它能够对社会存在具有能动的反作用。恩格斯指出："政治、法、哲学、宗教、文学、艺术等等的发展是以经济为基础的。但是，它们又都互相作用并对经济基础发生作用。并非只有经济状况才是原因，才是积极的，这是在归根到底总是得到实现的经济必然性的基础上的互相作用。"①"当一种历史因素一旦被其它的，归根结底是经济的原因造成的时候，它也影响周围的环境，甚至能够对产生的原因发生反作用。"②这充分说明了经典作家对意识形态反作用的强调。为了反驳一些别有用心的人把唯物史观歪曲为经济决定论，恩格斯指出："根据唯物史观，历史过程中的决定因素归根到底是现实生活的生产与再生产。无论马克思和我从来都没有肯定过比这更多的东西。如果有人在这里加以歪曲，说经济因素是唯一决定性的因素，那么他就是把这个命题变成毫无内容的、抽象的、荒诞无稽的空话。"③社会意识对社会存在的反作用，具有两种不同的性质：旧的、落后的社会意识对社会的发展起阻碍作用，先进的社会意识对社会发展起促进作用。

社会存在与社会意识的辩证关系原理对社会主义核心价值观具有重要的理论意义，是社会主义核心价值观的理论基础之一，这种意义主要表现在两个方面：

一是揭示了唯物史观历史本体论是社会主义核心价值观认识人类社会发展的理论前提和基础。社会主义核心价值观坚持社会生活的本质是实践，把社会主义革命和建设的经验教训上升到理论，并用形成的理论反过来指导社会主义现代化建设事业的实践，还要随着实践的进展和时代的前进而进一步发展。这说明社会主义核心价值观作为一种社会意识，也是由社会存在决定的，但社会存在决定社会意识不是机械的、被动的。社会主义核心价值观是在实践基础上进行理论创

---

① 《马克思恩格斯选集（第 4 卷）》，人民出版社 1995 年版，第 732 页。

② 《马克思恩格斯选集（第 4 卷）》，人民出版社 1995 年版，第 728 页。

③ 《马克思恩格斯选集（第 4 卷）》，人民出版社 1995 年版，第 695－696 页。

新的认识成果,社会主义核心价值观的提出,正是根据历史本体论关于"全部社会生活在本质上是实践的"原理,注重汲取社会主义革命和建设的经验教训,着眼于"新的实践和新的发展"的要求而进行精神生产的过程。①

二是揭示了社会意识对社会存在的能动作用。唯物辩证法认为物质可以变精神,同样,精神也可以变物质。人们从事这样那样的精神生产,目的是认识自然、社会及人自身的存在和发展规律,是为了改造自然、改造社会和改造自身,这就是社会意识对社会实践的能动的甚或是巨大的反作用。社会历史主体的人民群众一旦掌握了先进的理论,就会变成改造社会的强大力量。"建设社会主义核心价值体系,不仅是实现文化自身和谐的关键,也是促进整个社会和谐的中心环节,是社会主义社会发展进步的'生命线'"。作为一种社会意识形式,"社会主义核心价值体系,是社会主义制度的内在精神之魂,是社会主义意识形态大厦的基石,是社会主义文化建设的根本。"②

二、现实的人与社会环境的辩证关系

在人与社会环境方面,存在着辩证关系:首先,在环境的作用下,人的品格和心理逐渐形成并发展,最终形成思想意识,这种思想意识实际上是人本身对环境的反映。其次,人通过实践,不断地创造着新环境,环境和人之间具有复杂的关系,就如同鸡生蛋和蛋生鸡,相互影响的悖论一时间无法平息。从古至今,不少的学者对此研究,认为人是社会的产物,有什么样的环境产生什么样的人,产生什么样的思想和品格。比较典型的就是18世纪的法国唯物主义者,在研究的过程中,明确地提出了环境决定论,当时的学者对此观点比较认同,认为人是由环境决定的。但是也有学者反对这一观点,黑格尔就是其中的典型,他认为不能够绝对化,环境只不过是绝对精神的外化,不能够左右人的思想和认识。人和环境的问题,追根求源实际上就是人的思想意识和社会存在之间的关系,只不过把这种关系更加的具体化。

现实的人和社会环境的关系问题是核心价值观所面临的最基本的问题,在历

① 袁立新:《论社会主义核心价值体系的哲学基础》,《滁州学院学报》2007年第9期。

② 秋石:《论社会主义核心价值体系》,《求是》2006年第24期。

史唯物主义的人眼中,现实的人应该是社会的立足点和出发点。马克思和恩格斯对此进行了全面的阐述,一个现实的人,才能实现社会活动,才能创造出物质条件,物质条件除了满足他自己的需求之外,还会满足其他人的需求。马克思这时所说的现实的人,包括从事实践活动的所有人,也包括社会关系中的各种各样的人。在一定的环境当中,现实的人需要生活和生产,总会受到环境的影响,会形成一定的思想认识。环境并不单单指的是自然环境,是一个非常广泛的概念,也是一个巨大的系统,既有精神的又有物质的。环境和现实的人总要发生着各种联系,前者作为外部条件,成为人类实践的对象,环境又蕴藏着巨大的资源,为人类生存和发展提供条件。影响主体的人的活动开展的各种外部条件、各种因素的总和,被称为社会环境,根据范围的不同,可以分为两种形式,一是社会大环境,二是内部小环境。社会环境不仅包括人与人之间形成的环境,也包括自然环境与人之间的关系,因为自然和人总要发生各种各样的关系,久而久之就成为社会环境的一部分。纯粹的自然环境几乎不存在。总而言之,社会环境指的是政治、经济、文化、历史、生活方式等方面的总和,也是社会发展的过程中,形成的各种生产方式的总和。社会主义核心价值观,从实质上反映了现实的人的价值观,只有处理好人和环境之间的关系,才能实现两者的和谐发展,否则会进入悖论。

黑格尔对人的社会进化进行了深入的研究,他认为只有经过教化,人才能实现社会化,也就是说,人的发展和社会环境之间存在着联系,黑格尔的观点在当时具有一定的影响力,很多学者对此进行了研究。人是社会的存在物,社会环境为人类的存在提供了丰富的资源,推动人的发展,如果失去了这些资源,人就不可能生存。正是在此理论的基础上,后来的学者才提出了环境决定论。社会环境是一个比较复杂的概念,意识形态是其中的一部分,作为主体的人生活在社会环境中,同时,周围环绕着各种各样的意识形态,不断地接受教化,被意识形态所同化,从而形成一种符合社会需求的行为方式。在阶级社会中,形成一种符合阶级统治需求的思维方式,统治阶级也会对此进行大力的宣传和教育,去影响和感染当时的人。人与人在不断的交往过程中,有意识或者无意识地传播着意识形态,形成了约定俗成的概念,最终这些概念成为公认的意识形态。

唯物史观作为最为科学的观念,从辩证的角度分析了人与环境之间的关系,认为两者之间是辩证统一的,具体体现在两方面:首先,环境创造人。纵观人类历史发展的每一个阶段,无论是人与自然之间,还是人与人之间,都会产生大量的生产力、资金和环境,然后一代又一代地继承、传承①。一般情况下,会事先约定未来的发展,然后沿着这一方向,实现未来发展的目标,展示未来发展的特殊性质。任何一个时代的人都继承了上一代传下来的各种资源,成为生存和发展的基础,同时任何一个时代的人都会为下一个时代留下若干资源,供下一个时代生存和发展。无论是单个人,还是整体社会人,都不能够脱离以前的时代而存在,也就是说历史决定今天,从这一点上可以看出,环境对人具有制约性。其次,人创造环境。环境虽然制约着人的发展,但是人作为有思想、有意识的个体,不会完全地臣服环境,不会毫无作为地变成环境的奴隶。因为外部环境无论如何变换,人们总是能够继承所有的活动,能够改变旧环境,适应外部环境的变化。

社会主义核心价值观从本质上分析,是为了实现人的价值。实现核心价值观,培育和践行核心价值观,最根本的出发点和落脚点就是人民群众。从人与人之间的关系进行分析,真正了解核心价值观的内涵,明确其精神实质,对处于公共关系中的现实的人进行前所未有的关心,才能够真正体现核心价值观的理念。落到每一个个体身上,让每一个个体都从思想深处转变看法,改变自身的思想观念,形成符合社会主义发展的主流意识形态。人的存在、社会的存在、环境的存在实质上是三位一体的共在状态,其中最必要的条件就是环境的存在,这一条件实际上是无条件的既定条件,是不可缺少的因素。价值能够满足主体需要,最典型的形式就是人的存在。人和环境之间除了最为明显的、简单的物化关系之外,还具有价值关系,而这种价值关系是人们对价值的基本评价,也是一种深刻的影响因素,是在历史发展的过程中不断沉淀下来的、很难改变的、具有稳固性的价值观念。

总之,实践是联系人与社会环境之间的桥梁,在不断地实践的过程中,人和环境之间交互发展,形成错综复杂的关系,从而实现了社会化。有什么样的社会环境就有什么样的人。社会环境充分地发挥了塑造人的功能,无数的人形成了社会认同,明确了角色定位。个体具有思维和认识,能够实现创造、构建,个体因素如果能够沉淀到社会环境中,将会创造出更多的价值。

---

① 《马克思恩格斯选集(第1卷)》,人民出版社1995年版,第92页。

三、契合人的自由全面发展的目标

马克思所提出的共产主义，是实现全面发展的社会，人的全面发展成为马克思和恩格斯追求的至高无上的目标，也是马克思主义理论的核心。如同一个风向标，表明了人类发展的方向。社会主义正确践行马克思主义理念，沿着人的全面发展的方向不断前进。社会主义社会发展最核心的目标就是人的全面发展。社会主义核心价值观所倡导的是是否能够满足主体需求，怎样满足主体需求，研究的是各种物质和精神的现象对主体的影响。当下国家任何工作都必须围绕着全面发展的理念进行，不仅要满足人民群众的各种需求，而且还要不断地提升人民的素质，实现全面发展，向马克思主义核心目标靠近。

无论是马克思主义，还是核心价值观，最终和最高的目标就是人的全面发展，要想实现人的全面发展，必须对当前物的依赖关系进行调整，彰显真正的价值理念，同时也要对人的依赖关系进行反思，重新构建和谐社会的各种关系。

在马克思主义理论视域下，可以从三个方面来理解人的自由全面发展：人的能力和素质、社会关系、自由个性。在历史的不同发展阶段，因为条件的限制，人不能实现自由全面发展，为了特殊历史环境下的需求，人只能片面地发展，或者畸形发展。那可是对人类发展历史进行了梳理，认为人类可以分为三个发展阶段，一是最初的社会形态，形成了人的依赖关系，这种依赖关系是在自然的状况下发生的，生产能力有限，现有的物质资料难以解决生理需求，只能在狭窄的范围和空间孤立地进行发展。二是人的独立性，这一时期以物的依赖性为主，随着生产和再生产的不断发展，诞生了丰富的物质资料，能够满足发展所需的物质，然后社会形成了各种关系，社会公众具有了多种需求，从而具备了全面发展的能力。三是自由个性。在生产能力不断提升的条件下，积累了大量的社会财富，成为个人全面发展的必要条件。根据上述可以看出，生产力强弱决定着人的自由全面发展。人类发展的早期，生产力低下，物质资料极其匮乏，所以谈不上自由发展，进入现代社会，物质生产能力大幅度提升，人类摆脱了对物质资料的强烈的依赖，个性能够实现自由发展，但这种强烈的物质依赖又进入了一个极端，没有限制地去追求。由此可见，现代社会人的发展仍然没有实现全面自由发展，这一目标只有到共产主义阶段，才能实现。

在马克思主义经典作家眼中,人的全面发展需要一个漫长的过程,只有实现生产力的高度发展,分工不复存在,私有制彻底消失,世界的交往已经达到了无隔阂、无界限的程度,这样才能克服人类自身的局限性,才能够构建一个共产主义社会。社会主义核心价值观就是为了实现上述目标。具体体现在以下几点:

第一,调整和规范当前物的依赖关系。随着改革的不断深入,市场经济已经发挥了其优势,为社会创造了极其丰富的物质生产资料,人们能获得幸福、稳定的生活,在范围和层次上,社会交往关系得到了进一步的拓展,个人关系更加丰富。在市场经济条件下,社会公众心目中已经形成了自由平等和民主法治等价值观念,能够在社会生活实践中处处履行价值观念,价值观念对社会公众的行为起到了指导作用,整个社会基本上形成了物的依赖关系,这种关系是社会价值观调整和规范的根源。物的依赖关系主要体现在物化倾向方面,人和社会的发展不再通过思想理念、意识形态等方面进行衡量,而是通过物质价值进行衡量,导致人与环境的关系非常紧张,甚至一度对抗,如果不加以制止,任这种状态进一步恶化,不仅会导致人的退化,甚至会引发社会的解体。践行社会主义核心价值观,必须清醒地认识到改革过程中的物化倾向,明确当前的现实矛盾,采取积极的应对措施。首先,在国家层面上,核心价值观目标就是实现国富民强,就是为社会创造丰富的物质基础,而物质基础则是人的全面发展的基础。马克思对此进行了全面的阐述,真正的社会主义前提条件就是极其丰富的物质,劳动不是为了解决温饱,不是为了生存,更不是一种强制性的劳动,而是人类社会兴趣的体现,也是人类的爱好,只有达到这种状况,才能实现人的全面发展。其次,物化价值倾向成为社会主义发展过程中不可避免的不和谐因素,核心价值观包含的各种价值内涵,实际上就是在不断地调整和规范过度的物化倾向。人的生存离不开物质,对物质价值的索取是人的一种本能,但应该保持一定的限度,充分考虑到人与自然、社会、自身之间的和谐关系。以习近平为中心的党中央在此关键之处,提出了社会主义核心价值观,实际上已经表明了新一代领导人对物化倾向的精准把握,同时根据社会和人的发展状况,指明了正确的发展方向。随着社会的发展,物的依赖关系逐渐形成和加重,人与人之间的关系更加复杂,原有的血缘亲情理论规范已经失去了魅力,无法调节如此复杂的关系,无法让社会走出狭隘,走向更广阔的空间。在法治的框架下,合理地取得物质价值,才能够实现利益分配的公正,但是这并不是文明价值,任何物质价值都不能够等同于文明价值,只有在文明的导向之下,人与自身、社会、自然之间和谐共处,共同发展,才能实现文明的价值。

第二,批判继承了人的依赖关系阶段。这一阶段所形成的合理的价值观,有利于重塑民族文化和民族精神。一个民族区别于其他民族的根本标志就在于民族文化,在历史的洪流之中,民族的精髓逐渐地沉淀下来,所形成的文化就是一个民族的灵魂,区别于其他民族,成为一个最独特的存在,也成为本民族成员身份认同的根本。民族文化能够让人产生一种强烈的归属感。人的依赖关系诞生于人的发展的最初阶段。在生产生活实践中,各民族形成了各种各样的关系,并且实践着最初的看法和体验,各种看法和体验不断地总结和概括,逐渐地聚集和凝练,形成一般的经验和模式,最终形成本民族的文化价值观。文化价值观能够体现一个民族的特性,也能够展示出民族的魅力。中华民族几千年的文化沉淀,形成了独特的价值观念、民族精神,时至今日,仍然具有不可磨灭的意义。习近平总书记多次高度评价了中国的价值观和民族精神,他认为这种价值观念和精神根植于传统文化的沃土之中,经过上下五千年的绵延,已经形成了独特的价值体系,所包含的哲学思想、人文精神、道德理念等博大精深,意义深远,能够提升人们认识世界的能力,能够启迪智慧,激发精神,为治国理政提供有益借鉴,甚至也能够成为鼓励人们积极向上的精神动力。① 在合理继承中华民族传统价值观的基础上,构建了社会主义核心价值观,历史上的仁人志士、当今时代的弄潮儿无不感慨,天下兴亡,匹夫有责,是一腔爱国情怀的流露;言必信,信必果,是为人处世、人与人之间相处的诚信原则;己所不欲,勿施于人,充分展现了对他人的尊重,友善地对待他人的态度;和而不同是一种无限的包容;富天下,安天下,强天下,是中华民族的梦想,是富国强民的宏伟目标。传统的价值观一代又一代不断的传承,已经脱离了当初的意义视域,被赋予了时代精神,成为新的历史时代下中华民族精神的体现。

第三,以人的全面发展为价值指向,超越了前两种依赖关系。人只有实现真正的自由和解放,才能够达到理想的发展状态,人的全面发展就是为了实现这一目标,在这一目标的指引下,人的能力得到充分发挥,个性可以自由张扬,需求能

---

① 习近平:《在纪念孔子诞辰 2565 周年国际学术研讨会暨国际儒学联合会第五届会员大会开幕会上的讲话》,《人民日报》2014 年 9 月 24 日第 1 版。

够充分满足,人能够处于一种完全的自由状态。人的全面发展和马克思提出的自由人联合体具有高度的契合性,共产主义社会就是实现人的全面发展的社会,社会主义实际上是向共产主义过渡的阶段,为实现共产主义创造各种条件,积累物质和精神文化,形成一种良好的社会风尚,不断地前进和发展。社会主义核心价值观在个人层面提出了四点要求,人人都从这四个方面要求自己,不断地提升自己,能够提高自身的道德修养,能够形成良好的道德素质;在社会层面提出了人与人之间应该形成一种理性的自由平等关系,这种关系是建立在公正和法治的基础上,不再受到人和物的依赖,逐渐地实现人的全面发展;在国家层面,明确指出国家架起了个人和社会之间的桥梁,能对两者的关系进行调和,能够更好地进行社会主义建设。从三个层面形成一股强大的合力,推动着人类社会不断地前进和发展,逐渐地实现经济繁荣、政治稳定、生态和谐。

第二节　根植于中国特色社会主义建设的实践

实践是意识产生、发展的动力,是解释意识形态的基础。社会存在决定社会意识形态,而意识形态具有合规律性,要真实反映社会存在,是实践过程的反射和回声。要实现这种反射和回声,既要立足于实践,又要有“从事实际活动的人”。在马克思主义的哲学视野中,实践中的“人”,也就是人民群众,人民群众用自身的实践改造着世界,创造着物质财富,成为社会生存和发展的动力。每一历史时期的观念和思想是由这一时期的社会实践来诠释的。社会主义核心价值观不是好高骛远的空洞理论,而是建立在实践基础上随时代变化而发展,社会主义核心价值观的实践基础包括了社会主义历史发展的正反经验和中国特色社会主义建设实践两大要素。

一、实践是推动人类社会发展和进步的动力之源

无论是社会意识形态,还是社会发展,起到关键作用的仍然是实践,实践如同源源不断的动力,推动着社会意识形态的不断形成,推动着社会的不断发展。在马克思哲学理论的指引下,中国开始了社会主义伟大实践。无数的中国人民通过

自身的努力,在实践中取得了伟大的成功,成功过程中无数的经验和教训凝聚成了社会主义核心价值观,当前正在培育和践行核心价值观。社会存在和社会意识两者之间具有密切的关系,前者决定后者,后者能够反映出前者。无数人的实践成为社会发展的动力,形成科学价值观念。不同的历史结论会形成不同的科学价值观念,究其原因在于社会实践活动的不同,特定的社会实践活动决定了价值观念的形态和内容。40 年改革开放的历史,中国面临过极度困难的发展,也面临过严峻的挑战,更经历了奇迹般的持续性增长,为了实现个人的自由全面发展,党和国家整合各种资源,协调各种利益,掌握着经济发展的方向,适时提出了发展的观念。

价值观产生、实现的唯一途径就是实践。在马克思主义实践观的基础上,无数的中国共产党人经过笔试和实践经验的总结,提出了核心价值观,并且在社会主义实践中一一落实核心价值观,当前正在培育和践行实现环境。实践能够体现出生活的本质,能够形成相对应的价值观,原因在于:价值观虽然属于精神层面,但并不是空想而来,是在社会生活中提炼而来,可以从历史和现实的生活中找到其中的痕迹,高度精练的价值观对现实生活起到指导作用。社会主义核心价值观也是如此,社会生活中的各种思想和观念逐渐地凝聚、体验和升华,形成了社会主义核心价值观,价值观根植于社会生活之中,离开了实践生活,就如同无水之鱼,很难生存和发展。

在马克思主义哲学中,实践占有重要的地位,所有的理论学说都是围绕着实践进行,实践也是马克思主义产生、发展的根本,是区别于其他主义的标志。当代中国发展速度非常快,各种意识形态、思想观念并存,任何新的价值观如果能够得到群众的拥护,就有可能成为主流价值观。所以只有从实践出发,正确地选择意识形态和思想观念,才能适应群众的需求,才能够引领中国思想潮流的方向。人类社会发展和进步,离不开实践活动。马克思通过多年的研究,提出的实践观念,让人类更加清楚社会发展的实质,在各种各样的实践活动中,人类创造了自身、世界,找到了存在的意义,并且在实践的过程中推动人类的发展和进步。随着时代的不断演变,实践活动的不断发展,形成了社会主义核心价值观,核心价值观是有生命力的,在革命时期为革命服务,在建设时期,为社会主义现代化服务。

二、社会主义核心价值观来源于中国特色社会主义实践

马克思曾说："人们的观念、观点和概念，一句话，人们的意识，随着人们的生活条件、人们的社会关系、人们的社会存在的改变而改变。"①改革开放40年，中国历经了翻天覆地的变化，经济持续增长，面临着各方的挑战，各种各样的情况并存，在这种情况下，先进的中国共产党人提出了社会主义核心价值观，并随着时代和社会实践的进步，核心价值观不断地成长和发展，在实践中不断地践行、检验、调整和完善。

（一）社会主义发展正反经验的历史实践

从历史唯物主义角度对此进行分析，20世纪俄国经济文化极度落后，各种力量相互冲突，物质和精神构建之间的矛盾已经达到了白热化状态，资本主义没有出路，只有建立社会主义制度，才能够得以生存和发展。马克思所提出的社会主义理论就是在这种情况下，逐渐地变成现实，所以社会主义制度的诞生有着不得不为之的历史动力。但是这种历史动力并不是永存的，只有在社会形态发生变化时，产生了直接的、强大的否定性的物质力量，才能推动新的社会制度的形成。社会主义制度就是在上述情况下诞生并发展的，当确定新的制度之后，物质构建渐渐隐入了后台，按照原本的方式运行，精神构建逐渐地成为新制度的直接动力。在确立的早期，社会主义制度就如同一个胚胎，缺乏科学理论的指导，缺少发展的方向和动力。只有在科学理论的指导下，社会主义制度才能逐渐地转化为实践观念，才能在实践中一一落实。科学社会主义理论虽然能够对社会主义革命和建设进行指导，但是理论仅仅停留在理论阶段，属于历史原则和根本方法的综合论述，并没有具体的指导。特别是俄国布尔什维克完全处于在黑暗中摸索，只能用价值观来指引，俄国根据当时的实际情况，尝试着建立具体的实践形式。虽然如此，社会主义价值观仍然如同一盏明灯，让黑暗中的俄国布尔什维克寻到了一丝光明，能够沿着光明不断地探索发展的方向。

初期形态的社会主义价值主要来源于两点，一是马克思主义理论，二是旧世界的否定性想象。马克思主义理论直接催生了社会主义价值观，两位著名的哲学

① 《马克思恩格斯选集（第1卷）》，人民出版社2012年版，第419－420页。

家虽然没有详细地描述未来社会的具体愿景，但是从他们的著作中，仍然能够看到未来共产主义的价值。十月革命之后，俄国的布尔什维克带着无产阶级建立了政权，取得了巨大的胜利，但是思想上的民粹主义一时间很难消除，主要原因在于俄国当时正处于农业时代，很难跨越工业时代，想象共产主义时代的文明。落后的旧的思想、过于先进的新思想两者本来就如同水火，根本无法兼容。新的思想想象和热情超越了当时的社会想象力，被很多人认为是空想。

在初期探索阶段，价值观的定位并不清晰，首先，在价值动力上存在着偏差，其次，在物质动力上存在着差异。俄国布尔什维克经过艰苦卓绝的战斗，终于取得了革命的胜利，在革命战争时期，共产主义价值观是一种庞大的精神力量，能够获得无产阶级的广泛认同，也能聚集其他的物质力量，有利于革命的胜利。在建设时期，这种价值观的空想成分逐渐出现，制度和实践很难一一对应，难免会遭遇到发展的困境。俄国当时推行了新经济政策，其目的就是找到适合价值观的生产力和生产方式，能够推动价值观的继续发展。但是俄国当时的社会实践和社会价值观之间冲突非常严重，社会发展逐渐偏离了正确方向，背离了历史唯物主义，逐渐地走向集权社会主义模式，这种模式建立在空想价值观的基础上，当时的支持者就是斯大林。斯大林试图通过自己的努力，在空想价值观的基础上，构建一种虚拟的现实化，把这种虚拟的现实化在整个社会中推广。新中国成立初期，也深受斯大林的这种方式影响，成为新中国当时制度构建的借鉴。第二次世界大战之后，社会主义国家都想依靠价值观力量，来构建一种崭新的社会主义制度，但是，即使同属社会主义国家也存在着不同的价值体系，民主社会主义国家认为，不允许干涉经济发展；现实社会主义国家认为，政治权力和经济发展是一个不可分割的整体，在价值观念的力量下形成的权力，要对社会经济、文化的发展进行干预。

社会主义在不断地摸索过程中逐渐发展，初期实验取得成功之后，人类继续追求新的探索，从物质和精神的角度来探索社会主义制度发展的新模式。中国社会主义在历经多次的失败、冲击、成功之后，摒弃了非现实因素，开展了一条独特的发展之路。只有历经失败和成功，才能真正地把握社会主义道路，才能认清发展的方向，才能具有历史唯物主义的客观性。中国把上述理论运用到了社会主义运动实践中，有效地解决了当时的社会矛盾，社会发展的核心转向生产力的发展，通过生产力的发展重塑价值观，形成适应生产力发展的新型的价值观念。形成了中国特色社会主义实践形式,标志着人类已经进入了历史唯物主义引导下的自由构建时代,人类正在通过自身的实践,向自由王国迈进。无数当代马克思主义对此进行了深入的研究,不仅总结出了社会主义时期历史进步的一般规律,而且把历史和时代的需求有效地结合起来,然后结合远大目标,制定了确实可行的具有一定历史意义的规划,这一规划如同强大的精神动力,推动着无数人为之奋斗,推动着社会的快速发展,也就是社会主义核心价值观。从人类诞生之日开始,就处于各种矛盾之中,社会基本矛盾推动了社会的发展,推动了人类历史的进步,不同的历史时期都必须有一个核心价值观,只有核心价值观才能引领社会的发展。中国特色社会主义发展模式中,其核心因素就是解放和发展生产力,正是这一目标,成为社会发展的不竭能量,推动着生产力和生产关系的良性运行。培育和践行社会主义核心价值观,能够形成一股正向互动的精神动力,无论是经济基础,还是上层建筑,在这种动力的作用下,会不由自主地向着正确的方向发展。当中国实现了解放和发展生产力的目标之后,又迎来了历史发展的第二大任务,发挥人的自觉能动性,也是核心价值观的主要内容之一。从五四运动以来,中华民族都在寻求实现民族复兴的伟大中国梦,多少仁人志士为此贡献了生命。新中国成立之后,年幼的社会主义中国找不到正确的发展方向,在发展路径和价值追求等方面,出现了错位,经历了很多曲折。

当时开展了社会主义思想解放大讨论,在此次讨论中,彻底清除了教条主义、空想主义,从科学、实践、价值目标出发形成了中国特色社会主义理论。在无数失败、成功经验的积累之下,形成了中国特色的社会主义理论,创新和实践创新的过程中,社会主义核心价值观逐渐地澄明、凝聚。正是在多方作用下,价值观逐渐地完整,被得到进一步的确认,中国现代化、社会主义制度的价值目标逐渐的合二为一,融合在中国梦的追求中,达成了社会共识,形成了社会主义核心价值观。

(二)中国特色社会主义建设的现实实践

新中国成立之后,中国共产党人提出建设社会主义制度,只有苏联模式是当时的成功经验,所以中国共产党人完全借鉴了苏联模式,主要体现在两个方面:其一,建立了苏联模式的社会主义制度,彻底扫清了中国革命道路上的障碍,让刚刚脱离半殖民地半封建社会的中国有了发展的方向,虽然借鉴的是苏联模式,但是也融入了很多中国传统的因素,具有一定的中国特色。其二,根据马克思列宁主义的精神，社会主义政治、经济、文化等方面，要实现一元化管理、计划经济发展模式。原本无限宏大的共产主义目标逐渐地落地，转化成为价值动力，在中国性和制度性的双重要求之下，价值动力不断地凝聚，最终成为中国社会主义价值观。最初的价值观受到各种隐藏的腐朽思想影响，教条主义、空想主义所占比重非常高，甚至遮蔽了发展的动力。空想主义提出的价值目标高高在上，物质生活极其困苦的现实如同地下的一粒微尘，两者之间的巨大反差模糊了群众的视线，脱离了历史基础和物质力量所形成的核心价值观，无法产生任何动能，所以才在长时间内，贫困的中国人民没有体验到社会主义制度的优越性。从开始的茫然，然后到构建以苏联为蓝本的社会主义，虽然形成了基本的制度框架、基本路线和基本战略，但是实际生活并没有得到彻底的改善。然后为了追求自身发展，又出现了“以苏联为鉴戒”思想。社会主义制度经历着一起一伏的发展，和共产主义的想象距离却越来越远，和中国社会主义价值目标的设计越来越偏离，社会主义初建时期的极左路线虽然已经被否定，但是也能从中看出，“公有、平均、超越”是构建社会主义价值观的核心因素。不过当时，经济制度追求的是纯粹的公有制、纯粹的平均主义，显然这一观点是错误的，中国已经为之付出巨大的代价。

十一届三中全会以后，党和国家重新对社会主义制度进行了审视，确立了新的制度框架和实践目标，从此开启了经济建设之路，中国特色社会主义制度不断更新和发展。革新是一次翻天覆地的革命，对中国历史传统遗留下来的糟粕无情地抛弃，对社会主义初运行时期沉淀下来的障碍坚决地摒弃，中国特色社会主义建设首先就要解放思想，破除原有的思想桎梏，寻求符合社会主义本质要求的新价值观，新的价值观是建立在现代文明的高度之上，具有前瞻性、科学性和合理性。在价值观不断地发展过程中，实现了不同阶段性的突破，具体体现在：首先，思想解放大讨论，确定了实事求是的马克思主义的思想，明确了价值观必须建立在科学理论的基础上。其次，改革开放确立了经济价值观，生产力成为经济价值观的核心因素。最后，建立了“五位一体”的新文明观。根据中国特色的社会主义，构建了各个领域的社会文明态势，明确了社会主义需要完成当前发展的任务，同时还要达到一定的历史高度，才能形成真正的中国特色的社会主义。中国特色社会主义是一个不断发展和完善的过程，不断地积累经验，总结规律，自我调整，更好地适应社会发展的需求。

深入分析上述历史过程我们可以发现,以中国特色社会主义实践为背景的价值定位,相继经过从以阶级斗争为纲转向以经济建设为中心、从以经济建设为中心转向以科学发展为中心的两次核心任务转换之后,终于建立了既符合历史要求又符合现实要求、既体现社会主义制度的本质规定又切合中国社会的现代化实际的社会主义核心价值观。这两次转换都发生在建设中国特色社会主义的伟大实践之中,其最宝贵的是取得了建设社会主义的中国经验,使我们在今天定位社会主义核心价值观时有了丰富的实践经验基础①。

我们先来看第一次转换的社会主义核心价值定位意义。如前所述,中国社会主义建设初期最大的迷误就是价值取向定位不准确。邓小平指出:"什么叫社会主义,什么叫马克思主义?我们过去对这个问题的认识不是完全清醒的。"要在马克思主义指导下建设社会主义,但对于这个指导思想的理解是不准确的,对这个制度形态只做政治规定性的想象,因而相应的以政治要求为核心的价值观主导了我们的取向。又加上我们的理想和目标不切实际,相应的价值观也必然是错位的。对于这些问题,思想解放大讨论在中国完成了一次深刻的社会主义思想启蒙,让我们对社会主义制度的理解和把握从想象回到现实中,找回了关于社会主义和共产主义的正确价值判断。当代中国马克思主义者以"解放思想、实事求是"为思想起点,对社会主义制度重新做了价值判断:"贫穷不是社会主义,发展太慢也不是社会主义。否则社会主义有什么优越性呢?""判断的标准,应该主要看是否有利于发展社会主义社会的生产力,是否有利于增强社会主义国家的综合国力,是否有利于提高人民的生活水平。"②共产主义是远大目标,"必须通过完成各个阶段的奋斗目标来实现,必须由一个一个实际步骤来达到"。③ 但是,改革开放后在"摸着石头过河"中也产生了一定程度的价值偏向。我们强调"以经济建设为中心",经济力量在体制变革和社会转型过程中的主导作用被放大,进而在全社会滋生了经济水平和经济能力决定论的价值观。从中国特色社会主义的战略起点和战略规划来看,"以经济建设为中心"无疑是极其正确的选择。这不仅是社会主

① 程玉莲、曾瑞明:《社会主义核心价值观的生成逻辑与建构功能》,《思政理论教育》2015年第10期,第18-22页。

② 《邓小平文选(第3卷)》,人民出版社1993年版,第63、255、372页。

③ 《江泽民文选(第3卷)》,人民出版社2006年版,第344页。

义实践从空想到现实的回归,也是科学社会主义从抽象的理论演绎到具体的历史实践的回归,更是中国特色社会主义从想象力驱动到生产力驱动的回归。因为找回了"大力发展生产力"这把钥匙,中国特色社会主义制度的物质基础得到巩固和发展。但是,过分强调"以经济建设为中心"的发展模式也带来了思想意识和文化精神上的偏差,以经济增长论成败一度演绎成当代中国实践的价值取向。认识到这种偏向之后,我们相继提出了"精神文明""政治文明""社会和谐""生态文明"的社会主义价值要求,确立了"五个文明"协调发展的价值目标,实现了从"以经济建设为中心"到"以科学发展为中心"的社会主义核心任务转换。为了更加有效地纠正价值偏向,围绕科学发展这个中心形成新的社会主义价值共识,党的十八大明确提出了社会主义核心价值观的新内容。这样,在中国特色社会主义实现第二次核心任务转换之后,我们逐步扬弃了改革开放以前的片面政治价值观决定论、改革开放初期的经济价值观决定论,提高了社会价值观的地位,使生态价值观成为价值体系的重要一极,从而使中国特色社会主义价值体系得到完整准确的阐述,使社会主义核心价值观实现科学定位。

马克思指出:"理论在一个国家的实现程度,总是决定于理论满足这个国家的需要的程度。"①当代中国迫切需要社会主义核心价值观来引领发展,推进社会主义制度的自我完善,建构符合人类社会发展规律、社会主义建设规律的新型社会形态。在实践中,人要发挥主观能动性,有历史过程的综合认知能力(对历史能做唯物辩证之把握)是前提,但更具体的实践要求应是历史合力的形成。完成社会主义历史任务取决于这个阶段人们的实践是否能形成历史合力,而促成这一合力形成的主观能动性因素,便是获得高度认同的社会主义核心价值观。从这个意义上说,社会主义核心价值观的确立不仅解决了社会主义中国会在何种力量的牵引下走向民族复兴的问题,也描绘了中国发展的社会主义方向和共产主义远大目标,因而既有历史唯物主义的科学性依据,也紧紧植根于中国特色社会主义实践经验之中。

---

① 《马克思恩格斯文集(第1卷)》,人民出版社2009年版,第13页。

三、社会主义核心价值观反作用于中国特色社会主义实践

中国特色的社会主义实践，是形成核心价值观的关键，反过来，核心价值观会产生强大的反作用力，在理论上、实践中反作用于社会主义建设。这种反作用是在实践中体现的。在剥削阶级社会中，无产阶级属于被剥削者，生活在黑暗的社会底层，依靠本身的力量根本无法改变困苦的境遇，只把这种改变寄托在一个虚无缥缈的理想之上，仍然世世代代地被剥削、被压迫，没有勇气通过革命获得解放。所以，在实践中，社会主义核心价值观的反作用会一一落实，社会成员正在一一践行核心价值观，能够充分调动社会成员的主观能动性，形成一种浓郁的实践氛围，在实践中充分发挥主观能动性，不断地创新发展。

中国特色社会主义实践和社会主义核心价值观的辩证统一关系，可以说是："进行中国特色社会主义的伟大实践也需要积极培育和践行社会主义核心价值观"①。现代化建设离不开科学价值观引导，否则时刻都会偏离正确方向。科学的价值观引导能够化解社会中的各种矛盾和冲突，能够协调各方面的关系，能够引领社会的健康发展。社会主义核心价值观的反作用不是立竿见影就能体现的，需要一个漫长、潜移默化的过程，当核心价值观的内容深入社会公众的心灵深处，驻扎在群众的思想上，才能达成共识，形成一种习惯，自觉地遵守和维护核心价值观的内容，并成为自己的行为准则。要想实现上述目标，需要循序渐进、经过漫长的发展，时间和实践将会见证上述目标等一一落实。

第三节　传承和扬弃了中国传统价值观

文化价值观带有明显的社会属性，因为任何文化都是建立在历史的基础上，在原有的基础上不断地创新，从而形成新的文化价值观。中国传统价值观历经几千年的封建社会的影响，不可能会摆脱封建社会的局限性。从整体而言，中国传

---

① 韩震：《面向人类社会的理想规范——论培育和践行社会主义核心价值观》，《中国特色社会主义研究》，2013 年第 5 期，第 77 页。

统价值观具有明显的两个特征,一是和农业文明相适应,二是和封建社会宗法等级社会结构相适应。中国社会主义核心价值观是建立在中国传统价值观的基础上,不是凭空自发产生,要想形成既具有民族特色,又具有时代特色的价值观,只有对传统价值观等进行批判地继承,科学地改造。因此,我们必须清醒地认识到:传承本来绝不是照搬传统,更不是回到历史,而必须正确处理好传承和创新的关系,"做好创造性转化和创新性发展",传统文化虽然存在着很多不足、历史局限性,但是仍然有很多闪烁着民族文化光彩的内容,所以既不能够一棒子打倒,也不能够守旧复古,要批判地继承,区别对待,吸取精华,使之发扬光大,不断地涵养民族价值观。

一、中国传统价值观是社会主义核心价值观的涵养源泉

习近平指出,要"使中华优秀传统文化成为涵养社会主义核心价值观的重要源泉"①。2014 年 2 月 24 日,习近平在政治局集体学习上,对中华优秀传统文化进行了高度的评价,号召广大共产党人要挖掘优秀传统文化的时代价值,充分发挥优秀传统文化的功能,成为新时代下价值观建设的源泉和动力。习近平的讲话是对中国传统价值观的至高无上的评价,表明了其内在的价值,明确了中华优秀传统文化具有源源不断的涵养功能。

在中国传统价值观中,仁爱体现了其核心内容,其基本内涵见于古代文人墨客的语句中:己所不欲,勿施于人。短短的八个字精彩地论述了人的基本生存方式。仁,从字体上讲的是两个人,或者只能是多个人,也就是说,多个人之间或者群体之间只有借着一颗爱心,才能够得到发展。一颗爱人之心从最初的血缘关系开始,然后发展到没有血缘关系的他人,然后再发展到整个自然界,最终实现整个社会的仁爱。从古至今,仁爱都是中国人所追求的目标,也是最普遍的价值诉求,从刀耕火种时代,一直贯穿到当代,中国人用仁爱的独特的生存方式,成为一个伟大的民族。

民本是中国传统价值观的主要范畴之一。以民为本是非常积极的因素,传统的民本思想在封建社会中也起到了巨大的作用,历代的王朝都试图通过民本思

---

① 《习近平在中共中央政治局第十三次集体学习时的讲话》,《人民日报》2014 年 2 月 26 日。

想,加强对人民群众的统治。民本思想体现在三个方面:一是权力观,二是国家观,三是执政观,分别指的是“立君为民”“民惟邦本”“爱民”。民本思想实际上也是民主思想的萌芽,但是在封建时代具有消极的因素,因为民和官相对,封建阶级实施民本思想,实际上就是为了加强对臣民的统治,让臣民更加顺服。社会主义制度下的民本,实质上是为人民服务,以人民的利益为核心。

诚信是中国传统价值观的主要范畴之一。纵观古往今来的不同学派、不同学说,虽然各持己见,观点不同,但是有着共同之处,就是诚信,诚信是各大流派的核心理念之一。从汉朝开始,诚信已经成为官方提倡的“五常”之一。其具体内涵是诚实守信,是立人之本。在几千年的传统价值观中,诚信作为核心价值理念,虽然经过多次变迁,但是其内涵仍然历久弥新,不断地传承,时至今日,仍然是人们所倡导的核心价值观念。

义是中国传统价值观的主要范畴之一。“义者,正也”(《墨子·天下志》)除了墨家学派之外,还有很多学派、很多著名的学者、思想家热情洋溢地赞美了义,无论是在评判国家治理过程中,还是在点评个人行为正当性的过程中,义是其中不可缺少的一项内容,不仅能够展示出国家和社会的政治责任,而且还能体现出个人的伦理价值。义与礼经常被联系在一起,前者如同后者的灵魂,后者如同前者的规范,如果义与情发生了冲突和矛盾,往往会选择前者,因为“义以为上”(《论语·阳货》),如果义与利产生了摩擦,往往也会选择前者,因为“先义后利”。如果面临义与生艰难抉择,往往也会选择前者,因为“舍生取义”(《孟子·告子上》)。在涵养社会主义核心价值观过程中,要充分地弘扬正义的内涵,对封建伦理纲常要批判地扬弃。

和合是中国传统价值观的主要范畴之一。在中国的传统价值观中,此项价值观念具有崇高的意蕴,问题现在三点:其一,是一种哲学思想,能够体现出中国古代人的宇宙观:天人合一、多元统一;其二,是一种思维方式,体现的是恰好和正好,表现的是和理性思维;其三,是一种精神追求,展示一种崇高的精神境界:“和心中节”。总而言之,一个人无论处于什么地位,不违仁,“和心中节”,就能成为一位仁者,顶立于天地之间。

大同是中国传统价值观的主要范畴之一。孔子周游春秋列国之后,提出了天下大同的思想,也是孔子描绘的美好图景,说明了孔子心中对美好前景的无限向往。孔子的思想影响了世世代代的儒家学者,儒家学者把天下大同作为崇高的社会理想,几千年来孜孜不倦地追求,无数的知识分子为之传颂,众多的仁人志士为之奋斗。大同是针对执政者而言,执政者要遵循大道,以天下为公,以百姓为乐,建立一个和谐安详的社会。大同的理想对古代人来说是一种极大的鼓舞,也无限令人神往。时至今日,大同理想仍然如同一股巨大的精神力量,感染着、教育着和鼓舞着一代又一代的人。虽然大同理想具有一定的保守性,但是大同是一个开放的体系,当代中国在实践的基础上,赋予了大同新的时代内涵,让大同理想更加熠熠生辉,具有更加强大的力量。

二、社会主义核心价值观对中国传统文化的借鉴吸收

中国传统价值观是建立在几千年文化的基础上,内容非常博大精深,如同根基和命脉一般,让社会主义核心价值观内涵更丰富,根基更稳固。但是传统价值观发源于中华文明的轴心时代,和当年相比,现代的社会基础、生存环境、时代精神已经发生了翻天覆地的变化,会引发两种极端,一是主流的积极因素,二是主流的消极因素,要想涵养社会主义核心价值观,传统的价值观念必须更新,必须吸取新的内涵。核心价值观也要批判地继承传统的因素,对传统的价值观进行辨别、识别和筛选,对主流的积极因素要加以弘扬,对于主流的消极因素要坚决地抛弃,同时要实现创造、创新,主要应坚持以下原则:

第一,坚持扬弃继承原则。习近平指出:“不忘本来才能开辟未来,善于继承才能更好创新。”要“坚持古为今用、推陈出新,有鉴别地加以对待,有扬弃地予以继承。”①扬弃继承的原则是对待传统价值观的基本原则。中国有着古老的历史,传统价值观是在不断的发展过程中形成的,作为最优秀的文化遗产,本身既有优势,也有不足,既能发挥积极作用,也会产生消极作用。现代人在选择的过程中,要坚持扬弃继承的原则,把其中的精华充分地发扬,赋予其新内容,实现其创新、创造,成为社会主义核心价值观的动力源泉。

第二,坚持扬弃继承三分法。通过“三分”的方法来看待传统的价值观。科学

① 中共中央宣传部:《习近平总书记系列重要讲话读本》,学习出版社、人民出版社2014年版,第100页。

的方法，主要依赖于以科学的理论把中国的传统价值观分为三个方面，一是积极因素，二是消极因素，三是介于两者之间的因素，既有积极的，也有消极的。针对不同的因素，采取不同的方法区别对待。第一种因素可以直接融入核心价值观之中，直接为我所用。第二种因素直接抛弃，第三种因素经过扬弃和转化之后，逐渐地融入社会主义核心价值观。中国的传统价值观内容非常庞大、复杂，浩如烟海，是巨型的价值文化系统，只有区别对待，运用科学的三分法对待，才能够有效的利用传统价值观。

第三，实行“范畴糅合”。是根据上述两个原则对中国的传统价值观范畴进行有效的归纳和整理，找出其中的对应关系，然后总结出积极的因素，加以发扬和改良，融入核心价值观之中。

第四，实行“教化方法糅合”。“教化方法”是中国传统价值观的主要内容之一，是在多年的实践中形成的具体的指导方法，比如有教无类、知行统一、自我审查、身教胜于言教等。中国古代智慧的思想家和教育家不断地总结实践经验，形成了精辟的论述，明确了教化的理论、方法和原则，内容之广泛、思想之丰富，让人无不感叹。很多教化方法时至今日仍然具有重要的意义，对当前的生活和生产具有重要的指导作用。只有深入地研究传统的教化方法，结合当前的马克思主义教育方法，才能够古为今用，才能实现创造和创新，才能更好地培育和践行核心价值观。

第五，实行“涵养”内容进教材进课堂。传统的价值观具有重要的教育功能，能够在人民大众中进行普及，可以进入教材、进入课程，实现大众化的教育，让更多的人了解优秀的传统价值观，让更多的人成为拥有核心价值观的人才。传统的价值观在进入教材和课堂时，要通过进一步的审视、提炼、创造和创新，最后融入核心价值观中，成为社会大众教育的基本材料。

社会主义核心价值观是建立在历史的基础上，对历史进行批判的继承，避免了历史的各种弊端，规避了局限性，同时又能够大力发扬其中的优秀品质，比如追求大同、厚德载物等，核心价值观实现了革命性的重塑，社会公众更容易接受，更能够彰显出时代精神。

第四节　克服和超越了资本主义价值观

社会主义的理论一部分来自资本主义,沿袭了资本主义的历史逻辑,所以,构建社会主义核心价值观,必须对资本主义价值观进行批判分析。当今世界是一个全球大融合的时代,全球化发展已经成为人类发展的趋势,只有对此进行批判分析,才能彰显核心价值观的精髓,才能达到一定的高度和水准。

一、资本主义价值观的进步性和虚伪性

按照人类社会发展的历史,人类经历资本主义社会之后,就会进入社会主义阶段,在此基础上,形成社会主义制度和发展模式。社会主义宗旨就是要超越资本主义,对资本主义反对,但是并不否定,会吸收其中的精华,会摒弃其中的不足。世界文明同样有着几千年的发展历史,会形成很多优秀的成果,只有吸取这些有益的成果,为我所用,融入核心价值观中,才能提升社会主义核心价值观的内涵。

资本主义价值观并不是一无是处,也有进步的一面,相对于资本主义之前的社会,资本主义核心价值观具有一定的进步性,只有积极借鉴和学习各民族的优秀文化,才能形成充实的科学内涵,才能让社会主义核心价值观更有说服力。自由和独立发展,实际上是资本主义社会确立的历史前提。当时,资本主义为了大力发展生产力,实现资本主义统治,提出了"自由、平等、博爱"口号,并以此构建了价值观,这一口号符合人类发展的规律,是人类社会的共同心声,也是人类文明发展的产物,能够对世界人民起到同样的社会规范,无论在任何形式的社会文明中,都是亘古不变的真理,具有极高的社会地位。温家宝总理明确指出:"科学、民主、法制、自由、人权,并非资本主义所独有,而是人类在漫长的历史进程中共同追求的价值观和共同创造的文明成果。只是在不同的历史阶段、不同的国家,它的实现形式和途径各不相同,没有统一的模式。"①。

---

① 温家宝:《关于社会主义初级阶段的历史任务和我国对外政策的几个问题》,《人民日报》2007 年 2 月 26 日。

同时,也应该认识到,社会主义和资本主义作为两种不同的制度,存在着本质的区别,前者对后者的价值观批判地继承,吸收了其中的精华。社会主义和资本主义分别形成两种核心价值观,分别属于两个不同的价值体系,其性质完全不同,其形式也存在着巨大差异。西方资本主义国家提出了普世价值的概念,类似于我国的"民主、自由、平等、公正",但是两者的区别在于一个属于资本主义性质,一个属于社会主义性质,即便是有相似的内容,但是也分别属于两个不同的概念,本质上有着天壤之别。不过上述两个概念体现了全人类的共同价值追求,同时也是现在社会生产和发展的最基本的价值要求。马克思对资产阶级的核心价值观进行了全面的评价,资产阶级维护自身的利益,提出了自由、平等和解放的口号,而这种口号只停留在政治意义上,最简单的比如选举权,任何人都有权被选为总统,无论是在经济上还是在政治上不存在不平等的现象,但是在实践中,只有具有一定经济实力的,才能被选为总统。资产阶级在经济利益上很想平等,资产阶级能够拥有巨额的财富,他根本不会去考虑是否应该让他人拥有巨额财富,所以这种平等只是政治上的平等,在现实社会中,只要经济不平等存在,其他都不可能实现平等。马克思认为,只讲究政治上的平等,忽略了经济平等,这种平等不是真正的平等。

和资产阶级自由平等不同,马克思主义强调的是劳动者自由、平等和解放,前者强调的是勇敢者的自由、平等和解放。马克思是针对无产阶级而言,资产阶级是针对有产阶级而言,完全是两个不同的范畴。马克思主义研究的主要对象就是所有的人民群众,研究的内容就是人民群众实现自由、平等和解放。资产阶级提出的自由和解放,是虚伪的,因为他脱离了经济解放,就如同给无产阶级一个美好的梦想,而真正的蛋糕却给了有产阶级,这种平等是虚伪的、不真实的。社会主义500年,就是实现劳动者和全人类真正解放的500年,是掀开了人类历史辉煌一页的500年。因此,马克思对于资产阶级的平等和自由不是"照着讲",而是"接着讲"①。总之,资产阶级和马克思恩格斯所研究的自由平等在性质上有着本质的区别,前者是有产者的特权,后者才是全人类真正的自由。马克思和恩格斯把人类的自由置于社会经济发展的顶端,只有经济上自由,才能在其他各方面实现

① 《毛泽东思想和中国特色社会主义理论体系概论》,高等教育出版社2010年版。

自由。

二、社会主义核心价值观对资本主义价值观的克服与超越

按照人类社会发展的历史，人类经历资本主义社会之后，就会进入社会主义阶段，在此基础上，形成社会主义制度和发展模式。资本主义价值观彰显了当时文化的核心内容。从性质上看，资产阶级价值观核心和基础分别是个人主义、私人资本，所以追求功名利禄，突出个人主体地位是资本主义核心价值观的主要特征，在形式上崇尚理性，追求平等、法治和民主，从不同方面对人民进行精神洗礼，鼓励人们摆脱各类特权的限制，相对于原有的价值观，资本主义价值观有先进之处，具有一定的历史进步性，但是作为剥削阶级，本身暗含着重大的缺陷，社会主义核心价值观吸收了西方资本主义价值观的合理内容，并且在此基础上不断地升华和创新，更好地适应当前社会的发展。

（一）社会主义民主、自由本质上优于和高于资本主义

千百年来，多少仁人志士为了实现自由、平等和人权，付出了心血、汗水甚至生命，经过艰苦卓绝的斗争，最终取得了重大的进展，但是因为历史条件和阶级利益的限制，人们对此的认识和实践不同，特别是不同的国家具有不同的文化基础、经济基础，对自由、民主和人权的认识程度不同，理解存在着偏差。我国当前正在进行社会主义民主政治建设，科学地处理上述三者之间的关系，建立起有效的应对策略，具有重要的现实意义。

在古希腊的文化中，民主指的是两个方面，一是人民，二是权利，其含义为人民的权利，用我们现在的话说，就相当于我国提出的人民当家做主。自由能够彰显社会公民参与国家政治生活的权利，一般指的是政治自由。而民主则是国家政权的构成方式，国家政权赋予公民权利，自由就是其中的一种政治权利。

纵观人类历史发展的各个阶段，形成了不同形式的民主，任何一个阶段民族的特征、内容各具特色，通常状况下和本国经济文化的发展相一致。民主的形式并不是唯一的，任何绝对化、普适化民主模式都是错误的。从性质上看，民主应该属于上层建筑的范畴，是建立在经济基础之上，形成的一种国家制度。在私有制的模式下，民主政治是为少数人服务的，在公有制的模式下，民主政治是为多数人服务的。任何一种民主都是为本阶级服务的，目的是巩固当前的权益、制度，不允

许动摇，不允许有所偏差。

民主的形式具有多样性和重要性的特征，只有存在一定的形式，才能体现出实质性内容，如果离开了具体形式，民主就变得非常空洞。形式和实质相比，不能占据主要地位。资本主义民主制度是为少数人服务的，是建立在私有制的基础上，不能称为真正的民主。当资本主义实行少数服从多数的程序时，才称为民主，所以资本主义民主只能是剥削者的民主、有产者的民主、少数人的民主。资本主义经常大张旗鼓地标榜民主，但是从来不承认专政，究其原因就是为了掩盖剥削的实质，为了让广大被剥削的劳动人民臣服。5000 多年来，中国一直在统治和被统治的模式下，无产阶级多年生活在黑暗中，无法掌握自己的命运，只有新中国成立之后，才真正地成为国家的主人，真正地掌握国家和自己的命运，只有认识到这一点，才能认识无产阶级专政，才能明确人民民主的本质，才能够真正地体会民主的内涵。

民主建设不是一蹴而就的，需要不断地积累、完善和发展，在发展过程中和当时的经济文化状态具有非常密切的联系。我国当前正处于社会主义发展的初级阶段，虽然正在大力发展社会主义民主，但是民主形式仍然具有不足之处，民主制度不健全，在某些方面，民主的功能得不到充分的彰显；有的地方出现了执法犯法、执法不严的现象；有的地方腐败主义、官僚主义蔓延，贪污受贿现象严重，缺乏有效的监督和制约；公民有序参政没有全面地落实和体现。所以，社会主义民主建设还需要一个不断发展和完善的过程。

自由是人类最高的追求，自由具有实在的内容，而不是一个空洞的概念。为了加强对民众的统治，西方国家一直标榜自由，资本主义大力吹嘘自己的世界是一个完全自由的世界，实际上这种自由只能说是形式上的自由，并不是经济上的自由。在资本主义世界中，谁拥有金钱和财富，谁就能够拥有更多的权利，享受到更多的自由。处于被统治阶层的贫苦百姓缺乏金钱和财富，所以没有自由。资产阶级所鼓吹的自由，实际上是一种虚伪性的表现。特别是在资产阶级的法律中，最惯用的欺骗模式：在一般的词语中标榜自由，然后设置了一大堆的附带条件，最终把自由废除。从正面规定了各种各样的自由，然后又从限制规定中一项又一项地排除自由，在西方国家的历史上，上述现象比比皆是。

在社会主义制度下，社会主义自由解决了资本主义自由无法解决的最广大劳动人民群众实际行使自由权利的问题。劳动人民当家做主,政权在人民手中,这是最大的政治自由;公有制为主体,从经济基础上铲除了金钱对自由的束缚。与此同时,以马克思主义为指导的社会主义文化建设,开辟了人类自觉创造历史的新时代,使人们在思想上获得了空前自由。发展和完善社会主义的自由,必须不断克服官僚主义、家长制、以权谋私和利用职权对人民自由的践踏。人民要珍惜自己的权利,不断提高行使宪法赋予的权利的觉悟和能力①。

我国经历了漫长的封建社会,近现代又被帝国主义所践踏,经济文化水平比较落后。中国已经建立了社会主义制度,但是当前仍然处于发展的初级阶段。现有的经济条件,并不适合构建真正的社会主义民主和自由。当务之急只有大力地发展生产力,提升我国的经济条件,提升人们的生活水平和质量。邓小平同志对人类的发展历史进行了梳理,明确地提出了经济发展压倒一切的方针政策,经济问题才是至关重要的问题,任何人权和民主都必须建立在经济基础之上,只有经济发展了,才有真正的人权,才能够体现出民主。江泽民同志也对此强调,任何一个国家只有进步、发展和繁荣,才能实现真正的民主和自由,人权才能得到有效的保障。人民只有富裕,只有掌握政权,才能掌握自己的命运,才能实现自由发展。

总之,和资本主义民主、自由和人权相比,社会主义有了很大的进步,在社会主义模式下,自由、民主和人权不再成为有产者的特权,而是所有人的权利,社会主义程度越高,人民群众享受的民主越广泛。但是,也存在着不足和弊端,需要一个漫长的发展过程,只有在经济、政治和文化等方面,不断地发展和努力,创造出更好的条件,结合中国的具体国情,才能探索出合适的实现模式,保障人民能够实现真正的当家做主,真正地参与到社会、国家和个人事务的管理活动中。

(二)社会主义文明是迄今为止最先进的文明形态

从人类文明的发展史来看,我们可以纵向划分出奴隶制文明、封建制文明、资本主义文明、社会主义文明等文明形态。历史地看这些文明形态,后者是比前者更高一级的文明形态,它们依次构成人类文明进步的各个历史阶段。

马克思主义认为,随着社会生产力的不断发展,人类文明不断由低级向高级发展,社会主义文明是人类社会发展迄今为止最先进的文明形态。社会主义文明

① 宋惠昌:《社会主义核心价值观专题解读》,中共中央党校出版社 2010 年版,第 20 - 21 页。

之所以比以往的社会文明更先进，首先就在于它是建立在公有制和人民当家做主这样的经济和政治基础之上的。在社会主义文明产生之前，其他几种文明类型都是建立在生产资料私有制和少数人对多数人进行阶级统治基础之上的“文明”。这些文明有名无实，恩格斯甚至将这些所谓的文明时代称为人类的史前时期。恩格斯指出，只有消灭了私有制，建立了社会主义制度，才使人们之间的“生存斗争停止了，于是人才在一定的意义上最终地脱离了动物界，从动物的生存条件进入真正人的生存条件。……人们第一次成为自然界的自觉的和真正的主人，因为他们已经成为自身的社会结合的主人了。”只有从这时起，才揭开了真正人的历史的序幕，“人们才完全自觉地自己创造自己的历史”，“这是人类从必然王国进入自由王国的飞跃。”①由此，人类文明才发展到一个全新的历史阶段，社会主义文明才开辟了“真正的人”的文明的广阔发展前景。

此外，最广大劳动人民是社会主义文明以为的服务对象，以最终实现人的自由全面发展为最高价值目标。社会主义文明发展的目标非常明确，实现人的解放，实现人的自由全面发展。在从社会主义到共产主义的发展链条中，社会主义文明将为未来的“每个人的自由全面发展”的共产主义高级阶段准备条件、提供基础。

与此同时，只有在社会主义文明中，最广大的劳动人民才第一次真正成为服务对象。列宁明确指出，社会主义文明要“为千千万万劳动人民，为这些国家的精华、国家的力量、国家的未来服务”②。毛泽东在谈到社会主义文艺的服务对象时也提出：“历史是人民创造的，但在旧戏的舞台上人民却成了渣滓，由老爷太太少爷小姐们统治着舞台，这种历史的颠倒，现在由你们再颠倒过来，恢复了历史的面目。”③

(三)社会主义为社会平等和公平正义提供了制度基础

中国共产党人经过艰苦卓绝的斗争和改革开放建设，总结了社会主义核心价值观，提出了人人平等的概念，平等是对所有的无产阶级，是真正的社会主义平

① 《马克思恩格斯选集(第4卷)》，人民出版社1995年版，第758－759页。

② 《列宁选集(第1卷)》，人民出版社1995年版，第666页。

③ 《毛泽东书信选集》，中央文献出版社2003年版，第199页。

等。在近代自然也就启蒙运动中,也提出了平等概念,上述两个平等是完全不同概念的平等。资产阶级的平等是在推翻封建社会的斗争中形成的,其目的就是消灭封建特权,颠覆当时的等级制度,让资本主义制度能够在社会上生根发芽,能够拥有一定的社会地位,彰显平等的权利。无产阶级的平等目的是推翻资本主义,在不断革命实践的过程中,萌芽并产生了无产阶级的平等,平等的实质就是实现生产资料公有制,使人民当家做主。资本主义平等只消除了政治和法律上的阶级特权,但容许经济上的阶级剥削。这种平等只停留在表面和形式上,其下掩盖了无数无产者的不平等,有产者和无产者之间不平等体现在财富和社会地位方面。阶级是造成不平等的深刻根源,所以恩格斯说,“无产阶级平等要求的实际内容都是消灭阶级的要求。任何超出这个范围的平等要求,都必然要流于荒谬”①。历史和现实证明,只有在社会主义社会才能真正消灭阶级,实现人民对生产资料的共同占有和对国家权力的共同支配。就此而言,社会主义比资本主义为平等提供了更坚实的制度基础。

社会主义提出的公正理念,是建立在无产阶级利益的基础上,是基于广大人民群众根本利益提出的无产阶级公正理念,比资本主义的公正理念更具优越性。马克思恩格斯指出,资产阶级公正观是基于符合资产阶级利益的生产资料私有制提出,其公正的唯一尺度就在于商品经济的等价交换原则,除此之外便只有剥削和不平等。马克思深刻地揭露了资本主义公正的虚幻性,“自由!因为商品例如劳动力的买者和卖者,只取决于自己的自由意志。他们是作为自由的、在法律上平等的人缔结契约的。……平等!因为他们彼此只是作为商品的所有者发生关系,用等价物交换等价物”②。在资产阶级对自己社会进行自吹自擂、高歌颂扬时,不仅没有消除有产者和无产者之间的不平等,反而使其更加尖锐化。而社会主义的公正理念,是在无产阶级要求推翻资本主义私有制、消灭一切阶级和剥削的革命实践中产生的。

社会主义的公正理念是以人为本的公正理念。依据这种理念,社会主义社会的各项制度安排总是将最广大人民群众的根本利益作为出发点与目的,并在社会

① 《马克思恩格斯全集(第21卷)》,人民出版社1965年版,第570页。
② 《马克思恩格斯选集(第3卷)》,人民出版社1995年版,第448页。

发展的过程中不断实现人民的愿望、满足人民的需要、维护人民的根本利益。社会主义公正比资本主义公正更具有广泛性和现实性。邓小平同志说过,“我们为社会主义奋斗,不但是因为社会主义有条件比资本主义更快地发展生产力,而且因为只有社会主义才能消除资本主义和其他剥削制度所必然产生的种种贪婪、腐败和不公正现象。”①在以往一切剥削和压迫制度下都不可能真正实现社会的公正。社会主义制度从根本改变了无产阶级和广大劳动人民的命运,在实现社会平等和公平正义方面取得了巨大进步,这是社会主义制度优越性的集中体现。正是在这种意义上,公平正义是社会主义区别于资本主义的重要特征,也是社会主义核心价值观中的最为核心的价值。

在弘扬社会主义核心价值观过程中,必须采取辩证的态度,既要时刻注意到社会主义核心价值观和资本主义价值观的本质区别和根本对立,又要看到二者的历史联系和批判继承关系。若离开了对资本主义价值观的合理继承,社会主义核心价值观也就失去了丰富的历史内涵;若离开了对它的批判,社会主义核心价值体系就失去自身的独特阶级性与存在依据。

① 《邓小平文选(第2卷)》,人民出版社1994年版,第369页。

第四章

社会主义核心价值观的话语体系创新

社会的发展必然伴随着话语方式的变革,当今世界文化交流的核心就是价值观,世界的变化发展要求我们创新话语体系,更新价值理念。习近平总书记指出,提高国家文化软实力,要努力提高国际话语权。要加强国际传播能力建设,精心构建对外话语体系,发挥好新兴媒体作用,增强对外话语的创造力、感召力、公信力,讲好中国故事,传播好中国声音,阐释好中国特色。

第一节　世界变化需要中国的新理念新话语

当前人类已经进入了一个全球化的时代,国与国之间的距离一下子拉近,经济实现了全球化发展,文化全球化发展已经成为一种潮流,以不可阻挡的力量冲出了国门,进入其他国家实现快速发展。各国各民族不断地受到外来文化的侵袭,外来文化和本土文化不断地冲突、交流和发展。中国传统文化也受到了来自各方面的冲击,原有的文化在冲击之下,快速地调整、不断地转型。文化正是在各种文化冲突的基础上得以发展。文化冲突从一股强大的力量,推动着本土文化不断地创新、发展和进步。文化转型往往和社会转型同步,文化转型从性质上看,实质上就是价值观在调整、改变、转型。

一、社会发展必然伴随着话语方式的变革

中国的实践经验证明,改革开放是社会发展的强劲推动力。经过 40 年的伟大实践,中国从一个相对落后的发展中国家一跃成为全球第二大经济体、第一大

货物贸易国，拥有数额最庞大的外汇储备，人民生活水平得到极大提高，总体上实现了“全面建成小康社会”的战略目标。不过，与经济影响力相比，中国的文化传播力和价值观影响力尚显不足，其中一个主要的障碍就是我们的文化传统和政治运作方式所积累和形成的特殊的话语方式。这种话语方式，即使在国内也已经脱离了现实社会生活，与老百姓的日常表达相去甚远。这种特殊的话语方式往往以比较微妙的语言形式表达经济利益、政治权利的博弈，以比较迂回曲折的形式表达新的或不同的利益和政治诉求。由于我们长期生活在这样的语境之中，已经习惯了在这种语言体系中理解问题，所以我们还是能够理解许多话语的弦外之音，但是这也在某种程度上使我们的思维陷于某种封闭的模式之中，逐渐变得麻木、迟钝。更为重要的是，我们习惯的这种话语方式，很难让外国人清晰明了地理解我们的真实想法，尤其是刚接触中国表达方式的外国人，我们的许多套话往往使他们觉得“丈二和尚摸不着头脑”。

我们平时习惯了一些“大家都知道没有实际内容”的表达方式，在特定的场合似乎按照这种话语方式讲话最稳当。大家都对此不满，但又似乎没有更好的方式。这种现象可能是由于我们的思想已经某种程度地僵化了，头脑中有了某些“框框”。我们认为，话语不只是一种表达方式，它还反映了人们的思维方式，即能否以清晰明白的语言，实事求是地表达现实社会问题和我们关于这些问题的观点和着法。既然我们反复强调“实事求是”，那么我们就应该实事求是地思考问题、理解问题，也应该实事求是、直截了当和清楚明白地表达我们的观点和看法。实际上，改革开放是一次伟大的思想解放运动，在此过程中我们已经改变了过去的“文化大革命”式的话语方式，解放了全党和全国人民的思想，取得了中国特色社会主义建设举世瞩目的成绩。现在，中国的改革开放已经进入了攻坚克难的阶段，中国的发展也站在新的历史起点上，鉴于此，我们应该进一步改变已经不适应时代需要的话语方式，改进我们的文风和话风。我们要讲清楚明白的、有用的、有内容的话，而不是讲晦涩难懂的、绕弯子的、空洞无用的话；我们要写简洁明快的、言之有物的、清楚明白且有说服力的文章，而不是写云遮雾障的、言之无物的、难以理解且抓不住问题实质的文章。

新一届中央领导集体带头改学风、改文风、改会风、改政风，讲平实的话，讲实事求是的话，讲“冲破思想观念的障碍”的话，讲“突破利益固化的藩篱”的话，杜绝形式主义、官僚主义。这是深化改革开放的新信号，也是我们党进一步解放思想的重要风向标。我们必须认识到，话语方式的改革开放是中国整体改革开放的重要组成部分。过去，我们找到了中国特色社会主义道路，让中国社会富裕起来、国家强大起来、人民自信起来；现在，我们还要通过改变自说自话、自我封闭的话语方式，把中国哲学社会科学推向新的境界，更好地阐释和说明中国特色社会主义的新发展、新成就、新特点，让中国人民更加理性、文明和自信地走向世界。

改变以往“僵化”的话语方式，也需要深刻的思想解放，需要我们以更加广阔的视野、更加开放的胸襟、更加具有创造性的意向，对待我们的发展现实和关于这些现实的话语方式。改革我们的话语方式，能够推动我们不断改进我们的文风、拓展我们的思维方式、增强我们的创新意识；开放我们的话语方式，则能够加强我们与世界各种文化的交流互鉴，这不仅让我们更多地吸取世界文化的优秀成果和智慧，大大地拓展我们的眼界或视野，而且让我们更直接地把中国的立场、观点和表达推向世界，让世界更容易理解变化中的真实的中国。话语方式的变革，能够拓展我们的理论视野和行动视界，挖掘具有世界意义的文化内涵和思想理念，让中国以更加文明和自信的姿态成功地走向世界。

二、价值观变革是国际文化交流的核心

在历史上，一些进步的阶级总是敢于尝试，敢于打破陈腐的观念，以开放的态度去接受新的文化和理念，推动时代的改革的不断深入，站在时代的前列。但是，任何个人的意志只能够影响到价值观，但是不可能改变价值观念，如果价值观发生了变革，其意义非凡，会深深影响到一个国家和民族①。

从古至今，有无数个这样的例子，印证了这一点。我们对世界各国的价值观念的转变案例进行全面的梳理。在欧洲，爆发了著名的文艺复兴，引发了当时社会制度的深度调整，然后到宗教改革、法国大革命、两次工业革命，前前后后有数百年的时间，欧洲的文化和价值观几经曲折，经过了反反复复的变化，基督教神学思想在欧洲渐渐地削弱，退出了历史舞台，欧洲人终于走出了中世纪的黑暗，形成了资本主义现代文化，并且构建了与之相适应的价值观。无论是文化、经济，还是

① 王现东：《文化哲学视域中的价值观研究》，《华侨大学》2012 年 6 月。

政治,美国当之无愧为世界之首。美国学者塞缪尔·亨廷顿把美国文化概括为以新教伦理为核心的自由、民主、法治、代议制、个人主义、政教分离等要素,并认为美国文化及"美国信念"的两条主要原则是平等和个人主义原则①。为了实现这一目标,发动了轰轰烈烈的独立战争,当时的口号就是争取自由。这一口号一经呼出,迅速得到了大多数民众的认同,独立战争最终取得了胜利。《独立宣言》和美国宪法最基本的原则就是自由,自由闪耀着光芒,吸引了无数人的关注,形成了普遍的价值理念。美国人不远千里,来到了毫无人烟的地方垦荒,经过了艰苦创业、不断地开拓进取,终于在这片土地上扎根,"牛仔精神"就是这一历程的写照,也是美国人民族精神的集中体现。土生土长的美国人,一直坚信实用主义哲学,这种哲学对美国人价值理念影响非常深远。美国人除了自己深受自身价值观的影响之外,还不遗余力地向其他国家灌输,已经把民主、自由和人权的价值观念,作为一项国家战略,通过网络、媒体和其他方式,向世界民众灌输。除此之外,作为非军事力量,向其他国家渗透,妄图改变其他国家的价值观,是美国文化霸权的最明显的特征。美国以自身的实力,在世界上独具霸主地位,从南北战争开始,摆脱了英国殖民统治,两次世界大战之后,经济得到了快速的崛起和复兴,接下来在美苏争霸中,美国实施了和平演变的战略,自始至终,美国都坚持自己的价值观不动摇,其核心价值观,在世界上都形成了一定的影响力,对其他国家来说是一种强大的精神压力,多年的持之以恒,就形成了一定的力量和效果。

中国和日本一水之隔,日本的侵华战争,给中国人带来了巨大的伤痛,民族创伤长时间内很难治愈,日本以小小的国力,能够撬动中国这样庞大的巨人,确实值得我们深思。日本在侵略之前,文化得以转型,价值观大幅度调整,当时的日本人认为自己文明开化,应该向西方看齐,极力地想脱亚入欧。日本在明治维新之前,是一个东亚封建国家,天皇幕府是当时的主要统治阶级,具有悠久的历史,也是封建文化的成熟形式②。在德川幕府统治末期,封建制度已经严重落后,封建文化已经成为社会的诟病,严苛的封建等级世袭制在社会上凝聚了很多不满,封建文化逐渐地没落衰退。1853 年,美国的军舰踏上了日本的国土,把日本作为奴役国,

① 宋惠昌:《社会主义核心价值观专题解读》,中共中央党校出版社 2010 年版,第 198 页。

② 蔡俊生、陈荷清、韩林德:《文化论》,人民出版社 2003 年版,第 174 页。

日本被迫签订了一系列不平等条约,有识之士带领着日本人民开始了轰轰烈烈的革命。推翻幕府统治之后,建立了君主立宪制,开始了一系列的改革,史称明治维新。日本是一个具有强烈学习精神的民族,不断地吸纳欧美文化价值观,大力深化本土文化,实现两者的有效融合,形成了具有特色的政治经济体制,既有封建特色,又有资本主义特色。日本从此走上了资本主义道路,并且开始了对外扩张。为了支持自身国家的发展,日本两次参加了世界大战,在世界大战中,日本人巧取豪夺,获得了巨大的利益,让中国和其他的邻国,陷入了深重的灾难。在第二次世界大战中,日本战败,受到了严酷的惩罚。战争结束之后,日本政府为了复兴经济,大力地弘扬团队精神,倡导民族至上、艰苦创业、赶超英美等价值观。除此之外,日本还开始了一系列的改革措施,经济得到了快速发展,多年之后,日本战后价值观逐步地形成,并在社会上成为主流价值观,在战后,日本价值取向发生了巨大的转变,先转向了企业等工作场合,然后又转向了现代家庭,接下来肯定了物质欲望、性意识解放等①。日本的经济高速发展之后,经济泡沫不可避免地出现,国门打开之后,来自四面八方的文化,对此冲击非常巨大,传统的价值观面临着各种各样的挑战。一些有识之士已经认识到了这一点,在21世纪初,日本的首相中曾根康弘对此进行过中肯的评价,日本当前面临着最大的危机,远远超过了战后50年。如果说在战争中倒下去,日本能够重新站起来,有着重新站起来的勇气和灵魂,但是如果是日本内部倒下去,这种力量从何而来?② 日本首相希望日本能够再次拥有勇气和灵魂,重新站起来,但是因为内部糜烂不堪,已经没有站起来的力量,面对这样的悲哀,日本的价值观令人担忧!

价值观的变革是文化交流的核心,首先,文化交流指的是发生于两个或者多个具有文化源差异显著的关系之间的交流。世界文化都是一个动态发展的过程,文化之间的交流非常频繁,是文化进步的动力。正是在无数的平凡的交流的过程中,才让文化呈现出多样化的特征。在交流的过程中,主导性,文化的观念、理念、文化习惯等,都会随之而发生改变,价值观也会因此而转变。因为两者本身就是

① 宋惠昌:《社会主义核心价值观专题解读》,中共中央党校出版社2010年版,第204页。

② [日]中曾根康弘著:《日本二十一世纪的国家战略》,联慧译,海南出版社2004年版,第258页。

包含和被包含的关系,价值观是文化的最深层次体现。在宏观环境下,不同文化间的交流,会引发价值体系的根本性转变。

其次,文化交流和价值观变革是辩证统一的。前者作为一个整体,包含着后者,后者是前者变革的一部分,所以两者之间是辩证统一关系。在文化交流的过程中,受到外来文化的冲击,价值观必定会发生变革,新的价值观念代替了旧的国家价值观,推动和促进了文化交流的进一步频繁,由此可见,在文化交流中,价值观变革具有至关重要的作用。

最后,人是促使文化交流的关键因素,变革观念是引发文化交流的前提条件,两者结合在一起,就成为一种重要的精神因素,推动文化交流越频繁,加快了社会变革。所以,文化交流过程中,价值观变革是核心。

三、世界发展需要新理念新话语

德国社会学家贝克认为当代社会是"风险社会",这是因为人类掌握数量越来越多、功能越来越强的可以改变世界的技术手段,但人类驾驭自己欲望和情感的能力似乎并没有明显提升,人类改造世界所产生的变化,加上不同的人、不同的群体相互矛盾的利益追求,使人类陷入越来越多的不确定性之中,人类的前景是福是祸,人们似乎越来越难以判定了。正是基于此,人们对当代社会和人类文明有某种深深的忧虑:当前,似乎全世界都处于某种混乱状态,或者说,社会处于"混沌"状态,处于一种明显的不确定性之中。由于欧美干预而形成的中东乱局①,导致社会分崩离析,"伊斯兰国"等极端主义崛起,恐怖主义活动成为常态,难民和人权问题日益严重;经济全球化造成世界格局的变化,欧美民粹主义和民族主义势力抬头。2017 年 2 月在慕尼黑举行的安全会议的主题是"后真相、后西方、后秩序",充分反映了当前世界对未来前景的茫然状态。

先看西方世界,美欧国家借助冷战的胜利,不断进行"颜色革命",压缩战略对手的活动空间和发展可能性。它们对中东地区进行干预,不仅没有能够按照西方

① 教皇方济各批评西方列强试图向伊拉克和利比亚这样的国家输出自己品牌的民主,而不尊重当地的政治文化。(《教皇批评西方搞"民主输出"》,《参考消息》,2016 年 5 月 18 日。)

人设定的民主模式改造中东,反而让中东陷入了愈加难解的错综复杂的混乱之中,西方国家出现了无力感;另外中国、印度等亚洲国家的崛起,也导致了西方国家自身的自信心受挫。历史的辩证进程,使西方的价值观本身所产生的影响反过来也对西方社会造成了伤害,比如,它们在人权高于主权旗帜下做出的干预行动所造成的无序、混乱、恐怖主义、难民、偷渡等问题在改变着当代欧洲的秩序。英国脱离欧盟,标志着欧洲一体化进程的倒退,也许会是欧洲重新碎片化的开端;不只在欧洲与亚洲、非洲接壤的文化边缘地带,如巴尔干、高加索、乌克兰等地方出现紊乱。在法国、比利时乃至德国都开始不断地发生严重的事件。在北美,美国的"特朗普现象"和"桑德斯现象"说明右翼和左翼民粹主义的崛起;另外,达拉斯等地出现了美国黑人连续有意识地枪击警察事件,这也许是美国内部体制分裂的开始。社会紊乱,是社会内部病态问题的症候。

西方资本主义制度本身面临发展的停滞和制度老化使西方国家产生彷徨和无力感,面对新兴市场经济国家的迅速崛起,欧美社会也不知如何有效应对。对中国来说,由于中国共产党和中国人民一直进行自觉的改革,而且明确要不断深化改革,因此关键问题是"如何变才是对的";对欧美来说,在苏联解体之后,欧美一直为自己是"普世价值"的代表,人类文明的历史已经终结了,但是全球形势目前的演化趋势让西方世界也无法像20世纪末那样自信了。由于亚洲的一些国家,特别是中国这样一个有着独特文明和价值观的大国的迅速崛起,现在许多西方人也开始反思自己的道路和模式了,也就是说西方目前的关键问题是"变还是不变"。特朗普一句"美国优先",就把西方人在意识形态上的优越感搞成"一地鸡毛",也让许多盲目崇拜美国的人感到茫然无助,"普世价值"似乎应声化为泡影。

实际上,整个世界都面临着迅速变化带来的不确定性,让世人感到焦虑不安。在世界已经变成一个"一荣俱荣、一损俱损""你中有我、我中有你"的"地球村"的背景下,中国也无法完全置身事外,必须未雨绸缪,在反思经验教训的过程中探索发展的新理念、新方向,所以,中国开始阐述"人类命运共同体"的新国际观。

中国发展到现在,温饱问题已经基本得到解决,但温饱之后人们对于财富、享乐、声誉的追求,让人在职场中忙忙碌碌、却难得有时间去思考生活的意义何在,社会似乎摆脱了饥饿的危险,但却出现了秩序紊乱的风险。意义的缺失动摇了社会规范的严肃性,从而进一步增加了失序的可能性。目前中国社会的危险,与其说是经济发展的问题,不如说是如何保持持续稳定发展的制度性问题。更加重要的是避免在生活水平提高后人们陷入无意义的虚无感之中,探索在社会经了"祛魅"之后,如何赋予生活新的、真实的意义。对于"下一步我们应该如何走"这个问题,不同的人有不同的看法。人们意识形态方面,在以互联网为代表的新媒体的推动下,更容易出现分裂化、对立化甚至"极化"的现象。人们都因权利意识的觉醒而坚决捍卫自己的利益,但有的人沉溺于一己私利,尽力逃避自己应承担的义务;许多人固守自己的认识,不仅不愿接受更广阔的视野,甚至排除所有与自己不一致的观点和话语。在这种情况下,党和政府已经在某种意义上处于一种两难境地:如果强化意识形态和"思想政治教育",那么不仅可能进一步疏离广大民众,还可能使意识形态的争论持续地分裂社会;如果不强化意识形态,社会就会进一步失去"有意义的生活空间",最终必定让社会发展失去方向感,而没有统一的意义和发展的方向感,社会就因没有黏合剂而碎片化。这就是当代中国如此重视培育和弘扬社会主义核心价值观的原因。核心价值观的提出,是为了给中国人民构建一个精神家园,使社会生活更有意义。

对于中国来说,过去改朝换代,都要寻找一种对"天命"的解释,即谁真正"奉天承运",谁在延续"三皇五帝"以来的正统皇祚,谁是所谓的"真命天子"。近代,中国遇到西方文化就有了新的参照,从而出现了所谓"三千年未有之变局"。但是,近代的中国社会结构仍然是农村的自然经济,我们是带着对欧美不情愿的羡慕心情来思考中国的变化的。改革开放后的中国社会结构发生了翻天覆地的变化。同时各种形态的社会要素、问题和矛盾叠加,例如,农业社会,工业社会、后工业社会;意识形态方面"左"的、右的、保守的、现代的、后现代的;阶层分化后产生的利益多元化,思想和价值观随之出现的分化。这些要素、问题和矛盾纠缠在一起,构成了一个非常复杂的现实中国。对"中国的路应该怎么走"这一问题,不同的人提出不同的方案,而且不同方案之间似乎难以妥协。对于这个问题,一方面,人们很早就提出构建"和谐社会"的理念,党的十八大之后又提出实现中华民族伟大复兴的中国梦。之后在党的十八届五中全会上提出坚持以人民为中心的发展理念,团结全体中国人民,集中精力推动中国的和平崛起;另一方面,我们提出全面依法治国,通过建立完善的法律体系、法治体系,实现社会治理的现代化。

实际上,中国近几十年的发展相对顺利,正是因为逐渐改变了自己僵硬的文化模式,从而获得了汲取其他文化资源养分的能力,同时也变革了以意识形态为绝对标准的国际交往形式,在全世界范围内做买卖,并且在经济贸易交往中逐渐激发了技术和社会组织机制的创新欲望和能力。中国人曾带着仰视的眼光与欧美人打交道,但在发展中逐渐掌握了商业上的自主权,甚至在某方面还获得了优势地位,但对于这种地位,我们自己大多数情况下并没有自觉。我们中的某些人往往以欧洲的标准为标准,以美国的准则为准则。当我们没有了自信的时候,我们却在构建着一个扩展的自我,并且在羡慕地借鉴学习他人的过程中,奋力地追赶并且超越他人。我们现在提出要继续全面深化改革,就是要避免出现盲目的自信,从而把自己的边界固定下来,丧失了变革自我、汲取各种资源、构建更大的自我的可能性。

但是,如果我们总是认为别人比自己好,那么我们很难成就自己。这就是习近平总书记要求我们增强文化自信的原因。我们要在对中华优秀文化传统进行创造性转换和创新性拓展的基础上建立与所有优秀文化相媲美的当代中国文化。在文化自信的基础上,中华民族才能重新获得经济、政治和社会层面的自信和自尊。

西方国家在最近几个世纪的成功中获得了空前的自信心。它们认为,只有西方文化才是典型的人类文明,其他文化都是不成熟的或有缺陷的文化模式。社会主义阵营的出现,曾经迫使资本主义世界反思自己,并且采取许多方式吸纳社会主义的政策,从而创造了战后西方世界的繁荣。由此,西方人就更加傲慢了,开始认为,只有西方的价值观才是"普世"的价值观,其他价值观都应被替代。因比,西方的"自由民主制度"是最理想的制度,其他文化模式下的文明形态可能只具有人类学上的价值。他们也认为,只有个人权利优先的自由主义意识形态、资本优先的资本主义制度,才是符合人性的合理选择,其他所有制度都是违背人性的安排或狂想。基于这种心理,西方人变得越来越傲慢无礼,不愿意再倾听其他不同声音,对与自己不一致的声音往往采取压制的态度。长此以往,西方人就失去了向其他文化学习的意愿,甚至羞于向其他文化学习,特别是在苏联解体之后,看着克里姆林宫上空红旗的降下,西方人的自信心也达到了爆棚的地步。西方人认为,在逻辑上人类文明已经在西方社会形态中达到顶点并完成了,他们沉溺于"不战而胜"的得意和"历史终结"的白日梦之中。

不过,世界格局正经历结构性变化,中国、印度等新兴国家的崛起,压缩了欧美在世界力量中所占有的份额。尤其中国的崛起,使美国感受到自己绝对霸权瓦解的可能,鉴于所谓"修昔底德陷阱",美国开始对中国采取或明或暗的各种压制手段。奥巴马提出所谓"亚太再平衡",特朗普正在寻找自己的对华策略。与之相时,中国反而显得更加理智,提出了中美之间建立"不冲突不对抗、相互尊重、合作共赢"的新型大国关系的理念。许多美国观察者也认识到中美两国和则两利、斗则两败的境遇。比如,美国前国务卿布热津斯基就认为,"与北京对立不符合我们的利益","在当今世界,中国和美国都无法成为唯一的领导者。……如果美国试图抛弃中国单独行动,在这个世界上就难有自己的一席之地","今天的世界是极不稳定和不可测的。美国的长期利益根本上在于深化与中国的关系,不是为了战术利益去撕裂这种关系。"①

无论如何,面对纷争的世界,我们必须基于人类命运共同体的理念,首先,要倡导理性精神。正如美国学者保罗·布卢姆指出的:"理性是世界上许多重要事物——包括人类独有的重塑环境以追求更高目标的计划——的基础。"②一旦失去理性,世界就可能陷于恐怖的对立与冲突之中。其次,要倡导合作共赢精神。按照习近平总书记的说法就是,"我们既要让自己过得好,也要让别人过得好"。在经济全球化的背景下,只有大家都顺利发展,自己才能有更好的发展前景;只有共同发展,才有各国的发展。最后,我们还要使人类文明更加人性化。面对世俗的社会生活,我们必须有更高的发展目标,正如唐太宗在《帝范》中所说:"取法于上,仅得为中;取法于中,故为其下。"我们必须以构建和谐世界的美好理想,推动人类文明不断进步。

---

① 布热律基建言特朗普抛开中国单干不符合美国利益,《参考消息》,2017 年 1 月 5 日。

② 布卢姆:《理性之战》,《国外社会科学文摘》,2014 年第 9 期,第 46 页。

第二节　社会主义核心价值观话语体系构建

一、立足中国优秀传统文化

习近平总书记在哲学社会科学工作座谈会上的讲话中提出要加快构建中国特色哲学社会科学。当代中国哲学社会科学的“中国特色”，首先在于它是基于当代中国实践、面向中国问题、回应中国需求的哲学社会科学研究活动和学术体系。同时，当代中国哲学社会科学的“中国特色”，也在于它是立足于中华优秀传统文化以及对中国人民各个历史时期诉求的思想把握和理论发展，是一脉相承的中国学术和思想文化源流的创造性转换和创新性拓展。在过去，我们的先辈一直通过中国的学术话语体系表达中国人对世界的认识，因此就有了源远流长、博大精深的中国思想、中国理论、中国文化。今天，我们要理解中国学术思想的脉络，把握中国学术演化的进程，就会迎面碰到许多特殊的或非常具有中国特色的术语，如“阴阳”“中道”“和合”“义利”“厚德载物”“自强不息”“知行合一”……我们需要理解这些术语，正确地把握中国的思想文化。

在漫长的中华文明演进历史中形成的中国传统思想文化的术语，对于构建当代中国哲学社会科学的话语体系具有根基性意义。

首先，中国传统思想文化的术语蕴含着中国文化传统和思想意识的精髓。面对不同历史时期的挑战，不同的民族在生产方式和生活方式上产生了特定的差异。如，在人们的生产活动和生活方式方面。热带和温带肯定不同，以平原为主的地域和以山峦为主的地域当然有差异，沙漠地带和沿海地区显然有别，牧区和农业区也会有许多迥异之处。这些生产活动和生活方式的特点逐渐积淀凝结，就必然影响到民族的文化样式、行为习惯和精神特质。民族的文化样式、行为习惯和精神特质反过来又阐释、维护和强化着促使其形成和发展的特定生产方式和生活方式。例如，以农业为主的古代中国，只有靠一定规模且利用有序的水利工程才能保障民众的安全和生产。在农耕文明的进程中，中国人强调和谐与秩序，因此就有了很多体现这一特点的思想文化术语，例如，“家国天下”之中的“家”和

“国”就有了特定的精神内涵。英语中的“国家”有“nation”“country”“state”等表达方式,但“nation”更倾向于从国民、民族的角度谈国家,“county”则倾向于以国土的视角去看国家,“state”是从制度的侧面看国家,所有这些表达都与“家”没有半点关系。但中国人一提到“国家”就会联系到“家庭的温暖”,国家与作为社会细胞的家庭之间的内在联系就得到了很好的确证。

其次,中国传统思想文化的术语体现着中国人特有的思维方式和理解结构。中国的“中庸之道”与中国人的理智密切相关,这有效地消解了时常出现的思想极端化的倾向;“和而不同”在理性处理人际关系方面有明显的中国特色,这种思想是对西方“唯我独尊”、自以为“普世”的价值观强有力的批判。实际上,即使在学习外来的理论和思想时,我们也是按照中国人固有的理解结构和想象力来理解外来的东西的。如,我们在进行中国特色社会主义市场经济体制改革时,就不搞所谓的“休克疗法”,而是“摸着石头过河”,这种理智的方式保证了中国改革开放和经济发展沿着正确的道路高速前进、从而取得了举世瞩目的成就。另外,在学术方面我们也不断进步,我们在世界学术界的影响力开始提升,这就说明我们有自己的文化传统和学术理解结构,这种结构对外来的思想和理论进行消化、转化,从而有利于学术上的自主创新。显然,我们是根据中华民族在长期认识世界、改造世界过程中形成的“理解结构”,自主地、有选择地吸取和消化外来学术成果的。

最后,中国传统思想文化的术语是构成中国话语体系的表达方式的符号,或者说,是构成中国话语体系中连接思想观念的关节点。很多思想文化的学术理论或学说,都有普遍的世界意义。但是,不同的理论或学说却各有自己的表达方式。理论的独特性往往是由不同的术语或概念来体现的。比如,约瑟夫·奈提出所谓“软实力和硬实力”的区分,但中国几千年前就有了“王道”和“霸道”的区分。所谓“王道”就是中国古代统治阶级,按照当时通行的人情和社会道德标准进行治理;反之,如果统治阶级依靠武力巧取豪夺,就称为“霸道”。另外,处理相辅相成的事物或关系时,各国都有保持某种平衡的观点,但中国阴阳平衡的思想就更加积极,中国认为“阴柔弱胜刚强”,阴阳之中的“阴”不仅不是消极的,并且在特定条件下可以成为积极的力量。西方在看待竞争时,往往采取的是“零和思维”,而中国秉持你中有我、我中有你,以及二者相互转化的理念,更加愿意采取双赢、多赢、共赢的方法。由于同样的原因,中国的术语“礼”就包含有英语中“propriety”

等词语所无法表达的文化及人际关系的制度性内容。

可见,加快构建中国特色哲学社会科学,提升我国思想文化的影响力,离不开千百年来凝练、沉淀下来的具有中国特色的思想文化术语。我们不能削足适履,不能毫无选择地用西方的概念理解中国的问题。我们必须用符合中国人思维习惯的术语和概念去表达中国问题,不同于其他文化背景下的人,在考察、思考和理解中国问题时,要考虑中国本身的概念和术语,要弄清楚这些概念和术语的特殊内涵和规定性。显然,对内涵丰富、多姿多彩的思想文化术语进行整理、研究和翻译,就成为特别有意义的工作。这个工作的开展必将有利于继承弘扬中华优秀传统文化,有利于加快构建中国特色哲学社会科学,有利于中国文化的国际传播,有利于提高我国的文化软实力。

二、表达合乎时代要求的话语

党的十八大之后,我们党在转作风、正学风、改文风方面取得越来越明显的成果。习近平总书记系列重要讲话所包含的思想、观点和方法,对促进我们转变作风、端正学风、改变文风有重要的启迪和推动作用,他犀利而又易懂的语言、形象而又深刻的比喻、平实而又真诚的风格,也起到了高位引领作用。

语言是表达思想和观点的工具,而思想和观点是对时代和社会的理解和描述。因此,语言的力量来自思想对时代和社会实践的深刻理解和准确把握。孟子说:“诚者,天之道也;思诚者,人之道也。”(《孟子·离娄上》)意思是说,诚实是天地之大道,是自然界的根本规律;追求诚信,做一个真实的、表里如一的人,则是做人的根本原则。凡能够准确地表达深刻理解和把握时代问题与实质的语言,都能够穿透现象的迷雾,直指问题的实质,给人以启迪。习近平总书记为我们树立了典范,他所讲的“中国梦”,就以形象的语言反映了中国人民的普遍追求和根本愿望,引起了海内外中华儿女的普遍共鸣。习近平总书记在讲每个国家应该有自己的发展道路和方式时说道:“鞋子合不合脚,自己穿着才知道。一个国家的发展道路合不合适,只有这个国家的人民才最有发言权。”一下子抓住了问题的实质。

我们平时说话写文章,都是为了表达我们对社会和时代问题的理解和看法。我们的这些理解和看法,就是我们看问题的观点。观点体现着我们的思维方式和对问题的认识水平,反映的是我们的世界观、人生观和价值观。不同的观点体现出不同的思维方式和认识方法，也体现了世界观、人生观和价值观的差异。我们的语言，就是我们关于事物的观点的话语表达。在这里我们关于事物的观点是第一位的，在某种程度上它决定着我们的语言。一般来说，有什么样的观点就会有什么样的语言表达方式。但是，语言表达方式反过来也会对观点产生反作用，一种语言表达方式用得时间长了也会对人们的观点产生影响。常说空话、大话、不着边际的话，会让人逐渐陷入教条主义、形式主义、官僚主义、主观主义的泥潭。

我们平时讲话、写文章，无非是要表达自己的观点。这就要讲别人能够听进去、听得懂的话，让人能够理解我们的意思。即使是同样的观点，也可以有不同的说法，在不同的情景下可能也需要有不同的说法，这就需要根据实际情形寻找合适的说法。我们与工人讲话，就要以工人喜闻乐见的方式表达；与农民谈话，就要讲农民关心的话题；与青年人沟通，就要以青年人能够接受的方式表达；与外国人讲话，就要使用外国人能够理解的方式。在这些方面，习近平总书记堪称典范。2014 年在联合国教科文组织总部发表演讲时，他用中国的俗话“萝卜青菜，各有所爱”来说明各种文明之间只要秉持包容精神，就不会存在“文明冲突”；中阿合作论坛第六届部长级会议开幕式上，他用“我们既要让自己过得好，也要让别人过得好”来论述中国追求的是共同发展。习近平主席以形象、生动、活泼的语言，把文明的多样性和中国的文化包容精神讲得非常透，极具说服力。

作为理论工作，我们要向习近平同志学习。语言的力量来自对时代和社会实践的真实的把握，这就需要我们从思想上、从世界观上解决。当我们的内心真正把人民群众当作社会的主人时，我们的看法和说法就必然会发生改变，我们就不会总说些不痛不痒的官话、空话。看问题的方式来自世界观和方法论，一个人的表达方式必须与这个人的世界观和方法论相对应。当认为自己比群众高明时，他不会说出让人民群众感同身受的话。语言的表达方式与一定的世界观和方法论相联系，有什么样的世界观会有什么样的话语表达方式，要改进我们的说话方式，就要审视我们看问题的方式，改造我们的世界观。不同的说话方式反映的是不同的思维方式和看问题的方式。

作为理论工作者，我们不仅要研究中国化的马克思主义，还要将马克思主义大众化。这就要求我们学会用人民群众的语言表达学术问题，这样的学术才能让人民群众感兴趣、听得懂。从而让越来越多的群众能够理解马克思主义的理论实质和价值追求。马克思主义大众化还要求我们在话语体系和表达方式上下功夫。虽然马克思主义的大众化不仅是语言和词语问题,但是,没有合乎人民群众需要的语言是万万不能的。

问题是时代的呼声。合乎时代要求的语言,才能更好地发出这种声音。马克思主义的大众化要求通俗化的表达,马克思主义思想来源的基础就在于大众的社会实践活动。理论的大众化不仅是表述方式的问题,更是理论自身生成的问题。如果马克思主义追求关于社会历史发展的规律性认识(真理),那么我们的学术研究就应该基于人民群众的社会实践。如果说问题就是时代的呼声,那么群众的呼声就是最紧要的时代问题,我们必须从群众的需要和呼声中寻找研究的问题,回答具有时代性的问题。所以,马克思主义大众化的关键就是解决理论源于何处、来自何处的问题,实际上就是解决理论研究"依靠谁"的问题。

一句话,只有投身人民群众的社会实践,依靠人民群众,才能研究出人民群众能够感同身受、对人民群众有用的学术成果,才能找到人民群众喜闻乐见的语言表达方式。只有投身社会实践,才能讲出反映实际问题的话语;只有与人民群众心心相印,才能讲出人民群众能够理解并且喜闻乐见的话语;只有与时代同步,才能讲出打动世界的话语。

三、改进新媒体时代的话语策略

(一)网络与新媒体对传播的影响

中国经济正在高速发展,生产力特别是信息技术也在发生革命性变化,这深刻改变了中国的社会结构、人们的生活方式和思想意识。例如,基于网络的新媒体正在改变人们的交往、沟通和交流方式,我们必须关注新媒体发展带来的新问题。

第一,传统的传播方式已经逐渐让位于网络互动式的传播方式,这使得价值观的传播方式越来越多样化。过去的媒体传播是专业性质的传播,更具有组织性,经过仔细地筛选和优化调整,以便达到最佳的传播效果。这种传播方式更能体现主流社会的价值观取向,更能反映国家意志。但是,现在的移动终端所形成的自媒体现象使传播成为大众交互式的,并且变得越来越具有自发性、随意性,信息呈现碎片化趋势,反映的往往是不同人群的即时感觉。

第二,过去的传播因信息的核对和信息内容表述的再组织而需要一定的时间才能完成,现在的传播往往是即时的、同步的,具有很强的时效性,但也容易变成促进事态进一步发展的因素。这就是,信息的传播本身成为事件发展的内在动力,引导着价值观的嬗变与生成。这种变化的积极方面就是促进了思想文化的不断丰富和更新,但它也对文化的连续性和社会的稳定性造成一定的负面影响。

第三,过去有组织的、自上而下的传播正在让位于每个人率性的信息发布,这大大体现了社会交往和信息交流的民主性,但也在削弱社会共识的达成能力。在社会结构和文化范式的快速转型之中,人们的价值观或思想取向发生某种不确定的"漂移",这种"漂移"因为自媒体的发展得到进一步强化。人们的生存状态差异造成了人们思想意识和价值观的差异,人们率性的表达使这种差异得到进一步显现。正因为如此,中国人的生活的确比过去富裕了,但似乎不像原来那么宁静了。

总之,新媒体使人们的生活变得更加便捷、更加丰富、更加具有自主性,但同时也使社会意识出现碎片化的现象,这种碎片化如果仅仅体现为价值观的多样化,那么差异还是可控的,但当价值观相互对立甚至彼此冲突的时候,社会共识就会成为牺牲品。没有社会共识,一个国家就不能成为一个整体。习近平总书记在主持中共中央政治局第十三次集体学习时强调,我们要"把培育和弘扬社会主义核心价值观作为凝魂聚气、强基固本的基础工程"①。这就是说,对于现代社会而言,共同的价值观是非常重要的,是必不可少的。共同的"价值观之所以重要,是因为它们将国家和民众凝聚在一起。它们帮助定义一个社会所支持和所反对的东西"。"培育和弘扬核心价值观,有效整合社会意识,是社会系统得以正常运转、社会秩序得以有效维护的重要途径,也是国家治理体系和治理能力的重要方面。历史和现实都表明,构建具有强大感召力的核心价值观,关系社会和谐稳定,关系国家长治久安。"②

---

① 习近平:《把培育和弘扬社会主义核心价值观作为凝魂聚气强基固本的基础工程》,人民网,2014 年 2 月 26 日。

② 习近平:《把培育和弘扬社会主义核心价值观作为凝魂聚气强基固本的基础工程》,人民网,2014 年 2 月 26 日。

（二）如何应对新媒体时代的挑战

我们怎么样在新媒体环境下培育和弘扬共同的价值观，达成社会共识呢？我认为，首先，我们要积极介入媒体，有意识地设立讨论话题，如经济社会发展、文化的进步等。英国剑桥大学政治与国际关系学院高级研究员马丁·雅克说："近年来，世界经济的重心开始向发展中国家倾斜。对发展中国家而言，同中国的经济往来变得越来越重要。中国是很多发展中国家最大的贸易伙伴，也是发展中国家的转型推动器。很多发展中国家都将中国视为学习的榜样以及未来的目标。"① 其次，让模范人物运用自媒体，谈身边的事，从点滴之间反映人性的力量。榜样的力量是无穷的，广大党员、干部必须带头学习和弘扬社会主义核心价值观，用自己的模范行为和高尚人格感召群众、带动群众。再次，要学会少用大概念，多用生活世界中的话语，少讲抽象的大道理，多讲生活世界中的故事，只有这样才能打动人民群众的心，引起他们的共鸣。人民的日常生活，看似平凡，却承载着历史的存在与发展。人民最普遍的日常生活，才是人性的基础，在这里有文化的源泉，有价值观的真正体现。最后，在制度上鼓励积极因素，批评负面意识，形成正能量，取得扬善抑恶的效果。正如习近平总书记所强调的，要切实把社会主义核心价值观贯穿于社会生活的方方面面。要通过教育引导，舆论宣传，文化熏陶、实践养成、制度保障等，使社会主义核心价值观内化为人们的精神追求，外化为人们的自觉行动。要润物细无声，运用各类媒体形式，生动具体地表现社会主义核心价值观，用高质量、高水平的文化作品形象地告诉人们什么是真善美，什么是假恶丑，什么是值得肯定和赞扬的，什么是必须反对和否定的。要用法律来推动核心价值观建设，各类社会管理者要承担起倡导社会主义核心价值观的责任，注重在日常管理中体现价值导向，使符合核心价值观的行为得到鼓励、违背核心价值观的行为受到制约。

（三）网络与新媒体下改进话语方式和概念术语的策略

毋庸讳言，由于网络和新媒体的出现，党和政府及主流媒体话语的公信力和影响力的确存在逐渐减弱的危险。这既有复杂的社会分化和利益多元化的客观原因，也有我们在政治生活和公共领域中话语方式和概念术语落后于社会发展和

① 马丁·雅克：《中国梦蕴含自信心》，《人民日报》，2014 年 2 月 21 日。

时代要求的原因。落后于时代要求的话语方式有许多表现,例如:(1)“八股化”,讲话和写文章有许多套话、空话,让人感觉千文一面,每句话似乎都不错,但都是“正确的废话”,没有一句话管用,缺乏针对性;(2)讲话和写文章总想面面俱到,但谈什么都是蜻蜓点水,没有讲透、讲深、讲清楚;(3)讲话和写文章心里没有人民群众,做表面文章;(4)讲话和写文章缺乏全面而慎重的考虑,使用了许多不合时宜的概念术语,有的作茧自缚,还有的落入了西方话语的陷阱之中。

为了牢牢掌握社会舆论的主导权,扩大主流思想和价值观的影响力。我们必须转变我们的文风,改善我们的话语方式,完善和重构我们的概念术语。

首先,要改变文风,提高我们的话语影响力,就要增强话题的设置能力,尽量减少套话和空话。改文风是一件严肃的事情,绝不只是改变一下说话方式和叙事方式,更不是换换说话的词语和口气就够了。当然,优化叙事方式、更新词语和改进说话的调门都是有益的。有时也是必要的。改文风要转变看问题的方式,而看问题的方式是我们世界观的体现。比如,我们在写东西和讲话时,是从实事求是、求真务实的立场出发,讲真话、讲实话还是从概念到概念、从理论到理论,讲空话、讲套话,这显然反映了不同的世界观。我们要提高理论话语的时代穿透力和社会解释力,在没有弄清楚时要少说,要说有用的话;没有用的话,尽量少说;说一些无用的话,还不如不说。

其次,要改变文风,提高我们的话语影响力,就要集中主题,增强议题的针对性。这就是说,说话、写文章时要有什么事就讲什么事,有什么问题就说什么问题,有什么想法就表达什么想法,而不是不分场合地讲究系统、全面,该一事一议,而不能什么事情都从头讲起,讲它的方方面面。我们应该讲短语,讲有针对性的话,尤其是要讲针对某一突出问题并且能够切中要害的话,而不要每次都讲“具有普遍指导意义”的话,不要次次都讲“全面系统”的话,这种话语可能讲一次还有点意义,但讲多了必定造成“审美疲劳”。

再次,要改变文风,提高我们的话语影响力,就要善于讲群众关心和能够理解的问题,为此就要善于从人民群众那里学习在他们生活中涌现的鲜活话语。我们要学会把马克思主义理论和概念术语用群众的实际生活语言和实践叙事方式表达出来。我们不能反复重复概念术语本身,这就像油和盐可以调出味道鲜美、有营养的菜肴,但我们不能让人直接吃盐、喝油。另外,我们讲话或写文章,是把人民群众当作主人翁还是把人民群众当作教育的对象,这显然是基于不同的世界观和历史观。我们要学会用群众的语言讲话、写文章,向群众解释政策、宣传理论。

最后,要改变文风,提高我们的话语影响力,就要清理现在使用的不合时宜的概念和不大正确的术语。我们常常无意识地跟随西方的表达方式,比如,有些媒体称西方发达国家为"西方民主国家",称印度为"最大的民主国家"等,这样的表达似乎将我国判定为不民主的国家。我们轻易地把"民主"的旗帜和招牌给了别人,殊不知在国际"舆论场"内"民主"是一个非常积极的词语,谁与之联系在一起,谁就可以获得许多"资本"或"软实力"。当我们把这个荣誉拱手让给对手的时候。我们就在话语体系之内把自己置于需要不断为自己辩护的境地。

我们必须重新梳理一些概念术语,开展正名行动。实际上,我们有民主制度性安排,即中国的人民代表大会制度、中国共产党领导的多党合作政治协商制度,这种民主不仅限于政治投票,而体现在经济、政治、文化和社会的方方面面。我们也时常无意识地跟着西方的话语体系,称西方国家为"自由国家",甚至时常在批评它们的新闻政策时说它们鼓吹"新闻自由",似乎我们就反对新闻自由或者我们是缺乏自由的社会。实际上,这样说时恰恰遮蔽了中国社会民众日常生活的巨大自由度。见过西方国家如美国警察执法的人就会知道,西方国家自由的界限是非常严格的。我们也不能简单地跟着西方说西方国家"新闻自由",实际上它们的新闻往往是建立在偏见基础上的,是建立在"自由"的、有选择性的偏见的基础上的。西方新闻的双重标准是众所周知的。同样的事情如果发生在不同的地方它们就会给出不同甚至相反的判断。西方国家所谓的"新闻自由",有时也往往堕落成为一种缺乏责任感的"偷窥癖"。英国制定的新闻监管的制度,就是对这种"自由"的限制。另外,我们的主流报刊总是批评有人鼓吹"西方的普世价值"。我觉得,这种表达也容易落入西方话语的陷阱,似乎我们的价值就不是"普世价值"。西方的价值观实质上也是特殊的地方性价值,由于它们的阶级偏见反而显得更狭隘,只是它们自称具有"普世性"而已。我们要把重点放在揭露西方价值的"非普世性"或"片面性"上,不是直接批评"普世价值"。

总之,在网络和新媒体时代,国内舆论场已经与国际舆论场融为一体。我们既要改变我们的文风,也必须谨防无意间落入西方话语的陷阱之中,跟随它们的话语逻辑,缺乏重构话语的能力,让自己陷入被动之中。

第三节　用社会主义核心价值观讲好中国故事

一、建设文化强国　提高创新基础

文化的传播力来自文化本身的活力和魅力。一种生机勃勃、有生命力的文化本身就有吸引力和感召力。提高文化和价值观的传播力,必须建设中国特色社会主义文化强国。

建设文化强国必须有深厚的文化根基。中国有500多年的历史,有绵延不断的优秀文化传统,有着连续而又开放的独特精神世界,这是中华民族屹立于世界民族之林的文化基础。习近平总书记在德国柏林同德国汉学家、孔子学院师生代表座谈时讲道:“作为中国的领导人要干什么呢?就是不要把中国五千年的文明文化搞丢了。”2014年2月24日,中共中央政治局就培育和弘扬社会主义核心价值观、弘扬中华传统美德进行了第十三次集体学习。习近平总书记强调,培育和弘扬社会主义核心价值观必须立足中华优秀传统文化。对历史文化特别是先人传承下来的价值理念和道德规范,要坚持古为今用、推陈出新,有鉴别地加以对待,有扬弃地予以继承。根深才能叶茂。树根深了,生命力才旺盛;文化积累厚实了,才能拥有深厚的文化力量。

建设文化强国必须有先进的文化理念。习近平总书记在北京市海淀区民族小学主持召开座谈会时讲道:“一个民族的文明进步,一个国家的发展壮大,需要一代又一代人接力努力,需要很多力量来推动,核心价值观是其中最持久最深沉的力量。”价值观是文化的灵魂。有共同的文化传统和核心价值观,中华民族才能有共同的精神家园。2014年5月4日,习近平总书记在北京大学师生座谈会上讲道:“如果一个民族、一个国家没有共同的核心价值观,莫衷一是,行无依归,那这个民族、这个国家就无法前进。”我们需要什么样的价值理念呢?2014年2月17日,习近平总书记在中共中央党校讲话时指出,“要加强对中华优秀传统文化的挖掘与阐发”,“把跨越时空、超越国度、富有永恒魅力、具有当代价值的文化精神弘扬起来”。在经济全球化和文化多样性的背景下,只有符合历史发展规律、反映社会前进方向的价值观才具有超越时空、跨越国度的世界历史意义。我们的价值观是基于中国道路和中国实践形成的，因而必定具有中国特色和中国形态。但是，从历史发展的角度看，由于中国特色社会主义道路和实践遵循着人类社会文明进步的轨迹，因此我们的核心价值观必定具有普遍的世界历史意义。正因为如此，我们应该把注意力放在阐发社会主义核心价值观反映人类历史发展方向的先进性上，以便产生更广泛的世界意义。

建设文化强国必须有持续的文化创造力。文化是一个最具创造性的过程，文化的魅力也在于创造力。人类历史上所有的进步都是由具有精神内涵的行动推动的。既然人类是靠思想站立起来的，那么中华民族要屹立于世界民族之林，就要激发我们民族的思想生产力。我们不能只消费别人的文化和思想，我们还要创造自己的文化和思想。我们不能被动地受各种价值观的支配，我们应该成为新价值观的提出者和引领者。只有充满文化创造活力的国家，才可能成为文化强国。

建设文化强国必须有强大的文化传播能力。文化只有传播开来才有影响力，传播能力与文化力量是相辅相成的。习近平总书记指出，介绍中国，既要介绍某一个特色，也要全面的介绍。既要介绍历史的中国、古代的中国，也要介绍现代的中国。既要介绍中国，也要介绍中国人，还要介绍中国文化。通过与世界文化的亲密对话，不断丰富中国文化的表达方式，提升中国的话语权和议题设置能力，让国际社会加深对中国发展进程的理解，增强对我国和平发展理念的认同。

总之，没有先进文化的引领，一个国家、一个民族就不可能屹立于世界民族之林，也不可能成为黑格尔所说的"具有世界历史意义"的民族。提高文化软实力和文化影响力，不仅要我国转变成具有强劲文化创新能力的现代化文化强国，还要创造性地提升我们的文化传播能力。文化创造和文化传播是理论界在新时期应该加强研究的课题。

二、加快构建中国特色哲学社会科学

随着改革开放的不断深入和对外文化交流扩大，我们必须提高文化价值观的传播能力，改变文化领域和学术领域中"西强我弱"和"被动挨骂"的局面，这就要求我们加快构建中国特色哲学社会科学学科体系、学术体系和话语体系。

(一)加快构建中国特色哲学社会科学的意义

2016年5月17日上午,习近平总书记在京主持召开哲学社会科学工作座谈会并发表重要讲话,提出坚持和发展中国特色社会主义,必须高度重视哲学社会科学。习近平总书记指出,新形势下,我国哲学社会科学地位更加重要、任务更加繁重。他期望一切有理想、有抱负的哲学社会科学工作者立时代之潮头、通古今之变化、发思想之先声,积极为党和人民述学立论、建言献策,担负起历史赋予的光荣使命。重温习近平总书记的讲话,作为哲学社会科学工作者,我们更感到责任重大、使命光荣。

习近平总书记指出,人类社会每一次重大跃进,人类文明每一次重大发展,都离不开哲学社会科学的知识变革和思想先导。面对经济全球化下百舸争流的图景与大势,面对中华民族伟大复兴的梦想与前景,面对人类文明进步和构建人类命运共同体的愿景,加快构建中国特色哲学社会科学的重要历史意义和时代价值更加凸显。可以说,没有繁荣发展的中国特色哲学社会科学,中华民族的复兴伟业就是不完整的;没有能够领先于世界水平的中国特色哲学社会科学,就很难确证中国崛起的世界历史意义。

首先,只有加快构建中国特色哲学社会科学,才能真切地总结中国实践、描述中国经验。加快构建中国特色哲学社会科学,首先要立足中国特色社会主义的伟大实践;同时,有了真正有中国特色的哲学社会科学,我们才能真正理解中国人民在走中国特色社会主义道路中所经历的探索、选择、超越和创新。为什么西方的理论无法解释中国的实践,西方学者对中国的理解看起来总是不得要领?为什么新自由主义的理论预测,总是在中国经济社会的发展面前沦为笑柄?那是因为西方的理论基于完全不同的社会发展脉络,无法把握中国社会发展的内在逻辑。作为一个文明古国,中国有着辉煌的历史,因而也有一套自成体系的话语。但是,近代以来落后的生产力使国家陷于积贫积弱的境地,民族几乎丧失独立、任人宰割,在这一历史背景下中国人开始学着用别人的话语来表达自己。虽然学习外来的话语没有什么不好,但有些人学西方的时间长了,似乎丢失了创设话语的能力。好在中国文化有着悠久的历史,有着深厚的传统,中国人民有着坚忍的民族性格,有着不断寻求中华民族复兴的光荣与梦想。作为一个拥有占世界1/5人口的大国,作为一个拥有自己文明范式的国家,当代中国正经历着历史上最为广泛而深刻的社会变革,也正在进行着人类历史上最为宏大而独特的实践创新。这是前无古人的实践,承担着中华民族伟大复兴的任务。这就需要我们用一种基于中华民族根源的话语生成方式,来吸收外来优秀成果并将其变成可用材料,构建我们自己的哲学社会科学,并用富有中国特色的哲学社会科学总结当代波澜壮阔、激动人心的中国实践,描述让国人骄傲且为世人瞩目的中国经验。

其次,只有加快构建中国特色哲学社会科学,才能有效地运用中国智慧、提供中国方案。哲学社会科学是人们认识世界、改造世界的重要工具,是推动历史发展和社会进步的重要力量,其发展水平反映了一个民族的思维能力、精神品格、文明素质,体现了一个国家的综合国力和国际竞争力。一个国家的发展水平既取决于自然科学的发展水平,也取决于哲学社会科学的发展水平。一个没有发达的自然科学的国家不可能走在世界前列,一个没有繁荣的哲学社会科学的国家也不可能走在世界前列。一方面,坚持和发展中国特色社会主义,需要不断在理论和实践方面进行探索,用发展着的理论指导发展着的实践。在这个过程中,哲学社会科学具有不可替代的重要地位,哲学社会科学工作者具有不可替代的重要作用。另一方面,中国特色社会主义伟大实践所造就的事业,不仅是使一个原本落后的大国奇迹般地崛起,而且是使一个文明古国实现凤凰涅槃般的复兴。中国的探索是占世界 1/5 人口的探索,具有普遍的世界意义。从大历史和全球的视角看,中国的当代发展也可以看作在为正在徘徊不前、具有不确定性的世界探索新的发展理念和路径,这种探索所提供的方案对世界有很好的参照价值,而且体现着深邃的中国智慧。中国倡导的和平发展、相互尊重、合作共赢、共同发展、人类命运共同体等理念越来越多地获得了世界的理解和认同。中国的发展引起了世界的瞩目,世界需要了解中国、理解中国。中国哲学社会科学工作者有责任把中国介绍给世界,让世界理解一个变化发展中的中国。我们应该围绕中国和世界发展面临的重大问题,着力提出能够体现中国立场、中国智慧、中国价值的理念、主张、方案。中国的迅速发展已经改变了世界格局,中国和世界都需要不断创新的哲学社会科学。“这是一个需要理论而且一定能够产生理论的时代,也是一个需要思想而且一定能够产生思想的时代。”面对世界性和时代性问题,中国也应该运用中国智慧,体现中国担当,提供中国方案,让中华文明同各国人民创造的多彩文明一道,为人类提供正确的精神指引。我们不仅要让世界知道“舌尖上的中国”,还要让世界知道“学术中的中国”“理论中的中国”“哲学社会科学中的中国”，让世界知道“发展中的中国”“开放中的中国”“为人类文明做贡献的中国”。

再次，只有加快构建中国特色哲学社会科学，才能广泛地凝聚中国精神、聚集中国力量。加快构建中国特色哲学社会科学的目的就是推动中国特色社会主义事业向前发展。要推动中国特色社会主义事业，就要调动一切可以调动的积极力量，为实现“两个一百年”奋斗目标、全面建成小康社会、建成富强民主文明和谐的社会主义现代化国家、实现中华民族伟大复兴的中国梦而奋斗。这也需要哲学社会科学的创新与发展。中华民族需要共同的精神家园，这就需要哲学社会科学立足本来、吸收外来、面向未来，对中华优秀传统文化进行创造性转化和创新性发展；中国人民需要共同的理想信念，这就需要哲学社会科学为我们拓展理想的视野；社会成员需要共同的道德规范，这就需要哲学社会科学为我们梳理人生观和价值观。一个国家的民族认同往往基于这个国家的共同理想和奋斗目标，中国特色哲学社会科学不仅可以系统地提升中华优秀传统文化、社会主义核心价值观和社会道德规范并且把它们传递下去，为全体人民构建一个共同的精神家园，而且可以通过把新的奋斗目标——如国家的富强、民族的复兴、社会的发展——传递给全体人民，把人民引向共同的追求。为此，我们必须坚持“人民群众是历史的创造者”这一马克思主义的基本观点和立场，树立为人民做学问的理想，尊重人民主体地位，聚焦人民实践创造，回应人民的关切，自觉把个人学术追求同国家和民族发展紧密地联系在一起。作为哲学社会科学工作者，必须坚持以人民为中心的研究导向。脱离了人民，哲学社会科学就失去繁荣发展的基础，也就失去繁荣发展的动力，更没有繁荣发展的正确目标。脱离了人民，哲学社会科学就不会有吸引力、感染力、影响力和生命力。

最后，只有加快构建中国特色哲学社会科学，才能更好地锻造中国话语、讲好中国故事。如果说过去我们在“跟跑”中通过参照别人的理论，勉强还能够“跟跄前行”，那么现在与世界各国齐头并进的我们，就必须勘察自己的理论路线图，等到将来我们“领跑”时，则必须有自己领先于世界的哲学社会科学，这样方能为人类做出更大的贡献。习近平总书记指出，哲学社会科学的特色、风格、气派，是发展到一定阶段的产物，是成熟的标志，是实力的象征，也是自信的体现。我国是哲学社会科学大国，研究队伍、论文数量、政府投入等在世界上都是排在前面的。但目前在学术命题、学术思想、学术观点、学术标准、学术话语上的能力和水平同我国综合国力和国际地位还不太相称。只有透彻地研究了中国，才能找到表达中国的话语体系；只有懂得了文化传播的规律，才能有效地讲好中国故事；只有透彻地了解了世界，才能以世界能够理解的方式介绍中国。我们要按照立足中国、借鉴国外，挖掘历史、把握当代，关怀人类、面向未来的思路，以及既体现继承性、民族性，也体现原创性、时代性，还体现系统性、专业性的要求，努力多出经得起实践、人民和历史检验的研究成果，着力构建充分体现中国特色、中国风格、中国气派的学科体系、学术体系、话语体系，向世界讲好中国故事，提升中国的文化软实力。

加快构建中国特色哲学社会科学，是哲学社会科学工作者的责任和使命，我们只有投身中国特色社会主义火热的实践之中，回答人民群众在实践中提出和遇到的问题，才能真正立时代之潮头、发思想之先声。学者不能困于书斋，必须有强烈的问题意识，认识到问题是一切科学研究的逻辑起点。增强问题意识、坚持问题导向，是探索中国特色社会主义道路的必然要求。树立问题意识，从认识论的方面看，就是要实事求是，一切从实际出发；从实践的角度讲，就是要做到有的放矢，不讲空话，根据问题的性质来思考我们的工作思路、办法和步骤。实际上，树立问题意识具有重要的方法论意义，学术界务必要坚持求真务实的科学态度，建立理论与实践的联动机制，消除当代中国实践的诸多误区和盲区，扎实推进哲学社会科学创新体系建设。

（二）构建中国特色的哲学社会科学创新体系

党中央一系列战略部署为繁荣发展哲学社会科学指明了方向和道路。在建设中国特色社会主义的进程中，随着社会的整体发展和进步，哲学社会科学扮演着越来越重要的角色。在当前形势下，我们必须以深入实施马克思主义理论研究和建设工程为契机，构建中国特色的哲学社会科学创新体系，奠定中国社会发展和文明进步的文化基石。

首先，构建中国特色的哲学社会科学创新体系有利于坚持正确的政治方向，掌握马克思主义在意识形态问题中的主导权。习近平总书记在全国宣传思想工作会议上强调了意识形态工作的极端重要性。要坚持意识形态工作的主动权，就要加强哲学社会科学研究，以便用先进的理论引领社会发展进程。自然科学和社会科学对社会发展都有着相互不可替代的作用，是鸟之两翼、车之双轮。自然科学的重要性在于发展的速度方面,而社会科学的重要性则在于发展的方向方面。发展慢了还可以加快速度,方向错了就有可能造成严重的后果。

其次,构建中国特色的哲学社会科学创新体系有利于科学地认识国情以及中国特色社会主义的发展大势和历史演进的基本规律,实现中国的科学发展和民族复兴。党的十八届三中全会提出全面深化改革的总目标,即完善和发展中国特色社会主义制度,推进国家治理体系和治理能力现代化。随着改革进入系统性、整体性、协同性的阶段,中国就更加需要哲学社会科学的介入,以强化顶层设计和理性推进。

最后,构建中国特色的哲学社会科学创新体系,对内有利于凝聚全国人民的共同理想和精神文化基础,对外有利于提升中国的文化软实力。哲学社会科学的创新能力是国家综合实力的重要组成部分,社会越是发展,文明越是进步,就越需要哲学社会科学。作为文明古国,中国创造过灿烂的文化,中华民族的伟大复兴必须伴随中国哲学社会科学创新体系的崛起。

高等院校是国家哲学社会科学创新体系建设的主力军,我们应该在服务国家发展战略中发挥自己的作用。那么,我们应该如何推进高等学校的哲学社会科学创新体系建设呢?

推进哲学社会科学创新体系建设,要面向中国特色社会主义道路的伟大实践。哲学社会科学的价值在于它的问题意识:提出问题,分析问题,阐释问题,并最终解决问题。哲学社会科学的创新必定来自新的问题和对真实问题的新阐释。没有真实的问题就没有哲学社会科学,没有新问题和对问题的新解也不会有哲学社会科学。而真实的问题来自真实的生活和实践活动,新的问题则来自新的实践和实践中出现的新的发展趋势。为此,高校哲学社会科学工作者必须坚持以重大现实问题为主攻方向,加强对具有全局性、战略性、前瞻性的、关于中国特色社会主义建设问题的研究,加快哲学社会科学成果转化,更好地服务于经济社会发展。中国特色社会主义的伟大实践,是我们哲学社会科学创新的基础。中国社会经过 40 年的改革开放,实现了经济的突飞猛进和社会的深刻变化。因此,哲学社会科学工作者必须结合中国实际和时代特征,面向中国特色社会主义的伟大实践,建立具有鲜明时代特征的学科理论体系和体现中国特色社会主义伟大创新实践的学术话语体系,着力推出更多代表国家水准、具有世界影响、经得起实践和历史检验的优秀成果。这就是说,对于高等院校来说,必须坚持以重大现实问题为主攻方向,立足中国特色社会主义的伟大实践,进行理论创造,重点扶持立足中国特色社会主义伟大实践的研究项目,通过实证研究和理论研究,深刻阐释中国特色社会主义道路是中国共产党领导中国人民立足中国国情、借鉴人类文明优秀成果走出的创新之路,是人类文明史上的伟大创举,是中国对世界的历史性贡献。只有基于这样真实的、伟大的历史性实践的学术研究,才能获得历史性的理论创新和学术进展。只有基于中国特色社会主义建设的实践,我们才能真正发展哲学社会科学,推进学科体系、学术观点、科研方法的创新,在全面建成小康社会,加快推进社会主义现代化的历史进程中做出更大贡献。只有这样才能真正建设具有中国特色、中国风格、中国气派的哲学社会科学。

推进哲学社会科学创新体系建设,要立足哲学社会科学的传承创新。只有在前人研究的基础上,我们才能不断攀登新的高峰。中华民族有着深厚的文化传统和丰富的思想理论资源,近代在与西方文化的接触中,中国的哲学社会科学也有了新的发展与转向,特别是马克思主义的传入,给中国的哲学社会科学发展注入了新的活力,与时俱进的中国化的马克思主义成为引领中国社会发展的指导思想。这是我们哲学社会科学创新的最大思想资源和理论背景,我们的学科体系的创新是对原有学科体系的综合调整和发展,我们的学术观点创新是对已有观点的继承、改造和发展,我们的科研方法的创新是根据变化的形势在原有方法基础上的范式变化。因此,创新哲学社会科学就要巩固发展马克思主义理论学科,坚持和发展中国特色社会主义,坚持基础研究和应用研究并重,以及传统学科和新兴学科、交叉学科并重,实施哲学社会科学创新工程,从而实现创新学科体系、学术观点、科研方法的目标。

推进哲学社会科学创新体系建设,要提高哲学社会科学人才培养质量,为哲学社会科学和文化繁荣提供人才保障。“人文”是以文化人,也是以人传文。高等院校是培养高级专业人才的地方,哲学社会科学需要大批后备力量传承、创新社会科学知识,学习理工农医的学生也需要文化素养。没有科学素养的人是缺乏创造力量的,而没有文化素养和价值理想的人则是缺乏精神方向的。哲学社会科学要创新,就要培养有创新能力和创新意识的哲学社会科学人才。培养创新人才,不仅要给他们深厚且广博的知识训练,而且要培养他们的反思能力和批判性思维:不仅要让他们树立科学精神,而且要培育他们的责任意识和历史使命感。鉴于此,高等院校必须不断改革哲学社会科学教学体系、教材体系,改进教学方法,更新教学内容,培养更多哲学社会科学人才。在这项工作中,重点教材的编写和修订是基础性的。

推进哲学社会科学创新体系建设,要加强国际交流与合作。改革开放40年的历史,已经使我们面对的很多社会问题有了国际化趋势,国内的问题也往往与国际形势有着错综复杂的联系,所以哲学社会科学研究必须具有国际化的视野。我们不仅要研究国际问题,而且要结合国际视野研究中国问题,这样才能真正增强中国哲学社会科学的国际话语权。中国的话语体系既需要用汉语表达,也需要用其他语言表述。在全球化的时代,只有学会用外语表达中国话语,才能更好地发出中国声音。因此,我们必须培养更多有中国立场和中国情怀的高素质外语人才。只有通过国际化的培养机制,才能营造出适当的氛围,培养21世纪全球化进程所需要的,具有较强跨文化交流能力的人才。

总之,高等院校的哲学社会科学工作者要以极大的热情和责任感,坚持马克思主义指导地位,坚持中国特色社会主义的道路、理论和制度,坚持“二为”方向和“双百”方针,坚持立德树人,大力推动社会主义核心价值体系建设,促进哲学社会科学创新体系建设,研究重大理论实践问题,建设更多高水平现代智库,更好地发挥哲学社会科学认识世界、传承文明、创新理论、资政育人、服务社会的重要功能。

(三)哲学社会科学应该有民族根基和“中国特色”

习近平总书记在哲学社会科学工作座谈会上的讲话,提出要加快构建中国特色哲学社会科学。那么,应该怎样理解中国哲学社会科学的“中国特色”呢?

首先,当代中国哲学社会科学的“中国特色”,在于它是基于当代中国实践、面向中国问题、回应中国需求的哲学社会科学研究活动和学术体系。中国特色社会主义是前无古人的事业,推进中国特色社会主义伟大事业,实现中华民族伟大复兴,必须积极进行具有许多新的历史特点的伟大斗争,要进行好这一伟大斗争,真正实现伟大复兴,顺利推进伟大事业,就必须以改革创新的精神全面推进党的建设新的伟大工程,实现当代中国的伟大社会变革。习近平总书记指出,“当代中国的伟大社会变革,不是简单延续我国历史文化的母版,不是简单套用马克思主义经典作家设想的模板,不是其他国家社会主义实践的再版,也不是国外现代化发展的翻版,不可能找到现成的教科书"。因此,我国哲学社会科学应该以当前社会主义伟大实践为中心,从我国改革开放和经济社会发展的实践中挖掘新材料、发现新问题、提出新观点、构建新理论,加强对改革开放和社会主义现代化建设实践经验的系统总结,加强对发展社会主义市场经济、民主政治、先进文化、和谐社会、生态文明以及党的执政能力建设等领域的分析研究,加强对党中央治国理政新理念、新思想、新战略的研究阐释,提炼出有学理性的新理论,概括出有规律性的新实践。这是当代中国构建中国特色哲学社会科学的着力点、着重点。

其次,当代中国哲学社会科学的"中国特色",在于它立足中华优秀传统文化以及对中国人民时代诉求的思想把握和理论发展,是一脉相承的中国学术源流的创造性转化和创新性拓展。我们不是从开始推动中国特色社会主义历史进程,而是以中华民族创造的辉煌历史为前进的起点的。习近平总书记指出:"中国古代大量鸿篇巨制中包含着丰富的哲学社会科学内容、治国理政智慧,为古人认识世界、改造世界提供了重要依据,也为中华文明提供了重要内容,为人类文明作出了重大贡献。""要加强对中华优秀传统文化的挖掘和阐发,把跨越时空、超越国界、富有永恒魅力、具有当代价值的文化精神弘扬起来,把继承优秀传统文化又弘扬时代精神、立足本国又面向世界的当代中国文化创新成果传播出去。"努力实现中华文明创造性转化、创新性发展。由此,中华民族特色一是要循着中华民族文化传统和脉络向前发展,二是要对中华文化的精髓进行创造性转化和创新性发展,三是要使中国哲学社会科学对世界有所贡献。为此,哲学社会科学工作者要围绕中国和世界发展面临的重大问题,着力提出能够体现中国立场、中国智慧、中国价值的理念、主张和方案。当然,强调哲学社会科学的民族性和特色,并不是要排斥其他国家的学术研究成果,而是要在比较、对照、批判、吸收、升华的基础上,使哲学社会科学的民族性更加符合当代中国和当今世界的发展要求。

再次,当代中国哲学社会科学的"中国特色",在于它是根据中华民族在长期认识世界、改造世界过程中形成的"理解结构"来吸取和消化外来学术成果的。习近平总书记指出:"中华民族有深厚文化传统,形成了富有特色的思想体系,体现了中国人几千年来积累的知识和理性思辨。这是我国的独特优势。中华文明延续着我们国家和民族的精神血脉,既需要薪火相传、代代守护,也需要与时俱进、推陈出新。"哲学社会科学不仅是对人类活动的总结,还是对人类活动进行思考的结果。“为学之道,必本于思。”“不深思则不能造于道,不深思而得者,其得易失。”思考是有路径和方法的,不同的思维方式使思考呈现丰富多样的特色。一方面,解决中国的问题,提出解决人类问题的中国方案,要坚持中国人的世界观、方法论;另一方面,解决中国的问题,也需要借助中国的思维方式:一是中国的思维方式本身就是问题的组成部分,二是这种思维方式就像与中国问题之“锁”相配的“钥匙”。正如毛泽东同志在1944年说过的:“我们的态度是批判地接受我们自己的历史遗产和外国的思想。我们既反对盲目接受任何思想也反对盲目抵制任何思想。我们中国人必须用我们自己的头脑进行思考,并决定什么东西能在我们自己的土壤里生长起来。”①当然,中国的思维方式不应该是封闭的自我循环,而应该在传承中国思维与借鉴其他思维的过程中,不断拓展自己的视野。

又次,当代中国哲学社会科学的“中国特色”,在于它是通过中国的学科体系、学术体系、话语体系来阐释和表达中国认识、中国思想和中国理论的。真正的研究是基于实际问题的。

每个时代都会用自己特殊的表达方式和话语体系来反映这个时代的问题。哲学社会科学工作者要投身社会实践,善于从实践经验中提炼概念,打造易于为国际社会所理解和接受的新概念、新范畴、新表述,引导国际学术界展开研究和讨论。这项工作要从学科建设做起,每个学科都要构建体系化的学科理论和概念。哲学社会科学工作者“只有以我国实际为研究起点,提出具有主体性、原创性的理论观点,构建具有自身特质的学科体系、学术体系、话语体系,我国哲学社会科学才能形成自己的特色和优势”。真正以问题为导向的哲学社会科学必然有与之相适应的学科体系、学术体系和话语体系,只有在这种具有原创性和自主性的学科体系、学术体系和话语体系的基础上,我们才能反映中国现实、解决中国问题、提出中国方案。

最后,但却是最为重要的,当代中国哲学社会科学的“中国特色”,在于它是坚持以马克思主义为指导的科学的理论体系,是中国化的马克思主义的最新成果。习近平总书记指出:“坚持以马克思主义为指导,是当代中国哲学社会科学区别于其他哲学社会科学的根本标志,必须旗帜鲜明加以坚持。”马克思主义是与时俱

---

① 毛泽东:《毛泽东文集(第3卷)》,人民出版社1996年版,第192页。

进、开放和发展着的理论,21 世纪中国化的马克思主义是基于中国特色社会主义伟大实践的理论总结,引导中国走向了中国特色社会主义道路。对此,我们要有充分自信。自新中国成立以来,在马克思主义指导下,我们用短短几十年的时间,创造了令世人瞩目的“中国奇迹”,使一个贫穷落后的发展中国家一跃成为全球第二大经济体、第一大货物贸易国。中国是一个拥有 13 亿人口的大国,中国的迅速发展和复兴必定会大大改变世界格局。这充分证明了马克思主义的科学性和强大生命力,同时也决定着中国哲学社会科学的真实内容和特色。在经济全球化的时代,实现中华民族伟大复兴的伟大事业,坚持和发展中国特色社会主义,是一项长期而艰巨的历史任务,必须展开其有许多新的历史特点的伟大斗争。哲学社会科学工作者要根据习近平总书记的要求,“按照立足中国、借鉴国外,挖掘历史、把握当代,关怀人类、面向未来的思路,着力构建中国特色哲学社会科学,在指导思想、学科体系、学术体系、话语体系等方面充分体现中国特色、中国风格、中国气派”。

三、讲好中国故事　传播好中国声音

讲好中国故事首先要有文化自信。没有文化自信,就会失语。失去自信,就只能用别人的话语讲述自己,用别人的剧情框定自己。创新对外传播,必须跟上社会发展和文明进步的步伐,适时提出具有原创性和时代特征的话语议题。我们提出“国家不分大小,应该一律平等相待”的话题,即意味着和平共处、和而不同的价值观包含其中,如果这种议题成为一个在世界范围内广泛讨论的主流议题,那么霸权主义国家就需要为自己辩解了。

在前文中我们已经指出中国话语不是要取代其他话语,而是作为众多话语方式中的一种。表达中国梦的中国话语,不仅是中国的话语,也应该是表达人类未来发展方向的话语,即“人类命运共同体”的话语。这种话语不仅是民族的,而且具有世界历史意义。

(一)从中国的和平崛起看文化自信的根基和价值

中华文明有过辉煌而悠久的历史,因而被称为“文明古国”。可是,由于近代的落后,中国人的自信心曾经受到极度的摧残。当时,偌大的中国,不仅在西方的坚船利炮面前变得茫然不知所措,而且还受到周边较小国家的欺凌。法国人佩雷菲特称当时的中国是“停滞的帝国”,更有列强把中国人称作“东亚病夫”,他们把中国看成是“永远逝去的落日”,认为中国再也不可能成为世界历史舞台的主角。但是,这些人显然不理解中国文化内在的自强不息的生命力,没有看到中华民族与历史命运相搏的顽强韧性。实际上,近代不堪回首的漫长辛酸岁月,在大历史的维度里,只是文明演进的一个片段。在“中华民族到了最危险的时刻”之警醒下,我们通过几代人前赴后继、不屈不挠的奋斗,再次实现了中华民族凤凰涅槃的复兴与崛起,重新回到了世界舞台的中心。由此,习近平总书记指出:“当今世界,要说哪个政党、哪个用家、哪个民族能自信的话,那中国共产党、中华人民共和国、中华民族是最有理由自信的。”①

中华民族的文化自信有深厚的历史根基,有坚实的现实基础,有稳定的制度性保证。在中华优秀传统文化之中,可以找到中国改革开放和经济社会成功发展的依据;反过来,中国改革开放和经济社会成功发展也在确证和巩固着我们的文化自信。

首先,我们的自信是基于中华民族在历史中形成的坚如磐石的自主意识,无论遇到什么风浪,无论遭遇什么样的挫折,我们都不会动摇独立自主、走自己的路的意志。中华民族独立自主的意识来自何处?其答案就在深厚的文化传统之中,这是我们自信的历史根基。正如习近平总书记指出的:“在几千年的历史流变中,中华民族从来不是一帆风顺的,遇到了无数艰难困苦,但我们都挺过来、走过来了,其中一个很重要的原因就是世世代代的中华儿女培育和发展了独具特色、博大精深的中华文化,为中华民族克服困难、生生不息提供了强大精神支撑。”②早在夏商周时期,我们的祖先就创设了礼制,从春秋战国时期的百家争鸣,到秦朝统一、两汉雄风、大唐盛世,再到宋、明、清时期的文化繁荣,历史已经证明,中华民族是一个有创造力的民族。习近平总书记说,站立在 960 万平方公里的广袤土地上,吸吮着中华民族漫长奋斗积累的文化养分,拥有 13 亿中国人民聚合的磅礴之力,我们走自己的路,具有无比广阔的舞台,具有无比深厚的历史底蕴,具有无比

① 习近平:《习近平在庆祝中国共产党成立 95 周年大会上的讲话》,《人民日报》,2016 年 7 月 2 日。

② 习近平:《习近平在文艺工作座谈会上的讲话》,《人民日报》,2015 年 10 月 15 日。

强大的前进定力,中国人民应该有这个信心,每一个中国人都应该有这个信心。习近平总书记在2015年哲学社会科学工作座谈会上的讲话中指出:“我们说要坚定中国特色社会主义道路自信、理论自信、制度自信,说到底是要坚定文化自信。文化自信是更基本、更深、更持久的力量。”①正是这种文化自信,保证了中华文明穿越历史风风雨雨,绵延数千年;正是这种文化自信,给了中国人不屈不挠的精神气质,即使遭遇困难也能勇往直前;正是这种文化自信,给了中华民族开放包容的气度,勇于在文化交流互鉴过程中不断拓展自己的文化视野、扩充自己的文化内涵。有了这种文化自信,即使有历史的起伏、暂时的挫折,中华民族也不会自暴自弃,而是永葆自强不息的精神意志。这种文化自信,不仅造就了中华民族的辉煌的历史,而且也奠定了当代中国改革开放事业的成功基石。

中华民族的文化自信奠基了中华文明绵延不绝的自主发展历史;反过来,中华文明绵延不绝的自主发展历史进一步增强了中华民族的文化自信。第一,我们的文化自信给中华文明的历史发展提供了一个有丰富文化内涵的起点。有了这个起点,我们的任何努力都是在丰富壮大自己,使中华民族和中华文明得以延续,而且时机一旦成熟就会激发出勃勃生机。有了这个起点,作为中华民族的“我”在变化之中就会一个成为更新、更丰富、更强大的“我”;缺少了这个起点,“我”在变化之中就可能成为“非我”,成为“他者”。也就是说,如果没有这样一个起点,我们就失去了自己的文化根基,甚至改变了自己的文化基因,我们的历史性努力可能就是白费工夫,甚至是在做自我摧毁的事情。正如习近平总书记指出的:“文化是一个国家、一个民族的灵魂。历史和现实都表明,一个抛弃了或者背叛了自己历史文化的民族,不仅不可能发展起来,而且很可能上演一幕幕历史悲剧。文化自信,是更基础、更广泛、更深厚的自信,是更根本、更深沉、更持久的力量。坚定文化自信,是事关国运兴衰、事关文化安全、事关民族精神独立性的大问题。”②第二,中华文明绵延不绝的自主发展历史,也给当代中国社会的时代性发展提供了丰富的、可资借鉴的文化资源,从而为民族复兴开辟了广阔的空间。中国悠久的

---

① 习近平:《习近平在哲学社会科学工作座谈会上的讲话》,《人民日报》,2016年5月19日。

② 习近平:《习近平在文联十大、作协九大开幕式上的讲话》,《人民日报》,2016年12月1日。

历史传统就是我们的一笔财富。与美国的文化相比,我们的文化有历史的厚度;与许多较小的国家相比,我们的文化有空间上的广度;中国文化在外来文化的冲击下仍然从容发展,更是说明了我们文化的深度。就文化形态而言,中国文化自性之"我",不仅是能够保持为"我",而且是内涵丰富、表现形式多样、有内在深度的"我"。

其次,中华民族的文化自信是建立在坚实稳健的发展现实基础上的。中国特色社会主义事业的成功,中国改革开放所创造的"中国奇迹",让中华民族的文化自信得以确证、彰显和巩固。一个"地球村",同处于经济全球化时代,为什么中国能够在短短几十年实现快速发展?在百舸争流的全球化浪潮中,为什么中国人能够创造"中国奇迹"?原因就在于,中国不仅拥有自己一脉相承的文化传统,而且能够自信地面对文化与文化之间的竞争。这就是说,中国的发展本身给了中国人文化自信的理由,而中国的文化自信本身又是中国发展的根源之一。实际上,中华文明绵延不绝的自主发展历史,正是中国社会不断发展的动力。中国文化多元一体,其内在的丰富性与统一性相得益彰,本身就构成了一个具有内在发展活力的共同体。面对中国令人惊讶的发展变化,美国企业战略家库恩·劳伦斯·罗伯特曾认为,中国在"经济上的变化只是我所看到的第二大变化;中国真正最大的变化是人民的思想和精神的变化——他们的看法和见解、开放性的思维、对自己国家和人民的自信、他们走上世界舞台时所表现的那种热情,还有他们现实生活中所拥有的个人自由①,都表明了中国人在思想和精神上的巨大变化。"另有学者指出:"中国在改革起步阶段就致力于通过市场开放来提升企业的竞争力,而没有像其他东亚国家那样采取贸易保护主义政策。"②敢于在开放中交流互鉴,敢在竞争中一试身手,敢于在对抗中壮大自己,敢于大胆地改,敢于大胆地试,这就是中华民族文化自信的表现。

实际上,一部中国史就是中华文明与其他文明交流互鉴的历史。一方面,"中华民族从一开始就是多元的,在漫长的发展过程中,汉族不断与周围的民族相融合,形成了由五十六个民族组成的大家庭";另一方面,"中华文明和域外文明的接

---

① 罗伯特:《我所看到的中国变化》,《环球时报》,2005 年 11 月 16 日。

② 赵英男:《中国的软实力:资源与前景》,《国外社会科学文摘》,2009 年第 1 期,第 27 页。

触,无论是与印度佛教文明的接触,还是与西方近代文明的接触,都促进了中华文明的发展”①。中华民族在与其他民族的相互交往中不断融合、成长壮大,例如,在汉唐之际就以包容的胸怀、恢宏的气势与周边民族交流互鉴,造就了汉唐盛世,扩大了中华文明的影响力。明朝时期,郑和“七下西洋”的壮举,也展示了中华民族广阔的文化视野。相比之下,随后的闭关锁国、故步自封只是中国历史的细枝末节。中国人民能够以开放的胸襟面向世界,是因为中国的“天下观”本身就是开放的,其理想是不同文化之间的差异不影响和平共处,这就是“和为贵”的初衷用意、“和而不同”的方法途径、“协和万邦”的目标追求。可以说,“天下为公”的价值理念,决定了中国文化的开放性、公允性。这种文化发展到今天,就演变成为“人类命运共同体”的理念,就成为中国“坚持主权平等、共同安全、共同发展、合作共赢、包容互鉴、公平正义”的外交政策。正是基于对自己文化的自信,中国才能够为自身的发展创造了良好的国际环境。也正是这种自信,让我们有了敢于学习外来文化优秀成果的博大胸襟,有了把“差异”变成丰富自身构成的因素,把“不足”变成与时俱进的动力的可能性。

最后,中华民族的文化自信有着稳定的制度性保证。当代中国经济社会的发展成就说明,绵延 5000 年的中华文化,是中国特色社会主义事业发展的深厚根基。中国 40 年的发展是有原因的,它一方面源自中国传统文化本身,另一方面是因为中国找到了符合自己传统文化的发展道路、理论体系和社会制度。关键就在于,中国的发展道路、理论体系和社会制度是有自己的历史根基的,有了这种历史根基,我们在学习外来文化时,就不会迷失自我;有了这种文化根基,我们的发展就不是无本之木、无源之水。中国的发展就像一棵根深叶茂的大树,树越长越高,根越扎越深。

面对中国的高速发展,西方人的傲慢心态开始动摇了。英国工业革命以来,西方国家在与亚非国家交往的过程中滋生了优越感,它们把欧美的道路视为国家发展的标准路径。以西方为中心的世界观,让西方人习惯性地低估了非西方文明和发展中国家在历史发展中的作用。特别是在苏联解体之后,有些人甚至认为“历史终结”了,即在逻辑可能性上,世界的发展只能是西式民主和自由主义市场

① 袁行霈,严文明,张传玺,等:《中华文明史》,北京大学出版社 2006 年版,第 13 页。

经济的"天下",以后的历史演化只是这些模式在时间中的展开而已。英国著名学者马丁·雅克就指出:"当时西方还有一个有失偏颇的观点,认为现代化只有一种模式,那就是西方式的现代化。"这显然是偏见,但是这种偏见却成为西方学术的"集体无意识"。"事实上,现代化的模式有很多种,中国不会按照西方模式走现代化之路,中国道路将呈现出明显的不同,其原因就在于中国的历史文化迥异于西方。因此,中国的崛起将是一种不同于以往的新现象。"①可以说,中国发展道路的成功,使"西方中心论"的历史观碰到了一个真正的历史性挑战。过去,西方遇到的挑战大都属于"内部的危机","可现在,这种竞争来自中国特色的社会主义。在西方经济陷于困境之时,中国经济表现出色,增强了制度吸引力"②。显然,在当今世界,中国的文化自信不仅是历史的延续,而且是现实的确证,这种确证是以中国特色社会主义为根本保证的。

对于正处在实现中华民族伟大复兴中国梦征途中的中国人民而言,文化自信有着特殊的价值,因为这种自信是更基本、更深沉、更持久的力量。首先,文化自信可以增强民族自信心,增强中华民族的文化认同,从而激发全体中华儿女为实现民族复兴的伟业而奋斗的激情和意志。其次,文化自信可以破除一些人崇洋媚外的虚幻思想。曾经有人说,中国为什么发展如此之快?那是因为学习了西方。为什么中国还有许多不完善的地方?那是因为学习西方还不到家。实际上,中国在改革开放的过程中既参照了西方的一些经验,也是"摸着石头过河",而所摸的"石头"是作为中国发展问题的"石头",因此是因地制宜,做符合自己国情的事情,从而取得了成功。改革开放以来所取得的巨大成就之所以被称为"中国奇迹",就在于中国的发展规模和速度都是空前和罕见的。最后,中华民族的文化自信可以为世界增添新的发展愿景并提供参照。在当今世界,任何道路如果不能实现国家又好又快的发展,就是无效率的和不可持续的。如果这种发展不能让绝大多数人获得好处,那就是无意义的或不公正的。中国特色社会主义以人民为中心的发展理念,正是为了让这两个方面统一起来,并且已经取得一定的成效。在胜

① 姜红:《历史和文化乃理解中国之关键——专访英国著名学者马丁·雅克》,《中国社会科学报》,2016年5月12日。

② 奥特曼,哈斯:《美国人的挥霍与美国的权力——财政不负责任的恶果》,《国外社会科学文摘》,2011年第4期,第17页。

于雄辩的事实面前,英国学者罗思义也认为,“中国的社会主义模式优于资本主义模式”,理由一是“当前世界上增长最快的经济体并非遵循……‘华盛顿共识’发展,而是仿效中国的‘社会主义发展战略’或深受其影响”;二是“仿效中国的发展战略或深受其影响的国家对世界减贫的贡献率是85%,而资本主义国家的贡献率仅为15%”①。的确,中国不仅实现了快速的发展,而且让几亿人摆脱了贫困。联合国报告指出近30年全球减贫成果的70%是由中国贡献的。中国人民有资格为解决世界问题提供“中国方案”。

总之,之所以“中国共产党、中华人民共和国、中华民族最有理由自信”,就在于当代中国人民基于中国的文化传统和现实,找到了一条中国特色社会主义道路。构建了中国特色社会主义理论体系,创设了中国特色社会主义制度,建设了中国特色社会主义文化。这种发展道路、理论体系、制度文化,一方面保证了我们能够实现经济的高速发展,另一方面也能够证“以人民为中心”的理念规范我们的发展。对于人类文明而言,这两个方面都是不可或缺的。邓小平同志指出:“贫穷不是社会主义,社会主义要消灭贫穷。”②邓小平同志所说的消灭贫穷,是实现“共同富裕”,而共同富裕又需要以经济发展作为支撑,即发展才是硬道理。正如马克思指出的,生产力的巨大增长和高度发展“之所以是绝对必需的实际前提,还因为如果没有这种发展,那就只会有贫穷、极端贫穷的普遍化;而在极端贫困的情况下,必须重新开始争取必需品的斗争,全部陈腐污浊的东西又要死灰复燃”③。马克思的话是十分深刻的,他告诉我们,只有物质文明的高度发展才能确证文化的理想、保障文化的自信。正是中国特色社会主义事业的成功,才让中国人民摆脱了近代以来自卑的心态,真正意义上恢复了文化自信。经济社会发展良好,说明我们的道路走对了,我们的理论是正确的,我们的制度是合理的,我们的文化是值得骄傲的。

(二)用社会主义核心价值观讲好中国故事

中国人崇尚实干,倡导少说多做。但是,文化软实力需要思想和价值的话语

---

① 罗思义:《没错,“中国模式”优于“西方模式”》,《环球时报》,2016年9月20日。

② 邓小平:《邓小平文选(第3卷)》,人民出版社1993年版,第116页。

③ 马克思、恩格斯:《马克思恩格斯文集(第1卷)》,人民出版社2009年版,第538页。

力量。俗语说,“酒香不怕巷子深”。但是,在信息化时代,人们往往根据信息来对一件事情做出判断,在国际上,大多数人不可能有机会考察其他国家的实际情况,对其他国家和地区的了解,主要依赖各种媒体的报道。由于历史和其他原因,西方发达国家操控着从传统媒体到网络新媒体的全方位的传播手段,实质控制了国际话语权和讨论议题的设置权,因此我们往往被无端地抹黑,甚至被“妖魔化”。我们的经济社会发展了,人民生活改善了,社会越来越开放了,但“骂”我们的人却没有减少。我们已经解决了“落后就要挨打,贫穷就要挨饿”的问题,但还没有解决“失语就要挨骂”的问题。由于国际舆论“西强我弱”的格局没有根本改变,面对一些国家或个人信口雌黄、颠倒黑白的指责,我们则往往有理说不出,说了也传不开。可见,谁掌握了话语权和议题设置权,谁就掌握了判断是非的权力。正如哈尔珀所说的:“打赢如今的战争靠的不是最好的武器而是最好的叙述方式。”① 这也是西方学者鼓噪其文化软实力的一个重要原因。

所谓文化软实力,就是一个国家基于文化传统和价值观念而形成的凝聚力和生命力,以及由此产生的对他国的吸引力和国际影响力。纵观人类历史,任何一个大国的崛起,既是经济总量、军事实力等硬实力提升的过程,也是思想文化、价值观念等软实力提升的过程。过去,中国综合国力有限,较少主动参与国际事务,主要是“把自己的事情搞好”。现在,中国已经发展成为全球第一大贸易国、第二大经济体,相应地,要对国家软实力和国际话语权引起足够的重视。因为这影响着中国和平发展的战略目标和前景,别人对中国形象的抹黑会给中国的发展造成极大阻力。正如习近平总书记指出的,提高国际软实力,关系我国在世界文化格局中的定位,关系我国国际地位和国际影响力,关系“两个一百年”奋斗目标和中华民族伟大复兴的中国梦的实现。

要提高国家软实力,我们就必须夯实基础,把中国建设成为社会主义文化强国。其中,培育和弘扬社会主义核心价值观是关键。因为“核心价值观是文化软实力的灵魂、文化软实力建设的重点。这是决定文化性质和方向的最深层次的要素。一个国家的文化软实力,从根本上说,取决于核心价值观的生命力、凝聚力、

① 纳瓦罗:《中国“三战”战略让美国束手无策》,《参考消息》,2016年1月7日。

感召力”①。弘扬社会主义核心价值观,提升我国的文化软实力,首先,要以科学的态度对待中华传统文化,传承和弘扬传统文化的思想精华。中华优秀传统文化是中华民族的“根”和“魂”,中华民族之所以生生不息、繁衍发展,就在于我们有这样的文化资源,这是我们民族的突出优势。我们应该坚持古为今用、推陈出新,有鉴别地加以对待,有扬弃地予以继承,取其精华、去其糟粕,用中华民族创造的一切精神财富以文化人、以文育人。我们不能对自己的文化传统搞虚无主义,自断民族精神的命脉。不忘本来才能开辟未来,善于继承才能更好创新。因此,就要讲清楚中华优秀文化传统的历史渊源、发展脉络、基本走向,讲清楚中华文化的独特创造、价值理念、鲜明特色,增强文化自信和价值观自信。深入挖掘和阐发中华优秀传统文化讲仁爱、重民本、守诚信、崇正义、尚和合、求大同的时代价值。其次,要对传统文化进行创造性转化、创新性发展。创造性转化,就是根据时代发展的特点和要求,对那些至今仍然有借鉴意义的文化加以改造,赋予其新的时代内涵和现代化的表现形式,从而激活其生命力。创新性发展,就是根据时代的新进步、新进展,对中华优秀传统文化的内涵加以补充、拓展、完善,增强其影响力和感召力。最后,继承和弘扬中华优秀传统文化,不是回到过去、故步自封,对世界文化成果充耳不闻。文明从来都因交流而多彩,因互鉴而丰富。作为一个海纳百川、兼容并包的民族,中华民族历来包容差异、择善而从,在漫长的历史进程中,不断吸取和学习他人好的东西,并赋予其自身的民族特色,将其转为自己的东西。基于优秀的传统文化,借鉴世界一切优秀的文化成果,我们就一定能够把中华文化推向新的历史高度。正如习近平总书记所说的:“中华民族创造了源远流长的中华文化,中华民族也一定能够创造出中华文化新的辉煌。”②

要提高国家软实力,我们就必须传播好中国特色社会主义核心价值观。我们用短短几十年,就把积弱的国家建设成为一个蒸蒸日上的大国,成功地走出了一条中国特色社会主义道路,用无可争辩的事实证明,我们的道路、理论体系、制度都是成功的,我们以人民为中心的价值观念是正确的。正如马丁·雅克指出的:“在20世纪90年代,全球化被绝大多数人视为西化。在中国崛起后,这种傲慢观

① 习近平:《习近平谈治国理政》,外文出版社2014年版,第163页。
② 习近平:《习近平谈治国理政》,外文出版社2014年版,第156页。

念已逐新消失了。"①我们要有充分的文化自信和价值观自信。台湾大学政治学系教授张亚中也认为,"没有物质力量不可能成为一个大国,然而只有掌握了话语权与价值体系,才可以堪称一个主导性的大国。西方大国目前已经出现了若干问题,它们解决问题的方法,无论在处理国际金融危机方面,还是在解决国际冲突方面,已经开始背离了自己的价值信仰。这是中国的一个机会,也是责任。应该让西方了解,中国崛起的是一个东方文明大国的崛起,也是对西方文明的警醒,更是期望能够共同携手为人类创造福祉与和平的崛起"。"中国在崛起过程中,应该从哲学层面重新整理一套中华文化的世界观、秩序观和价值观。这并不意味着取代西方的文明价值观,而是补充和完善西方的文明价值,告诉西方为何中华文明的若干价值可以丰富或补充西方文明。中国的崛起就是要取得这种话语权与世界秩序的诠释权。"②张教授的观点是有一定道理的,中国人注重合作、共享、和合的和谐价值观,其明显优于西方人排他性的个人主义和自由主义的价值观。实际上,中国的"仁""义"的价值理念,在美国、德国、俄罗斯等发达国家都得到了高度认同。就此,北京大学关世杰教授指出:"共享性中华核心价值观不仅可以增强我国在国际文化关系中的影响,而且可以引领世界文化潮流,为构建世界秩序提供精神支柱。"③我们要集中讲好中国特色社会主义的故事,讲好中国梦的故事,讲好中国人的故事,讲好中华优秀传统文化的故事,讲好中国和平发展的故事,把中国的价值观讲得越来越动听、越来越有吸引力。

要提高国家软实力,我们还必须完善话语体系,主动设置议题,讲好中国故事,展示中华文化独特魅力。我们在国际话语权方面的"无语"或"失语"状态,有历史的原因,也有语言方面的障碍,但主要还是由于我们还没有建立起完善的话语体系,缺乏主动设置议题的能力,没有把我们发展的优势和综合国力转化为话语优势。要改变这种状态,就必须重视对外话语体系建设,摒弃"口号式""八股式"的话语方式,创新对外表达中国立场和中国声音的话语体系,提升我们对外文化传播的能力,构建融通中外的新概念、新范畴、新表述,通过国外受众想听的方

① 马丁·雅克:《中国崛起颠覆西方传统认识》,《参考消息》,2005 年 12 月 11 日。
② 张亚中:《中国和平崛起的困境与因应之道》,《学术前沿》,2013 年第 2 期,第 26 页。
③ 关世杰:《对外传播中的共享性中华核心价值观》,《学术前沿》,2012 年第 11 期,第 75 页。

式把我们想讲的内容说出来,增强跨文化传播的亲和力。为此,我们就必须基于中国的历史传统和社会发展现实,提炼出适合描述中国道路、反映中国力量、体现中国价值、表达中国精神的中国话语;立足反映中华民族生生不息的日常生活和文化传统,提炼出能够打动“他者”心扉的生活话语;紧跟社会发展和文明进步的步伐,适时地提出具有原创性和时代特征的话语议题;对接经济全球化的世界格局和包容“人类命运共同体”,凝练出让世界能够理解的、具有世界历史意义的话语。最后,还应重视提升用外语讲述中国话语、传播中华文化的能力。我们要统筹各方资源,奏响“交响乐”、唱响“大合唱”,把传递中国价值观的故事讲得越来越精彩,让中国声音越来越响亮。

第五章

人类命运共同体理念下价值观的国际传播

从2013年的“一带一路”提出，到2016年的“网络空间命运共同体”，再到2017年的“人类命运共同体”，习近平总书记的一系列重要讲话和“一带一路”倡议实施效果证实，向世界讲好中国故事，分享中国经验与智慧，既符合全球经济发展的现实要求，符合国际社会的根本利益，又是全球治理模式创新与转型的关键点，将有效推动世界和平发展。在“一带一路”倡议实施的过程中，建立中国国际话语体系尤为重要，而当代中国价值观正是国际话语权的基础，“一带一路”国家只有对当代中国价值观的正确解读与理解，才能真正打造双赢互惠、文化共享的新型国际关系，打造人类命运共同体。

第一节　人类命运共同体与人类共同价值

和平发展既是中华民族理性的选择，也是中华民族对世界的承诺。从构建和谐发展世界的目标，到“构建人类命运共同体”的新理念提出，反映了中国走和平发展之路的战略决心。

中国的和平发展对我们自身和全世界都有十分重要意义，它既有助于中国摆脱贫穷落后的状态，实现民族的复兴，也给整个世界的发展带来机遇。中国是一个有着巨大潜力的广阔市场。随着中国国际地位的提升，中国的文化传统、中国人打交道的方式、中国人在国际关系中持有什么样的价值观也会越来越为世界所关注。

一、走向人类命运共同体

(一)人类命运共同体新理念的提出

在当今世界,中国共产党“立于时代潮头,把握历史脉络,提出了一系列新思想、新理念。比如打造对话而不对抗、结伴而不结盟的伙伴关系,进而建立以合作共赢为核心的新型国际观念,摒弃了结盟对抗的旧思维,超越了零和博弈的老套路,既有鲜明中国特色,又有重大世界意义,不仅是新时期中国外交的行动指南,也将对人类发展进步事业产生深远影响”①。

中国走和平发展的道路,主张构建和谐世界,是中国人民理性的道路选择,这个选择是以中国文化传统和社会价值观取向为基础的。早在 1985 年,邓小平同志就旗帜鲜明地指出“和平与发展”已成为时代主题。并提到:“现在世界上真正大的问题,带全球性的战略问题,一个是和平问题,一个是经济问题或者说发展问题。”②江泽民同志提出了“与邻为善、以邻为伴”和“睦邻、安邻、富邻”的外交政策,致力于维护世界和平。为了创造和平发展的国际环境,胡锦涛 2005 年 4 月出席亚非峰会时指出,“综观当今世界,和平、发展、合作已成为时代潮流”,各国“应共同构建一个和谐世界”③。

和平发展是中华民族儿女在历经战火洗涤之后的选择,也是中华民族对全世界的一份承诺。习近平总书记指出:“中国走和平道路,不是权宜之计,更不是外交辞令,而是从历史、现实、未来的客观判断中得出的结论,是思想自信和实践自觉的有机统一。”这是对中国走和平发展道路非常精辟的总结。既然和平发展不是权宜之计,更不是外交辞令,那就必然有着深刻的价值理念作为支撑。

党的十八大报告提出了“要倡导人类命运共同体意识”的命题,十九大报告更是要“坚持推动构建人类命运共同体”,这是一个重要的历史观、文明观和价值理念的宣示。这个宣示是基于中华传统文化,立足中国经济社会发展,展望中华民

---

① 《王毅在十二届全国人大五次会议举行的记者会上就中国外交政策和对外关系答中外记者问》,《人民日报》,2017 年 3 月 9 日第 6 版。

② 邓小平:《邓小平文选(第 3 卷)》,人民出版社 1993 年版,第 105 页。

③ 胡锦涛:《与时俱进继往开来 构筑亚非新型战略伙伴关系——在亚非峰会上的讲话》,《人民日报(海外版)》,2005 年 4 月 23 日第 1 版。

族大复兴和人类文明发展的前景提出的。

中国有着悠久的历史传统,是一个自主文明不断延续的国家。正因为如此,美国前国务卿基辛格认为,“若要了解 20 世纪的中国外交或 21 世纪中国的世界角色,必须先对中国的历史有一个基本的认识”①。人类命运共同体的理念同样是中国历史思想的创造性转化与创新性拓展。正如张立文先生所指出的:“中华民族自古以来就有‘天地与我计生,而万物与我为一’,以及‘天地万物本吾一体’的思想。简言之,是一种命运共同体思想。”②

如何处理当代错综复杂的国际关系是人类命运共同体意识产生的直接原因。人类命运共同体是当代中国共产党人基于经济全球化、通信网络化和日益增长的全球生态和安全问题提出的人类利益共存、合作共赢、休戚与共的文明价值观。

在漫长的文明发展史中,人类曾经长期生活在相互隔绝的环境之中。交通工具的改进,特别是新大陆的发现,让处于分割状的世界有了相互接触的可能。当今世界,越来便利的交通增进了各地之间的经济、文化交往,信息技术的突破性发展,也进一步把人们的知识和精神生活纳入相互影响的全球网络之中,尽管人们生活在不同社会制度、文化传统和地理空间中,分属于不同的种族,有着不同的肤色,信仰不同的宗教,但在经济发展、生态环境、社会安全等方面却面临着共同的课题。在这个星球上,错综复杂且日益紧密的联系构成了你中有我、我中有你的局面,形成了“一荣俱荣、一损俱损”的格局。面对这种情形,中国方案是:构建人类命运共同体,实现共赢共享③。

(二)全人类共同价值的提出

2015 年 9 月,习近平总书记在第 70 届联合国大会上指出,全人类的共同价值:和平、发展、公平、正义、民主、自由,也是联合国的崇高目标。任何一个国家、任何一个民族都必须自觉地去遵守,弘扬联合国宪章,构建新型的国际关系,最终

① 基辛格:《论中国》,中信出版社 2015 年版。

② 张立文:《王霸之道与和合天下》,《学术前沿》,2016 年第 10 期,第 90 页。

③ 习近平:《共同构建人类命运共同体——在联合国日内瓦总部的演讲》,人民网,2017 年 1 月 18 日。

实现合作共赢①。习近平的讲话总结为一句话，提出了全人类的共同价值，共同价值也是人类发展的方向，我国当前正在培育和践行社会主义核心价值观，就是以此为方向，不断地发展和完善，形成了新的内涵。

当前，全球化已经成为一种普遍的趋势，习近平在此基础上提出了共同价值的理念，具有一定的可行性，共同价值是建立在马克思主义人性论的基础上，该理论对资产阶级抽象人性论进行了批判，然后在此基础上，提出了更为先进的自由平等民主人权等，更加具体和详尽，属于当代文明的价值观，价值观的表述非常清晰，不存在任何矛盾和模糊概念，能够让世界各国的人民和媒体清楚地了解到中国在价值观这方面的努力，任何谣言、误解都不攻而破，有利于达成社会共识，共建社会主义政治文明，提高社会主义现代化能力。

中国站在自己的话语系统上，郑重地提出了全人类的共同价值，具有一定的前瞻性和现实性，进一步构建了中国人自己的表达方式，明确了自身的态度，又抵制了西方国家对中国的攻击。中国的这种表达，是世界各民族的共同心声，获得了很多国家和民族的认可，中华民族的魅力又一次展现。中国可以借助这一优势，弘扬全人类共同价值，带着整个国家朝着这一目标而奋斗，赢得世界其他民族的尊重、信赖和认可。

习近平提出的共同价值，符合了世界文明多样化的特征，能够在全球范围之内，求同存异，实现共同的发展，能够解决全人类面对的重大问题。世界是多样的，文化是丰富多彩的，只有坚持多种文化共存，坚持个性与共性共存，普遍与特殊共存，才能真正地认识到共同价值的具体内涵。中国所提出社会主义核心价值观，实际上就是在吸纳和发展共同价值的基础上形成的②，符合世界的共同价值，两者是辩证统一的关系。人类社会文明孕育了各民族的文明，任何一个民族的文明都不可能独立存在，都会和人类社会文明发生各种各样的联系，社会主义核心价值观也是如此，当前正在沿着人类文明发展的路径不断地前进，不断地提升。

---

① 习近平：《携手构建合作共赢新伙伴，同心打造人类命运共同体》，《人民日报》，2015 年 9 月 29 日，第 2 版。

② 张夏、雷骥：《全人类“共同价值”的基本内涵和时代价值》，《思想教育研究》，2016 年第 7 期，第 52 – 55 页。

（三）人类命运共同体与共同价值的追求

自党的十八大报告提出“倡导人类命运共同体意识”之后，命运共同体已成为习近平主席在众多外交场合，特别是在论述中国与发展中国家、周边国家和新兴国家外交关系时，多次强调的中国外交理念，其思想内涵在结合各种国际合作的内容中不断丰富。2012 年初，习近平总书记会见在华外国专家时曾说，国际社会日益成为一个你中有我、我中有你的命运共同体，表示中国有条件、有能力实现经济持续健康发展，为世界经济带来更多正面外溢效应。2013 年 10 月，习近平总书记提出要加强周边宣传工作，让命运共同体意识在周边国家落地生根。习近平总书记访问印度尼西亚时，明确表示中国同东盟国家加强海上合作，携手建设更为紧密的中国—东盟命运共同体。在访问韩国时，习近平主席提出，中韩两国应该构建开放融合发展格局，共同打造利益共同体。参加中国与拉美和加勒比国家领导人会晤时，习近平总书记又进一步强调，要与拉美和加勒比国家加强合作，努力构建携手共进的命运共同体。

在 2015 年出席第 70 届联合国大会时，习近平总书记强调，和平、发展、公平、正义、民主、自由，是全人类的共同价值，我们要继承和弘扬《联合国宪章》的宗旨和原则，打造人类命运共同体。中国不是把人类命运共同体当作口号，而是切实落实于实际行动，“一带一路”建设就是明证。在 2017 年 5 月召开的“一带一路”国际合作高峰论坛圆桌峰会上的闭幕词中，习近平总书记指出，中国“要用实实在在的行动，为构建人类命运共同体注入强劲动力”。

在人类社会不断前进的过程中，共同价值起到了关键性的精神引导作用，是人类命运共同体的价值基础，而这一目标的实现也是历史的大势所趋。在人类的价值取向上，中国与世界其他国家都应当以共同构建一个具有平等性和兼容性的良好思想平台，以信任和友善作为交往的基础。在更为宽泛的思想世界中，不同国家达成一致的见解，尊重各自的行为，以学习和借鉴作为未来的主要行动。而共同价值也改变其单向的外向传递的思路，更不是所谓的武力或经济制裁能够获得，需要众多国家一起，不同文明一起，将自身在历史实践中获得的宝贵经验共同分享。显然，当代中国之所以走和平发展道路，倡导构建和谐世界，就在于中国有着深厚的人类命运共同体的意识和价值追求。这种价值追求的实质就是，各国之间处于一种相互依存、休戚与共的关系之中，只有包容互惠、和衷共济，才能实现合作共赢、共同发展。中国的价值理念已经得到越来越多国家的认同。更可喜的是2017年2月10日,联合国决议中更是首次写入了"构建人类命运共同体",这标志着中国的人类命运共同体理念已经得到国际社会的普遍认同,彰显了中国对全球治理的巨大贡献。联合国官员查沃斯指出:"'构建人类命运共同体'的理念是中国人着眼于人类长远利益的远见卓识。"①

二、社会主义核心价值观体现价值共识

人类共同价值是得到世界各国普遍承认的基本价值原则,是推动人类进步和社会发展的关键精神动因。人类过去的精神成果为社会主义核心价值观形成铺垫了道路,在实践中对之进行了优化和完善,全面表达了人类的共同愿望,反映了人的自由全面发展的需要,是人类共同价值的结晶和全面提升。社会主义核心价值观的实质源自人类共同的历史实践形成的文明硕果,也已经作为"共同价值"的核心内容,代表了人类集体的文明成果和"共同价值"的凝结和展示。

首先,社会主义核心价值观对自由与平等的关系积极引导,让共同价值给更多人带来福利。人类追求的两大最基本的目标就是自由和平等,这也是其他价值所衍生和演变的前提,两者没有本质冲突,更是人类共同价值得以实现的催化剂。

每个人都对自由有着极为强烈的渴望,然而倘若自由超过了一定的度,也会影响到平等的实现。在自由竞争的场域内,社会成员并没有实现真正的平等,也就产生了很多的失败者。自由竞争的完全失控会使得不平等随处可见,道德的谴责也变得稀松平常。而且自由竞争的胜利者也很少是凭借努力获得的,更多的是偶然因素的结果。而多数人都无法平静接受自己在自由竞争中的失利,特别是其对自身生存和尊严的亵渎。倘若没有及时对不平等进行修改,就会使得更多人的同情心和人道主义思想受到侵害,结果则是更加难以预料。不平等甚至会让更多人自我质疑,且对自由全盘推翻,也许有的人还会以更为激烈的方式来表达自己对当前价值体系的不满,声称即便失去自由也要维护平等。这种行为本身就是对自由的否定,更不消说对整个人类共同体的伤害。

---

① 顾震球:《"'构建人类命运共同体'理念体现中国维护人类长远利益远见卓识"——访联合国社会发展委员会第55届会议主席菲利普·查沃斯》,人民网,2017年2月19日。

人类为了追求平等也付出了巨大的努力，这是人们对特权、专制和不公正的抗争。然而真正的平等也是很难界定的，过度看重平等，就会走向另一个极端，对自由也会产生极大的负面作用。劳动人民从自身的地位和需要出发，更希望实现平等的价值指向，然而在身份、地位和权利的平等之外，很容易让人兴起过度索取的念头，就会对结果的平等更加偏执。个体在自由的前提下获得了不同程度的成长，而要保证结果的平等，就需要国家以最大化的权力，也就是具有强制性的力量才能获得平等，也会给人们以不良的暗示，也就是自由的牺牲可以换取平等。

在资本主义早期，自由和平等并未和谐相处。那时的资本主义认可了消极自由，更多人认为并没有真正的自由可以实现。人们美好的价值愿景只成为少数人的专有物。在近代，社会主义以革除资本主义弊端自居，希望彻底改进改正早期的过度不平等和不正义的状态，让世人所认可的应当享有的权利和自由全部返还给所有人，这样无论少数还是多数人都能享受到共同价值。然而社会主义在对资本主义进行纠正的过程中，也是过犹不及，多次将平等等同于所有方面的平等，既对自由价值产生了伤害，也对平等造成了不利影响。

首先，十八大提出的社会主义核心价值观对自由和平等的关系给予了协调，将自由和平等有机联系在一起。自由是可以受到影响的，且被赋予了新的积极内涵，让多数人都能享受到自由，且自己努力可以实现人生价值。平等与平均也有了严格的界限，任何低水平的强制性分配行为都被取缔，多数人都能在基本权利和自由上有相同的发言权。而且为了更多人可以实现自由和平等，也使两者和谐相处，公正和法治被引入社会主义核心价值观的内容，自由和平等两者的偏执和偏颇被有效矫正过来，不偏不倚成为常态，两者都能为对方考虑而不越界，自由和平等在动态平衡中存续，法治也使得这种平衡不会轻易被打破。

其次，社会主义核心价值观保证了价值层面的个人和共同体的平衡关系。对个人权利和自由的认可是共同价值重要的进步性体现，然而部分国家也会过度将个人权利推到更高的位置，难免会有负面作用。倘若公民只重视个人利益，而否定群体和共同体的利益，也是有失偏颇的。个人需要在共同利益基础上考虑自由的获得，这也是个人自由的合理获取方式。而从多数发展中国家的现状去探讨，经济社会处于低水平运行，社会并不富裕，通过个人的奋斗要去实现更多人的自由、福利无异于天方夜谭。劳动人民要拥有自由和权利，就需要借助于强大的国家,国家才能有能力确保每个人都是有尊严的个体,获取正当的生活。所以,共同价值应当以国家富强为目标。与之相反的是,倘若个人权利失去保障,个人发展的积极性没有伸张,国家权力失控就会阻碍国家的发展。

社会主义核心价值观是社会主义市场经济环境下,对极端个人主义的摒弃,将发展中国家本身所独有的历史环境作为根本的出发点和落脚点,是占世界人口总量大多数国家人民群众的切身利益的体现,在尊重个人的自由和权利的同时,也同样为个人价值和集体价值的结合做出了更为积极的努力。一方面要通过民主和法治建设,为广大人民群众合法权利的保护提供强有力的支持;另一方面也同样要推动国家的发展,将社会的文明与和谐发展做为头等要事来抓。

最后,社会主义核心价值观也同样是人们自由、全面发展需求的直接体现,在客观上推动了人类共同价值观的形成、发展和完善。社会主义核心价值观高屋建瓴地总结了人类自由发展过程中所涌现出来的各种需求,并从个人、制度和共同体三个方面进行了归纳和总结。

个人道德层面,社会主义核心价值观强调的爱国、敬业、诚信、友善,是人类价值需求映射在道德层面的必然产物,不仅是共同体对个体所提出的客观要求,同时也反映了生活在国家之中的个人,对于国家所具有的浓厚情感。热爱国家,意味着愿意为国家、为家乡做出更多的贡献,也同样意味着希望通过辛勤的付出而得到相应的回报,任何社会都会对那些勤劳工作的人们给予必要的尊重。日常生活中,良好的人际关系以及良好的外部社会环境,是人们始终追求的,而在这种社会思想需求之下,诚信、友善显然成为人们重要的道德标准。

在政治与社会制度层面,社会主义核心价值观中所强调的自由、平等、公正、法治,是对公民个体权利要求的直接体现。从本质上来说,是个人对共同体保障其自身所追求价值的客观要求。任何社会中的人都希望可以自由地表达、自由地支配合法财产、自由地行动、自由地处理个人事务。正是因为人们希望能够掌握更多的自由和权利,但是也同样希望所有人都能够获得不超过自己的权益,因此平等分配自由和权利成为必然的选择。人们希望政府能够公正的分配自由、平等等权利,希望在社会分配的过程中能够公平地保证每一个人的合法权益。制度层面保证法治原则的贯彻和落实,是提升公民对政府坚守公正的基础和前提,因此制度层面的价值也同样是核心价值观中不容忽视的重要组成部分,是保证共同体和个人能够和谐共处、共同发展的基础所在。制度层面的价值有着重要的意义,这是因为,只有建立健全一套行之有效的制度体系,才能够为其他价值的顺利实现提供必要的保障和支持。而只有制度提供了必要的保障,才能够让个人的道德回馈变成现实,从而为共同体价值导向的实现奠定坚实的基础。

在共同体层面,人们对于生活、对于社会的美好愿望,可以通过富强、民主、文明、和谐而加以体现。实际上,如果将个人对于自由、公平、平等的要求上升到政治层面,就形成了我们所讨论的民主。这是因为,自由和民主的实现,必然不可能建立在一个独裁的政府之上;由于所有的人都是平等的,因此没有任何人天生就具有掌握政治的能力,而是要通过选举等民主化的方式产生领导人。共同体层面的价值的实现,不仅要求政治上的民主,同时也对经济上的富裕有着广泛的需求,要求社会和谐、富强。

上述的三个层次之间,相互支撑、相互依存,共同构成了一个完整的价值体系,为社会的和谐发展提供了强有力的支持和帮助。个人道德层面的价值,从本质上来说是典型的义务性价值,是人类社会发展过程中所产生的自然价值需求。而制度层面的价值的本质是权利性的需求,为人们自由、平等发展价值提供了必要的保障和支持。如果这两个层面上的价值实现了,那么也就意味着共同体层面价值的实现,要求个人在享受共同体所提供的自由、权利要求的同时,也必须承担相应的义务。为大众的全方位、多样化需求的满足提供支持,是人类共同价值的核心要旨,也同样是全球人民群众所普遍认可的基本价值原则。社会主义核心价值观直接体现了人们自由发展的需求,符合历史发展的方向以及时代进步的潮流,是人类共同价值最高层次的完整表达。

三、拓展社会主义核心价值观传播路径

人类共同价值不是一成不变的,而是在吸收各种文明价值精华的基础上不断发展的。社会主义核心价值观充分凝结并优化了人类共同价值,在促进人类形成新的更人道更公平的价值共识方面理应发挥重要作用。全面践行并大力传播社会主义核心价值观,在相互尊重、平等对话的基础上促进人类形成价值共识,不仅有利于增强国家文化软实力,扩大社会主义影响力,而且有利于推动各国合作共建一个和谐繁荣的人类命运共同体。我国应该努力践行社会主义核心价值观,并

积极参与推动人类价值共识的形成，一方面使社会主义核心价值观的精华内容为其他国家所理解和接受，成为人类共同价值的重要组成部分；另一方面积极与其他国家进行价值领域的对话和交流，推动各国在平等、包容的基础上达成价值共识，共建一个和谐繁荣的人类命运共同体。具体应从以下几个方面进行：

第一，创新国家治理方式，扩大社会主义核心价值观影响力。社会主义核心价值观是一个先进的完整的价值体系，但是如果不能在实践中充分落实，就不能证明其在推动个人及社会发展方面的有效性、公正性，因此我国必须付出长期的艰苦的努力去实践社会主义核心价值。践行社会主义核心价值观，需要在民主、法治、社会管理等方面推动国家治理方式的创新，构建实现公民选举权、表达权、监督权的制度体系，实现司法公正，加强政府与公民、社会组织的合作治理，使人民的自由平等权利、人格尊严得到严格保障，为人民提供优质的服务和各项救助。

一个民主公正的社会，能够强化人们的爱国情感，使人们对国家的感情从自然的热爱上升到理性的忠诚，进而更加敬业并从工作中获得尊严、荣誉和幸福。公民之间建立起互助体系，社会资本也日益发达，人人诚信友善，相互关爱。在此基础上，社会成员创业、创新的主动性和积极性空前提高，聪明才智得到充分发挥，经济、政治、社会、生态等领域的文明程度全面提升，推动整个国家走向繁荣、富强，中国将发展成为一个富强民主、高度文明、和谐宜居的社会。

我国在制度建设和社会实践中全面落实核心价值观，兑现对人民的价值承诺，证明其可以促进人的自由发展、引领社会进步，充分彰显社会主义核心价值观的有效性和生命力，将树立起先进理念与中国模式相结合的成功范例，使社会主义核心价值观得到更多人的理解和认同，有助于扩大其在全世界的吸引力和影响力，为推动人类形成价值共识提供启示和借鉴。

第二，积极传播社会主义核心价值观，参与构建人类共同价值体系。人类社会在相互联系和交往的过程中，必然会产生共同价值。我国必须正确认识和对待共同价值问题，不能否认价值的普遍性，否则在国际社会就可能被孤立，失去在价值领域的话语权。在五千年文明进程和六十多年的社会主义实践中，我国积累有丰富的价值成果，“理所当然地需要而且能够担当起构建人类普遍价值的权利和责任”,主动自觉地对共同价值作出“自己的科学化的理解”①,积极参与人类共同价值体系的建设。

我国的发展水平和国际地位得到了极大的提升,社会主义核心价值观日臻完善,我们更要有价值自信,在对外交往中积极传播社会主义核心价值观。我国应在社会主义核心价值观的基础上,与各国开展价值、人权领域的对话,在相互尊重的基础上就共同价值进行探讨和交流,使社会主义核心价值观中的普遍性内容得到更多国家的理解与认同,使其融入人类共同价值体系。传播社会主义核心价值观能够占据道义制高点,彰显社会主义的道德正当性,促进人类价值进步。但在传播社会主义核心价值观的过程中,我国应坚持和而不同的立场,不能强加于人,只能通过平等对话寻求不同国家、不同文明之间在价值认同方面的最大公约数,使各国人民认识到中国所倡导的基本价值能够“适合人类绝大多数个体的生活方式和切身利益,并且为人们的经验和条件所认同”②。社会主义核心价值观将古今中外各种价值兼收并蓄,具有普遍性与合理性,理应能够为人类形成价值领域的共识,贡献优秀的价值成果。

第三,倡导建立国际关系新模式,促进人类命运共同体的形成。在过去较长的历史时期,由于不平等国际关系的限制,广大发展中国家在人类价值领域缺少话语权,西方国家的价值成为最具影响力的价值观,以至于很多人将西方价值等同于普世价值。在今天这个时代,人类已经成为一个命运共同体,一起面临着极其复杂的问题和挑战,单靠一种价值体系已经不能应对全球性的挑战。因此,需要各国人民广泛吸收各种文明的优秀成果,共同参与构建人类共同价值。各个国家在自身发展过程中形成的为本国人民所珍爱,同时又具有普遍性的价值,都应该纳入人类共同价值体系。

发展中国家要在人类共同价值构建中拥有更多的发言权,必须改变不平等的国际关系。中国作为最大的发展中国家,应该在国际关系领域坚持社会主义平等、公正、民主、和谐的价值,倡导国际关系新模式,为发展中国家争取平等地位,“支持增加发展中国家特别是非洲国家在国际治理体系中的代表性和发言权”,推

① 李德顺:《怎样看“普世价值”》,《哲学研究》,2011 年第 1 期,第 3 - 10 页。

② 甄言:《关于“普世价值”的几个认识问题》,《北京日报》,2008 年 6 月 16 日第 18 版。

动国际体系和全球治理机制朝着更加民主、更加公正合理的方向发展。各国之间建立“平等相待、互商互谅的伙伴关系”，世界各国无论大小、强弱一律平等，“相互尊重、合作共赢”，“以对话解争端、以协商化分歧”①。

在人类价值领域，中国应和其他国家一起，致力于建设一个开放、宽容、竞争性的思想市场，营造诚信、友善的交往氛围。在这个开放的思想市场中，各国互相理解，彼此尊重，互相学习和借鉴。人类共同价值的形成不再是一种价值体系单向地向世界普及，不是借助武力或经济制裁迫使其他国家接受某种价值体系，而是各个国家、各种文明将其自身所形成的具有普遍性的价值拿来进行对话和交流。各国人民在平等交往、共同实践的基础上，求同存异，弱化分歧，经过各种价值理念的碰撞、竞争、融合，不断建构和生成新的价值共识，使人类共同价值不断发展、丰富和完善②。

社会主义核心价值观比较完整地体现了人类价值共识，是人类共同价值的提炼、浓缩和升华。在国内，我国政府正努力推行社会主义核心价值观，保障公民的各项基本权利，使公民诚信友善，政治清明公正，社会文明和谐，让国际社会更容易认可和接纳中国的和平崛起。在国际上，我国正致力于推动国际关系民主化，贡献中华文明的价值成果，把继承优秀传统文化又弘扬时代精神，立足本国又面向世界的社会主义核心价值观传播出去，讲好中国故事，传播好中国声音，阐释好中国特色，为人类做出中华民族应有的贡献，建设一个彼此尊重、共同发展、高度繁荣的人类命运共同体。

---

① 习近平：《携手构建合作共赢新伙伴，同心打造人类命运共同体》，《人民日报》，2015 年 9 月 29 日第 2 版。

② 虞崇胜、叶长茂：《社会主义核心价值观与人类共同价值》，《中共中央党校学报》，2016 年第 4 期，第 55 – 56 页。

第二节　社会主义核心价值观的国际传播

一、拓展价值观传播的载体和平台

要创新对外表达中国立场和中国声音的话语方式，提升我们对外文化传播的能力。就必须做到：基于中国的历史传统和社会发展现实，提炼出适合描述中国道路、反映中国力量、体现中国价值、表达中国精神的中国话语；立足反映中华民族生生不息的日常生活和文化传统，提炼出能够打动“他者”的话语；紧跟社会发展和文明进步的步伐，适时地提出具有原创性和时代特征的话语议题；对接经济全球化的世界格局，构建人类命运共同体，凝练出能够让世界理解的具有世界历史意义的话语；重视提升用外语讲述中国故事、传播中华文化的能力。

人类历史充分证明，没有先进文化和价值观的引领，一个国家、一个民族，就不可能屹立于世界民族之林，就不可能成为黑格尔所说的“具有世界历史意义”的民族。环顾当今世界，文化已经成为综合国力竞争的重要内容。占据文化制高点，提升国家文化软实力，关系到我国在世界格局中的国际地位和国际影响力，关系到“两个一百年”奋斗目标和中华民族伟大复兴中国梦的实现，要提高文化软实力和文化影响力，不仅迫切需要把中国这个有丰富文化资源的文明古国、文化大国转变为具有强劲文化创新能力的文化强国，而且还要创造性地提升我们的文化传播能力。

实际上，在全球化的时代，文化创新与文化传播已经统一在一个过程之中了，由于文化生成的问题已经国际化，文化的创新只能在不同文化的交流互鉴中得到实现。经济全球化、新科技革命和信息技术的发展，使世界处在一个大变革时期，在这个时期，若能够掌握文化引导力量和话语权，就能够掌控文化创造和传播的过程。作为哲学社会科学工作者，我们必须认真寻找和创新对外表达中国立场和中国声音的话语方式，提升我们对外文化传播的能力。

第一，在推进对外文化和价值观传播的创新过程中，我们必须基于中国的历史传统和社会发展现实，提炼出适合描述中国道路、反映中国力量、体现中国价值、表达中国精神的中国话语。在21世纪,不能寄希望于某一种文化能拯救世界,我们更需要文化之间的交流互鉴、相互合作。交流的作用表现在:一是通过其他文化能够更好地反思自己的文化,重新界定自己的文化;二是通过其他文化可以拓展自己的文化视野,即伽达默尔所说的"视野融合";三是文化之间的相互借鉴可以丰富各民族文化的内涵;四是激发文化的创造力。

我们参与文化交流互鉴的前提,就是必须有自己自觉而清晰的中国文化的表达,有我们自己作为主体的"前理解结构"①。我们必须以"贴切我们想法的话"与"他们"对话,和不是用"贴切他们想法的话"与"他们"对话。如果"我们"变成"他们"那就没有必要与"他们"对话了。正如荷兰学者洛伦兹所说"认同即意味着相同、差异即意味着不可或他者;因此认同和差异互为前提,没有认同就无所谓差异,没有差异就谈不上认同。"②中国文化是一代代中国人在中国辽阔的疆域中,用自己历史性的实践活动创造的灿烂的中华文明。习近平总书记指出:"历史和现实都证明,中华民族有着强大的文化创造力。每到重大历史关头,文化都能感国运之变化、立时代之潮头、发时代之先声,为亿万人民、为伟大祖国鼓与呼。中华文化坚守本根又不断与时俱进,使中华民族保持了坚定的民族自信和强大的修复能力,培育了共同的情感和价值、共同的理想和精神。"③在中国的文化传统宝库中,有丰富而深邃的哲学和思想,有多姿多彩的文学艺术形态,有生生不息的民间文化,所有这些都是我们提炼时代话语的传统文化资源。有自己独立的话语体系是参与话语对话的前提。如果我们没有自己的话语,那么就会成为,或被人

① 主权国家仍然是当今国际社会的权力的载体,经济全球化和区域化并不能完全消解国家的力量。正如约瑟夫·奈所说的:"信息革命、技术变革和全球化不会取代民族国家,但会让世界政治的行为体和所有问题变得更为复杂。"(约瑟夫·奈:《硬实力与软实力》,北京大学出版社2005年版,第187页。)

② 洛伦兹:《比较历史学理论框架的初步思考》,《山东社会科学》,2009年第7期,第42页。

③ 习近平:《习近平在文艺工作座谈会上的讲话》,《人民日报》,2015年10月15日。

视为只是别人思想的应声虫,①并且逐渐失去自主思考的能力。

文化是一种反映社会生成活动的现象。要贴切地表达中国文化,就必须使其反映我们的现实社会和生活。在当代中国,表达中国文化的话语方式,必须反映中国特色社会主义的伟大实践。中国的话语必须依靠中国实践的力量。依靠"中国力量"即中国人民走出了一条"中国道路"——中国特色社会主义道路,创造了举世瞩目的"中国奇迹",因此表达中国文化的话语也应该是反映创造"中国奇迹"历史进程的"中国话语":一方面,全球化并没有消解国家主权,只是改变了主权国家之间的交往方式②;另一方面,全球化使区域性的话语大行其道。就西班牙中国问题专家胡里奥·里奥斯指出的,"在不丧失自身特点的情况下,中国制订了适应、复制和模仿它认为好的东西的计划,而不是盲目追随。中国当年不希望成为苏联,现在同样没有必要希望成为美国"。"中国必须走自己的道路","'中国梦'是成为中国自己"③。由此可见,表达中国人民光荣与梦想的文化话语,应该是用中国话语表达中国自己的情感、梦想和价值追求。

任何话语都不是天生就有普遍的世界影响力的,西方所谓"普世的话"本质上也是区域性话语的表达,其在世界范围内的影响是它们建构话语霸权体系的结果。如美籍匈牙利学者赫勒指出的,尽管美国政治学者福山声称冷战的结束意味着"历史的终结",然而,事实的发展并非如此。"相反,社会和政治领域的发展趋势却远不是齐一的或线性的。而且在将来也很难期望它如此。"④中国人必须走自己的路,说自己的话语,构筑自己的精神家园。我们已经过多地消费了别人的

---

① 欧美人往往自诩是文化的自觉者,认为其他民族不具备文化自主能力。就如美籍学者萨义德揭露的:"东方学的局限……乃伴随弃除、抽离、剥光其他文化、民族或地区的人性……它不仅认为东方乃为西方而存在,而且认为东方永远凝固在特定的时空之中。东方学描述东方和书写东方……以致东方文化、政治和社会历史的所有时期都仅仅被视为对方的被动回应,西方是积极的行动者,东方则是消极的回应者,西方是东方人所有行为的目击者和审判者。"(萨义德:《东方学》,生活·读书·新知三联书店 2007 年版,第 142 页。)

② 英国学者鲍伯·杰索普指出:"在当前全球化的以知识为基础的经济当中,民族国家仍然重要,它不是正在消亡,而是正在被重新想象、重新设计重新调整以回应挑战。"(杰索普:《重构国家、重新引导国家权力》,《求是学刊》,2007 年第 4 期,第 32 页。)

③ 里奥斯:《"独创性"助中国取得经济成功》,《参考消息》,2013 年 7 月 16 日。

④ 赫勒:《现代性理论》,商务印书馆 2005 年版,第 98-99 页。

话语，这容易让我们失去自主话语表达者的地位。正因为如此，在中国因暂时的落后而面临向何处去的选择困境时，有些人曾经希望走“全盘西化”的路，有些人企图通过“中体西用”的方式实现自强的目的。即使在新中国成立之后，我们也曾说“苏联的今天就是中国的明天”，我们要以“大跃进”的速度“超英赶美”。显然，一代代中国人都梦想实现中华民族的复兴，但却在自己的梦境中移植了别人花园中的景物。现在，我们成功地走出了自己的道路，就需要我们说出自己的话语，表达我们自己的价值观，这样才能成为自主自觉的文化创造者。作为自主自觉的民族文化共同体，我们必须注重对话语方式的研究，找到贴切表达中国文化的话语，这样才能重新掌握自己的话语权。

第二，在推进对外文化和价值观传播的创新过程中，我们必须立足反映中华民族生生不息的日常生活和文化传统，提炼出能够打动“他者”心扉的生活话语。要让中国文化的基本特征、价值和功能获得最广泛的理解，就必须回到作为文化基础的生活世界本身。这就要求讲述中国文化的话语应该让人愿意听，听得进去，听了能理解，理解了能有同情的体悟。我们过去总认为对外传播是“高大上”的行为，总是以悬在空中的抽象理论作为话语的表达原则，从而让我们的对外表达话语失去了感性的生命色彩和触动情感的灵动。只有拥有同样的生活、同样的情感、同样的希冀，才能产生心灵的共鸣。由此，我们的话语只有“深深融入人民生活，事业和生活、顺境和逆境、梦想和期望、爱和恨、存在和死亡，人类生活的一切方面”①，才能引起人们的共鸣，给人们以启迪。一些人在贬低我们的文宣方式时，会说我们只运用“概念化的套话和原则”，尽管他们这样的说法是别有用心的，但是也值得我们去反思。我们要从批评中寻找提高自己话语能力的途径，我们必须牢记，概念是灰色的，而生活之树长青。

我们是历史唯物主义者。按照唯物史观，人民群众是历史的创造者。许多惊心动魄的历史事件，实际上只是人类发展长河中翻腾的浪花。真正支撑文明进程的，是那些人民生活的实景：日复一日勤奋地劳作，不辞辛苦地养育子女，闲暇时的娱乐活动，等等。这些话题，是最基础，也最具共性的话语领域。人民的生活既充满多样性和创造力，又容易引起共情、共鸣和相互理解。话语具有生活基础可

① 习近平：《习近平在文艺工作座谈会上的讲话》，《人民日报》，2015年10月15日。

以防止话语的模式化或僵硬化。政治是生活的集中体现,当政治话语反映人民生活的内容时,不同文化之间就更容易理解。对外传播无非是要表达自己的看法,以便与人沟通、让人理解自己。要让人理解,就要讲别人愿意听、听得进去、听得懂的话,那就要想尽办法找到共同的话题。要学会通过生活和实践的叙事,学会用人民群众的语言和人民群众的亲身经历来讲故事,让中国文化和中国人的梦想,通过鲜活的生活故事和行动故事显现其理念的光辉和理想的力量,从而打动世界人民的心扉。

第三,在推进对外文化和价值观传播的创新过程中,我们必须跟上社会发展和文明进步的步伐,适时地提出具有原创性和时代特征的话语议题。创新是一个民族进步的灵魂,是一个国家兴旺发达不竭的动力源泉。我们不仅要研究已经成为话题的话语,如"民主""人权""恐怖主义""网络安全""反恐",等等,以便保持对话的能力,还要学会创设新的话语和议题。话语的原创性也来自民族的创造力。议题设置能力决定了话语权,因为设置何种议题就决定了拥有何种价值取向和标准的话语权。如,当欧美提出"人权高于主权"时,你即使批评这种观点,但在逻辑上已经站在为自我辩护的弱者地位上了。而当我们提出"国家不分大小,应该一律平等相待"的原则时,霸权主义国家就需要为自己辩解。

原创不是无源之水、无本之木,原创恰恰是依靠正本清源才能独辟蹊径,使创造力的活水源远流长;原创不是脱离基础构建空中楼阁,原创恰恰是基于传统的创新,使创新的活力奔腾在历史的主流之中。"问渠哪得清如许?为有源头活水来。"民族生命力的活水源头就在其历史传统之中,离开了民族传统我们就失去了创造力的源泉。中华民族的伟大复兴是民族文化的"再青春化"(黑格尔语),因此,讲述中国文化的中国话语也是在传承中创新的。如,"和谐"价值观的话语就可以利用古代"和而不同""协和万邦"等思想资源,重新审视现代全球治理的问题。

话语的原创动力是基于实践和生活本体的,离开了实践和生活就没有真正的创造。只有通过坚守实践和生活的恒常之道,经过艰苦卓绝的探索,才能实现有生命力的原创性表达。原创性的话语,不是经过精细包装和雕琢的东西,而是来自生活实践本身的璞玉。实事求是,回到生活世界或事物本身,就能够找到话语的坚实基础和不竭的活力之源。因此,我们必须在实践和生活的创造与创新中,寻找话题和话语原创的基础和动力。

原创性的话语生命力基于其是否是面向未来的。如果没有面向未来的视角就不能有创新,创新就是基于现实而面向未来的探索,原创性话语就是这种面向未来的创新性探索的表达而已。话题是为了解决社会问题,但是话题也会促进社会的变化。话题与社会是相互塑造的关系。我们需要设置有利于中国发展和人类文明进步的话题,这样才能够从根本上掌握议题设置权和话语权。比如,当我们提出"打造人类命运共同体"时,我们已经在设置议题了。当我们说不能搞"我赢你输"的零和游戏,而能走"合作共赢"的道路时,我们已经在谈论如何实现"人类命运共同体"的话语了。当我们提出"一带一路"倡议和建设"亚投行"的设想时,我们已经在创设新的话语了,这种创新才能独辟蹊径地拓展我们的国际合作空间,创造性地扩大我们的国际影响力。我们不能只做话语的追随者,而是要做自主的话语讨论参与者。自主的话语讨论参与者,必须有设置话题和掌握话语标准的能力。

第四,在推进对外文化和价值观传播的创新过程中,我们必须对接经济全球化的世界格局和包容人类命运共同体,凝练出让世界能够理解的具有历史意义的话语。中国的发展是中国的成就,但也是世界发展的重要组成部分,中国的发展有利于世界的发展。如果说西方的话语是"霸权话语",其本质是要用自己的话语消灭并替代其他话语,那么中国的话语则属于"和谐话语",其实质则是建立各话语系统之间"和而不同、相互交流"的关系。西方话语自诩是"普世"的,其总想用各种方式,甚至以武力的方式粗暴地碾平差异世界看似不平坦的道路。与西方不同的是,"古往今来,中华民族之所以在世界有地位、有影响,不是靠穷兵黩武,不是靠对外扩张,而是中华文化的强大感召力和吸引力"①。所谓"远人不服,则修文德以来之"的道理,就是中国的话语特点。中国话语是中国的,但也是为世界添彩的话语,中国话语不是要取代其他话语,而是作为众多话语方式中的一种。中国的话语不是西方的霸权主义的话语,而是希冀"万紫千红总是春"的状态。这正如毛泽东诗词表达的意境:"待到山花烂漫时,她在丛中笑。"

幸福生活和美好未来,是全人类的共同追求,也是推动文明进步的不竭动力。

---

① 习近平:《习近平在文艺工作座谈会上的讲话》,《人民日报》,2015 年 10 月 15 日。

中国的和谐价值观具有普遍性世界意义,因为这是适合国际对话和合作的话语。主张构建“协和万邦,和谐世界”的中国文化,并不是要与其他文化对立,而是循着自己的传统追寻有更美好意义的发展道路。美国政治学者桑德尔的观点有一定的道理。按照他的看法,“全球市场的兴起以及全球性的环境问题,都要求我们发展一种全球性的公民品质——某种共享的政治伦理和相互责任,超越国家疆界的限制。然而,在如此广大的范围内,要培养一种强有力的社群感与公民义务感是困难的。因为大家容易认同的是那些与自己分享共同经验和传统的人。而全球政治伦理,需要我们培养一种多元交叠的公民身份认同——某些要比对民族国家的认同更宽泛,有些更特殊”①。中国人民“各美其美,美人之美,美美与共,世界大同”,不正是为全球化时代的复合性认同开辟了道路吗?

中国的发展是当今世界发展的重要组成部分。中国梦既是中国人民的追求,也与世界人民的梦想相通。中国的和平与发展,有利于世界的和平与发展。从经济的互惠性质我们就可以看到这点。中国经济不仅成为拉动世界经济的主要引擎之一,而且中国作为全球第二大进口市场仍然具有发展的广阔前景。另外,近年来,我国对外直接投资规模呈指数增长趋势,这直接惠及了对象国的经济发展和就业。目前,中国已经成为全球重要的对外投资国,对外投资额已经超过了外资引进额,这对促进世界经济,特别是发展中国家的经济起到重要的推动作用。因此,讲述中国文化的话语就要讲中国发展对世界发展有利的道理,要讲世界能够理解并且能够从中感受到鼓舞的话语。

中国梦是实现中华民族伟大复兴的理想,也是朝向文明进步和人类未来方向的理想。这个道路既是中国的康庄大道,也与人类历史前进的方向相一致。自古以来,中国就有“天下为公”“世界大同”的理想,因此中国梦与全人类的未来是契合的。中国道路是中国特色社会主义道路,而社会主义的价值追求是每个人自由而全面的发展。中国人民实现民族复兴的梦想是朝向理想社会的,而未来的社会应该是全世界人民自由、公正、合作的和谐社会。因此,表达中国梦的中国话语不仅是中国的话语,也应该是表达人类未来发展方向的世界性话语。这样的话语不

① 刘擎:《现代民主与公民政治——桑德尔教授访谈录》,《中国图书评论》,2008 年第 10 期,第 92 页。

仅是民族的,且也具有世界历史意义。

第五,在推进对外文化和价值观传播的创新过程中,我们也必须重视提升用外语讲述中国话语、传播中华文化的能力。随着中国综合国力和国际影响力的提升,“国际社会对中国的关注度越来越高,他们想了解中国,想知道中国人的世界观、人生观、价值观,想知道中国人对自然、对世界、对历史、对未来的看法,知道中国人的喜怒哀乐,想知道中国历史传承、风俗习惯、民族特性,等等”①。这些都为我们推进对外文化传播创造了很好的条件,但是如何实现有效的传播仍然是值得我们思考的,还要我们进行持久的探索。即使在纯粹的话语形式层面,我们也应该注意话语交互理解的可能性。当与外国人讲话,表达我们的利益追求和看法时,我们就不能自说自话,要使用外国人能够理解的说法或话语。讲述中国文化,不仅要讲中国话语,而且要讲能够打动世界的中国话语;不仅要学会用中国语言讲述中国文化和中国话语,我们还要学会运用外国语言讲述中国文化和中国话语;不仅要用英语、法语、日语,德语等发达家的语言讲述中国文化和中国话语,还要学会运用亚、非、拉各发展中国家的语言讲述中国文化和中国话语。

在全球化背景下,向世界讲述中国文化,就需要掌握用外语讲中国话语的本事。用外语讲好中国话语的核心内容,能够更好地向世界讲述中国文化。正像新自由主义的话再翻译成汉语,仍然是地道的西方话语;用其他语言贴切而恰当地讲述中国文化,依然可以是真切的中国话语。中国已经成为一个全球性角色,而且国家利益也越来越具有全球性质,我们必须学会用各种语言表达我们的话语和利益。

总之,哲学社会科学工作者应该承担起寻找和提炼中国话语方式的历史使命和责任,维特根斯坦曾经说,我们语言的界限就是我们世界的界限。借用他的话来说,我们话语的局限就是我们思维方式的局限。要创新话语体系,就必须转变和改造我们的思维方式,话语方式的突破首先需要思维方式的突破。在全球化和信息化的时代,我们应该树立大传播观,跳出内外有别的传播模式,在“人类命运共同体”的框架下,寻找和构建真诚而贴切地表达中国人民的希望与期盼的话语,并让这种话语表达与世界人民的希望和期盼相契合,为世界和平和人类文明做出

① 习近平:《习近平在文艺工作座谈会上的讲话》,《人民日报》,2015 年 10 月 15 日。

更大的贡献。

二、夯实国家文化软实力的根基

提高国家文化软实力，关系“两个一百年”奋斗目标和中华民族伟大复兴中国梦的实现。提高国家文化软实力，要努力夯实国家文化软实力的根基。一个国家的实力不仅仅是文化软实力，国家软实力是综合性的整体性的有机力量。一个国家的软实力，源自这个国家的发展道路、思想理论和社会制度。软实力也许常常以文化的形态表现出来，但是其存在的基础和内在的本质是国家有机体健康发展所产生的影响力的总和。当代中国的国家软实力，不是“大红灯笼高高挂”就可以获得的，也不是把舞龙舞狮搞到欧美就能够获得的。民族国家的软实力来自这个国家的内在活力和健康发展。有了国家的健康发展，文化自然就更有吸引力和感召力。国家的健康发展是因，文化软实力是果。我们不能倒因为果，更不能舍本逐末。有了国家的内在活力，龙狮舞就可以舞得更加舒展；有了国家稳健的可持续发展，中国红就显得更加娇艳夺目；有了国家内部社会的创造力，我们才会有更多引领时代潮流的文化形式。

首先，一个国家的软实力缘于这个国家发展道路的正确。在人类历史的舞台上，上演过许许多多国家兴亡盛衰的悲喜剧。天若有情天亦老，人世间的兴替远远快于自然的沧桑变幻。君可鉴，“月亮还是那个月亮”，但一个个曾经强悍的国家却有可能在一夜之间消亡；“太阳还是那个太阳”，原本贫穷落后的民族却亦可能一跃成为具有世界历史意义的民族。蓦然回首，我们不难看出，当所走的道路与历史发展方向相悖时，国家就必定衰落甚者覆亡；当发展的道路顺应了历史演进的潮流时，国家就可以发展并强盛起来。道路选错了，结果就可能南辕北辙。若入歧途，即便人民勤劳勇敢，国家也可能仍然要在水深火热之中挣扎。中国近代史就是明证。中国有广袤辽阔的疆土，有古老而又博大精深的传统文化，有亿万勤劳勇敢的人民，可是我们却在列强的侵略面前败下阵来。而且败得一塌糊涂。我们可以把失败归罪于千年未有之大变局，可是我们为什么没有在这一“变局”中引领潮流呢？我们显然是在“变局”前未看清路，在“变局”中选错了路。在该变的时候没有以自身的改变适应时代的变化，要变的时候也没有找对变革的路。我们也可以把失败归罪于入侵的强敌，可是如果自己本身强大又怎么会被强敌轻而易举地打败呢？强敌的入侵只不过是在国家生命体奄奄一息时给的最后一击而已。当时我们不仅败给了作为“新兴文明”的西方列强,我们也败给了在西方列强刺激下遽然强盛起来的日本。可见,对于国家的发展来说,走什么路才是硬道理。在古代,当生产力发展到一定水平．封建社会就会兴起并取代奴隶社会。在中国古代,随着铁器的发明,生产力无法在原有的分封制和井田制的生产关系下继续发展的情况下,主张封建土地改革的国家就会迅速崛起,而走老路的国家则难逃衰败和灭亡的命运。当资本主义生产方式崛起的时候,不思改革进取而走封建主义道路的国家也必然地走向了衰落。荷兰、英国、德国、美国的兴起,都与道路的选择有着直接的关联。在东方,经历明治维新的日本主动走资本主义的发展道路,因而在亚洲首先崛起。当然,纳粹德国和日本军国主义无视世界文明的进步,无视世界无产阶级革命带来的人类文明进步,无视殖民地国家人民要求独立的正义呼声,反而变本加厉地选择走法西斯主义的道路,选择了自取灭亡的不归之路。因为道路选择上的失败,德国的希特勒和日本的军国主义者被永远地钉在了人类历史的耻辱柱上。

从根本上说,中国的软实力取决于中国特色社会主义道路的成败。我们对自己正在走的道路充满自信。在中国共产党的领导下,中国人民坚持改革开放,用短短几年的时间,把一个相对落后的国家发展成全球第二大经济体、第一大贸易国。美国联合通讯社有关世界贸易的数据显示,2006 年,美国还是全球 127 个国家最大的贸易伙伴,中国的这一数量为 70。如今,情况已经完全逆转。2011 年,中国是全世界 124 个国家最大的贸易伙伴,美国相应的数量减少到 76。道路如果不对,我们能走这么快吗？中国特色社会主义道路就是经济上科学发展,政治上人民民主,文化上构建充满活力的先进文化,社会上追求公平正义,生态上追求与自然和谐共存的道路。当然,选对了道路,不是说我们就没有问题,就可以高枕无忧了。我们的道路是随着历史的进程不断继续开辟的道路,我们的经济发展模式也有一个转型期和完善期,我们的人民民主也有一个不断拓展的过程,随着社会的发展,我们越来越注意社会公平,随着生产力的提高,我们也将越来越意识到生态文明的重要性。无论如何,中国特色社会主义道路的国际影响越来越大,吸引力越来越大,这是不可否认的事实。

其次,一个国家的软实力缘于这个国家思想理论的先进。社会理论来自社会实践，但又反过来指导着实践。宇宙是永恒变化着的，自然的变化是盲目的演化进程，而人类的活动是有目的的实践活动。人类总是通过自己有目的的活动使自然更加符合人的需要，更加具有人性化的特征。尽管人类社会的发展仍然有各种“看不见的手”在起作用，但是随着人类认识水平的提高，社会发展越来越成为一个自主自觉地走向自由王国的进程。在这个通往自由王国的进程中，人类历史上出现过的伟大理论，都在自己的时代发挥着重要的引领和启蒙作用。中国先秦时期诸子百家的思想构建了中国人思维的方式，不仅确立了中国作为文明古国的历史性地位，而且也为中华民族的伟大复兴奠定了精神基石。纵观世界思想史，古希腊先哲所开创的哲学思考，不仅奠定了欧洲文化的根基，而且直到现在仍然是西方思想界不断回溯和寻找灵感的源泉。文艺复兴时期的思想巨匠，通过对基于社会发展的人本主义思考，清除了中世纪“黑暗时代”漫长的神秘主义阴霾。法国启蒙思想家的理论不仅促成了欧美的民族独立和资本主义革命，而且使 18 世纪被铭记为“法国的世纪”。德国古典哲学家深刻地反思了资本主义在欧洲的发展历史，他们提出的诸多问题和概念成为马克思主义诞生的宝贵思想资源。那些曾经叱咤风云的理论家，都曾经给人以时代的启迪，也都曾经给其产生的国度带来文化的软实力。但是，马克思主义才是这个时代真正的理论精华。马克思主义基于对人类历史特别是资本主义发展历史的考察，吸取了人类思想的理论成果，从理论上总体把握了人类历史规律性的发展趋势。

中国特色社会主义理论体系是马克思主义中国化的最新成果，也是当代马克思主义基于现实社会主义最前沿、最活跃、最有成就的实践基础上的理论成果。中国特色社会主义理论体系在新的时代条件下系统回答了什么是社会主义、怎样建设社会主义，建设什么样的党、怎样建设党，实现什么样的发展、怎样发展等重大理论问题。中国化马克思主义科学地阐明了中国特色社会主义的思想路线、发展道路、发展阶段、根本任务、发展动力、发展战略、依靠力量、国际战略、领导力量等重大问题，是贯通马克思主义哲学、政治经济学、科学社会主义等领域，覆盖经济、政治、文化、社会、生态、国防、外交、统一战线、祖国统一、党的建设等方面的系统的科学理论体系。这个理论体系创造性地提出了一系列新的重大理论观点、重大战略思想，在新的基础上丰富和发展了马克思主义。中国特色社会主义理论体系之所以是先进的，在于它是开放的、与时俱进的。中国共产党从不故步自封，总是强调实践是永无止境的，理论创新也是永无止境的。正是这种与时俱进的品格，让中国特色社会主义理论体系永葆青春活力。在中国特色社会主义理论体系指导下，我们的国家已经取得了举世瞩目的成就，这种理论也将为中国获得持久的国际影响力。

最后，一个国家的软实力缘于这个国家社会制度的成功。在环境资源和人力资源相同的情况下，经济发展的快慢、社会是否稳定和谐、文化是否充满活力，往往是由这个国家的制度所决定的。社会形态是多层面的，按照历史阶段来划分，主要是原始社会、奴隶社会、封建社会、资本主义社会、社会主义社会、未来共产主义社会。在同一历史阶段的同一个社会形态下，又有不同的政治制度，如在古希腊奴隶社会就有君主制、贵族制、民主制等。在当前的资本主义国家之中，也有不同的经济、政治制度，如盎格鲁—撒克逊的自由主义资本主义、莱茵河社会资本主义、北欧福利资本主义、日本财阀资本主义等。在同一时代，不同的制度之间往往进行竞争和较量，比较成功的制度就会获得人们的青睐。在对立和竞争过程中，不同的社会也往往会从对方那里学习一些好的制度设计。如，德国的俾斯麦一边无情地镇压社会民主党，一边又把社会民主党的一些社会主义主张纳入德国资本主义的制度之中，从而缓和了社会矛盾，促进了社会的发展。第二次世界大战之后，西方资本主义国家实行了社会主义的许多政策，这对资本主义发达国家实现战后繁荣起到了重要的作用。

社会主义是一种崭新的社会形态，它仍然在探索之中。这一自觉构建公平正义，且人人可以得到自由和全面发展的社会制度，从产生伊始就形成了巨大的影响力，并引起了资产阶级的恐惧。他们担心社会主义革命的“多米诺骨牌效应”，试图用各种方式将这种新兴的制度扼杀在摇篮里。当然，社会主义在探索进程中也出现了许多失误和挫折，过于僵化的计划经济体制产生了不良的后果。苏联解体之后，西方国家一度处于亢奋状态，认为历史彻底“终结”了。可是，中国的改革开放和社会主义市场经济的建设，为社会主义制度开辟了新的发展空间。中国特色社会主义制度包括人民代表大会这一根本政治制度、中国共产党领导的多党合作和政治协商制度、民族区域自治制度和基层群众自治制度的基本政治制度；包括以公有制为主体、多种所有制经济共同发展的基本经济制度；包括中国特色社会主义法律体系，以及建立在基本政治经济制度上的其他政治制度，如经济制度、文化制度、社会制度。坚持中国特色社会主义制度,就是要坚持根本政治制度、基本政治制度、基本经济制度与其他方面的机制体制有机结合起来,坚持把国家民主制度和基层民主制度结合起来,坚持把党的领导、人民当家做主、依法治国有机结合起来。中国特色社会主义制度有自己的核心价值观,即国家发展的价值目标是富强、民主、文明、和谐,社会的价值取向是自由、平等、公正、法治,人民道德生活的价值规范是爱国、敬业、诚信、友善。这些先进的价值观是符合时代要求、代表历史前进方向的理念,也是主张人民民主,从而构建公平正义和谐社会的理念。中国特色社会主义制度,顺应了历史的发展和中国人民的要求,不仅使社会生产力得到空前的发展,而且大大促进了中华民族伟大复兴的历史进程。在中国特色社会主义制度框架下,勤劳勇敢的中国人民创造了"中国奇迹",这种制度也将为我们的国家带来文化上的吸引力、感召力和影响力。

总之,软实力必须有坚实的根基,软实力必须有硬实力作为支撑。中国国家软实力的根基就是中国特色社会主义的伟大实践,中国国家软实力有中国特色社会主义事业成功的支撑。国家的繁荣昌盛所提升的硬实力与体现国家国际影响的软实力是交相辉映的。对于我们走的道路、我们倡导的理论、我们创设的制度,也许仍然有很多不协调甚至是质疑的声音,但这正是我们影响力增强的表现。也就是说,对于不喜欢我们道路、理论和制度的人来说,他们越来越不能忽视我们了,他们必须通过"骂"中国来解除他们内心的苦闷。为了降低中国日益增强的影响力,他们就得千方百计地抹黑中国。不过,事实胜于雄辩。在中国共产党的领导下,依靠中国特色社会主义制度,中国道路走得越来越顺畅,它已经证明,并且还将继续证明中国的国家软实力。

三、在交流互鉴中实施"一带一路"倡议

"一带一路"与中国价值观的国际传播是一种共生互荣的关系:一方面,"一带一路"倡议的顺利实施离不开沿线国家的合作,但这种合作不能仅靠经济利益来驱动,还需要情感认同和价值观认同;另一方面,"一带一路"倡议本身彰显着中国价值观的魅力,其实施过程更是为中国价值观的国际传播提供了广阔的舞台。

(一)社会主义核心价值观的历史文化根基

当代中国主张构建人类命运共同体,坚持走和平发展道路,是对有着深厚根

基的历史文化传统的延续。《史记·五帝本纪》就有"和合万国"的记载。可以说,和平与和合是中华文化的内在基因。在古代中国的文明融合进程中,作为主流思想的儒家一直强调"以德服人",而批评"以力服人"的做法。儒家认为,只有通过讲信修睦、协和万邦,才能做到"保合大和",从而实现"万国咸宁""天下和平"。这就是说,只有做到协和万邦,才能实现国家之间的和平,达到富国安民。讲信修睦、协和万邦是中国国际观和外交观的基本内涵。

中国繁荣昌盛是趋势所在,但"国强必霸"不是历史定律。中国自古就倡导"大道之行也,天下为公"理念,主张"强不执弱,富不侮贫"的规范,深知"国虽大,好战必亡"的道理。中国过去没有对外侵略、殖民的历史,现在也没有称霸世界的意图。中国坚持走和平发展道路,这是我们的战略选择和郑重承诺。中国愿意把自身发展同周边国家发展更紧密地结合起来,欢迎周边国家搭乘中国发展的"快车""便车",让大家一起过上好日子。欢迎周边国家参与到"一带一路"建设中来,携手实现和平、发展、合作的愿景。

(二)"一带一路"倡议为价值观传播带来机遇

中国的价值观就是在"和合万国"的历史传统基础上,结合当代和平与发展的时代主题,凝练了人类命运共同体的理念,为和平发展的外交政策奠定了坚实的哲学理论基础。人类命运共同体理念,不仅是中国文化传统的延续,也是当代中国人民的理想愿景。

国际关系的认识和外交实战中所持立场反映出的价值观,是中国价值观在国际关系和外交领域的延伸和具体体现。我们在国内强调富强、民主、文明、和谐,在国际上也主张合作共赢、共同发展,推动国际关系的民主化。习近平主席在主持召开中央国家安全委员会第一次会议时指出;"贯彻落实总体国家安全观,必须既重视外部安全,又重视内部安全,对内求发展、求变革、求稳定,建设平安中国,对外求和平、求合作、求共赢、建设和谐世界。"21 世纪以来,中国不断推进全面对外开放,推进与世界各国之间的交流互鉴,加强互利合作。中国提出建设"丝绸之路经济带"和"21 世纪海上丝绸之路"的倡议,目的就是实现各国在发展机遇上的共创共享。基于中国对外关系的价值取向,我们可以预期:中国将以更加开放的胸怀、更加包容的心态、更加宽广的视野,大力开展中外文化交流,在学习互鉴中为推动人类文明进步做出更多、更大的贡献。

我们在国内强调自由、平等、公正、法治，在国际上也秉持公道正义，坚持平等相待。我国主张：世界上的事情由各国政府和人民共同商量着办，积极推动国际关系民主化；倡导各国权利、义务、责任相统一的国际法治精神，希望各方遵守国际法和公认的国际关系基本准则，推动国际关系法治化；积极推进全球治理体系改革，反对双重标准，主张互相尊重、合作共赢，推动国际关系合理化。

我们在国内强调爱国、敬业、诚信、友善，在国际关系中，也愿意妥善处理义和利的关系，我们要注重利，更要注重义。“国不以利为利，以义为利也”，我们主张义利兼顾。实际上，经济全球化时代各国之间“一荣俱荣、一损俱损”，不能只追求“你少我多、损人利己”，更不能“你输我赢、一家通吃”。中国人希望自己过得好，但也高兴别人过得好，还通过力所能及的帮助让别人过得好。正如习近平总书记在中法建交50周年纪念大会上的讲话中指出：“中国梦是奉献世界的梦。‘穷则独善其身，达则兼善天下’。这是中华民族始终崇尚的品德和胸怀。”

为了打造人类命运共同体。让国际合作落地生根，习近平总书记提出了“一带一路”倡议。“一带一路”倡议源自中国，但它却属于整个世界。“一带一路”是合作共赢的平台，跨越不同的地域、不同的发展阶段、不同的文明。“一带一路”是合作共赢之路，应该不断往前延伸开拓。

显然，有什么样的核心价值观，就有什么样的国际关系价值观。建立在人类命运共同体理念基础上的国际观，为中国的和平发展道路和构建和谐世界的愿景提供了正确的思想引领和价值规范。

（三）“一带一路”实施拓展价值观传播渠道

2017年5月15日，北京成为全球关注的焦点，在此召开的“一带一路”国际合作高峰论坛圆桌峰会取得了圆满成功。众多国家领导人和国际组织负责人聚集一堂，共襄“一带一路”沿线国家和地区乃至世界合作发展的盛举，这一峰会具有时代性价值和历史性意义。“一带一路”倡议的实施与中国价值观国际传播产生良性互动机制，拓展了中国价值观的国际传播渠道。

“一带一路”倡议体现了中国的大国责任和时代担当，回应了当今世界全球性问题和挑战。和平与发展仍然是当今时代的主题，但是和平与发展都面临新的挑战。就发展而言，经济全球化的趋势遭遇逆全球化的暗流，而这种暗流进一步激化了各国之间的利益冲突。如何化解这些挑战？习近平主席给出了中国方案：

"只有对接各国彼此政策,在全球更大范围整合经济要素和发展资源,才能形成合力,促进界和平安宁和共同发展。"

"一带一路"根植于历史,但它却是面向未来的发展之路。古丝绸之路是先辈们踏平坎坷走出来的,在经济全球化的今天我们应该将这条路开拓得更加宽广、更加通畅。我们从历史走来,更应该携手走向未来。美国前国务卿基辛格认为,"若要了解 20 世纪的中国外交或 21 世纪中国的世界角色,必须首先对中国的历史有一个基本的认识"。中国有着悠久的历史传统,历来就崇尚"天地万物本吾一体""天下一家"的理念,倡导"和而不同""以诚相待"的相处原则,践行"讲信修睦""协和万邦"的道德理想。可见,当今中国走和平发展、合作共赢、共同发展的道路,既是中国人民的理性选择,也是中华民族历史传统的延续。从构建和谐世界的目标,到人类命运共同体的新理念,再到"一带一路"的倡议,都反映了中国走共同发展道路的战略定力。

"一带一路"是一个美好的愿景,但它完全能够通过行动转化为丰盛的实际成果。只要大家明确了互联互通、合作共赢的大目标,加强政策协调,对接各自发展战略,坚持共商、共建、共享,让政策沟通、设施联通、贸易畅通、资金融通、民心相通,依托项目驱动和市场机制,必定可以推动各国的发展和繁荣,造福沿线国家和世界各国人民。

现实从历史走来,我们也要把现时代推向未来。我们依稀可以听到古丝绸之路商队的驼铃声,但更期待看到飞地的列车和大洋中的巨轮把我们带向和平、繁荣、开放、创新、文明的未来。

结 语

社会主义核心价值观的未来展望

我们已经进入新时代,社会主义核心价值观也面临新的挑战和机遇,想要坚守我们的价值体系,坚守我们的核心价值观,就必须增强彼此之间的交流与联系,形成包容万象的局面,各国共建人类文明,继承与发扬优秀的传统文化,从本国国情出发,同时又面向世界,构建社会主义核心价值观对外传播的话语体系,发扬中国特色,打造双赢互惠、文化共享的新型国际关系,打造人类命运共同体。

一、新时代社会主义核心价值观面临的机遇和挑战

党的十九大报告指出:“经过长期努力,中国特色社会主义进入了新时代,这是我国发展新的历史方位。”进入新时代发展理念和发展方式有重大转变,发展环境和发展条件发生深刻变化。多元化的价值观念冲突已成为新的特点,文化和侵略或文化殖民主义带来了各种社会问题,直接影响到了社会的稳定与和谐,各国都开始重视这种问题。我国作为发展中国家,为了增强在国际文化领域的话语权,就需要从文化层面思考这种价值观冲突带来的一系列问题。在构建社会主义核心价值观话语体系和进行对外传播的过程中,我们必须厘清这些问题,并找出应对之策。

进入新时代,对社会主义核心价值观的传播带来了一定的机遇,但同时也带来了诸多挑战。鉴于此,我们需要借助辩证思维看待问题以及分析问题、理解问题。中国发展到当前阶段,急需从经济影响力转换到价值观影响力。换句话说,要从主要依靠“经济硬权力”调整为“文化软权力”(其核心是价值观)和“经济硬权力”并重。作为当今世界为数不多的社会主义国家,中国的发展具有双重效应:其一,中国是最大的发展中国家,中国的发展对广大发展中国家具有一定的示范

作用;其二,中国特色社会主义现代化建设的巨大成就具有意识形态效应,它表明一个国家在选择发展道路的时候,一定要符合本国国情,而不是唯西方国家马首是瞻。正是后者,体现了国家价值观的影响力。也正是在这个意义上,我们要不断地创造机会,更好地向国外讲述中国故事,贡献中国智慧,传播中国价值观。

另外,随着国际竞争日趋激烈,国家文化软实力作为综合国力的重要组成部分已经成为影响世界格局的关键因素。社会主义核心价值观作为文化软实力的内核和源泉,是强国之基、兴国之魂。建设社会主义文化强国,提升我国的国际地位和国际竞争力,必须大力推动社会主义核心价值观的国际传播,扩大中华文化的世界影响力,这不仅是培育和弘扬社会主义核心价值观的必由之路,更是实现社会主义文化强国的题中之义。习近平总书记在关于建设社会主义文化强国的重要讲话中强调,要加强提炼和阐释,拓展国际传播平台和载体,把当代中国价值观念贯穿于国际交流和传播方方面面。伴随着新媒体技术的深刻变革,当前世界格局的不确定性上升,促使国际话语格局既有资源与权力分配的影响因素增多。毫无疑问,新媒体时代赋予了中国推动社会主义核心价值观国际传播以及作为国际舆论场中被动角色"弯道超车"的新契机,以更好的姿态,促使社会主义核心价值观,成为世界文化体系中的重要组成部分。

二、社会主义核心价值观的未来展望

价值观作为思想层面的内容,如何践行和培育是一个历史性的问题。在全球化背景下,我国需要借助社会主义核心价值观的践行和培育,增强在国际文化领域的竞争力和话语权,为推出我国特色社会主义社会的建设,做好充足的准备。全球化时代不可避免出现文化冲突和文化交流,想要我们的价值体系不在这种冲击中受重创,就需要充分发挥出社会主义核心价值观的作用,强化我国文化对他国文化的渗透力,以形成相互影响、相互学习、相互促进的局面,共建人类社会价值共识,将我国优秀的传统文化发扬光大,使之成为世界文化体系中的重要内容,让世界各国感受到中华文化的魅力,增强对中华文化的认识和认同感,借助中华文化,增强我国在国际上的影响力,提升我国的国际地位。

在社会主义核心价值观对外传播过程中,我国需要肯定他国文化的价值和地位,以共建人类价值共识为根本出发点,形成"同源同流、和谐共生"局面。在过去很长一段时间内,人类社会对价值共识的追求,为我国社会主义核心价值观话语体系的构建,奠定了良好基础。在国际范围内,传播社会主义核心价值观,使之成为人类价值共识的一部分,从某种程度而言,是对人类价值共识体系的一种丰富和完善。不同的国家、社会制度、社会价值、意识形态不同,在构建人类共识过程,就需要认识到各国之间存在的这种差异性。但同时,我国也需要意识到,不同国家文化之间存在的竞争性。

社会整合、民族的发展以及精神文化的传承等,都需要得到思想价值观的支持和引导。人类社会要想维持和谐、稳定发展,就必须构建价值共识,形成共同的理想,促使不同的国家、不同的民族,为构建人类命运共同体而努力。正如习近平总书记指出的:我国成功走出了一条中国特色社会主义道路,实践证明我们的道路、理论体系、制度是成功的。我们要加强提炼和阐释,拓展对外传播平台和载体,把当代中国价值观念贯穿于国际交流和传播方方面面。要加强国际传播能力建设,精心构建对外话语体系,发挥好新兴媒体作用,增强对外话语的创造力、感召力、公信力,讲好中国故事,传播好中国声音,阐释好中国特色。

参考文献

一、著作类

[1]马克思恩格斯选集(1~8卷)[M]. 北京:人民出版社,1995.

[2]马克思.1844年经济学哲学手稿[M]. 北京:人民出版社,2000.

[3]马克思.《黑格尔法哲学批判》导言[M]. 北京:人民出版社,1995.

[4]列宁选集(1~4卷)[M]. 北京:人民出版社,1995.

[5]毛泽东选集(1~4卷)[M]. 北京:人民出版社,1995.

[6]毛泽东书信选集[M]. 北京:中央文献出版社,2003.

[7]邓小平文选(1~3卷)[M]. 北京:人民出版社,1994.

[8]江泽民文选(1~3卷)[M]. 北京:人民出版社,2006.

[9]江泽民. 论有中国特色社会主义(专题摘编)[M]. 北京:中央文献出版社,2002.

[10]胡锦涛. 坚定不移沿着中国特色社会主义道路前进,为全面建成小康社会而奋斗[M]. 北京:人民出版社,2012.

[11]习近平. 习近平谈治国理政[M]. 北京:外文出版社,2014.

[12]中共中央宣传部. 习近平总书记系列重要讲话读本[M]. 北京:人民出版社,2014.

[13]习近平. 决胜全面建成小康社会夺取新时代中国特色社会主义伟大胜利——在中国共产党第十九次全国代表大会上的报告[M]. 北京:人民出版社,2017.

[14]李大钊. 李大钊文集(上)[M]. 北京:人民出版社,1984.

[15]袁贵仁. 价值观的理论与实践[M]. 北京:北京师范大学出版社,2006.

[16]郑文范. 五维契合:社会主义核心价值观与中国特色社会主义理论关系研究[M]. 北京:社会科学文献出版社,2015.

[17]李德顺. 价值论[M]. 北京:中国人民大学出版社,2007.

[18]王玉樑. 当代中国价值哲学[M]. 北京:人民出版社,2004.

[19]王玉樑. 邓小平的价值观[M]. 西安:陕西人民出版社,1995.

[20]王葎. 价值观教育的合法性[M]. 北京:北京师范大学出版社,2009.

[21]晏辉. 现代性语境下的价值和价值观[M]. 北京:北京师范大学出版社,2009.

[22]陶德麟,等. 马克思主义哲学的当代视域[M]. 北京:人民出版社,2005.

[23]潘维,等. 聚焦当代中国价值观[M]. 上海:三联书店,2008.

[24]黄凯锋. 当代中国价值观研究新取向[M]. 上海:学林出版社,2007.

[25]宋惠昌. 社会主义核心价值观专题解读[M]. 北京:中共中央党校出版社,2010.

[26]十四大以来重要文献选编(中)[M]. 北京:人民出版社,1997.

[27]胡锦涛. 高举中国特色社会主义伟大旗帜　为夺取全面建设小康社会新胜利而奋斗——在中国共产党第十七次全国代表大会上的报告[M]. 北京:人民出版社,2007.

[28]石国亮. 社会主义核心价值观十讲:党员干部读本[M]. 北京:人民日报出版社,2014.

[29][德]诺贝特·埃利亚斯. 文明的进程[M]. 王佩莉,袁志英译,上海:上海译文出版社,2009.

[30]吕振宇. 论社会主义核心价值观[M]. 济南:山东人民出版社,2009..

[31]十六大以来重要文献选编(中)[M]. 北京:中央文献出版社,2006.

[32]蒋丽. 社会主义核心价值观的六维解读[M]. 沈阳:东北大学出版社,2015.

[33][英]洛克. 政府论下篇[M]. 叶启芳,瞿菊农译,北京:商务印书

馆,1964.

[34][古罗马]西塞罗. 论义务,见西塞罗文集(政治学卷)[M]. 王焕生译,北京:中央编译出版社,2010:407.

[35][古希腊]亚里士多德. 政治学[M]. 颜一,秦典华译,北京:中国人民大学出版社,1994:112-113.

[36]江畅. 社会主义核心价值理念研究[M]. 北京:北京师范大学出版社,2012:145-150.

[37]孟子译注[M]. 杨伯峻译注,北京:中华书局,2012.

[38]本书编写组. 社会主义核心价值观学习读本[M]. 北京:新华出版社,2013:79.

[39]谢晓娟. 社会主义核心价值观研究[M]. 北京:中国社会科学出版社,2012:112.

[40][日]中曾根康弘. 日本二十一世纪的国家战略[M]. 联慧译,海口:海南出版社,2004.

[41]衣俊卿. 文化哲学十五讲[M]. 北京:北京大学出版社,2004.

[42]郑广永. 文化的超越性研究[M]. 哈尔滨:黑龙江人民出版社,2006.

[43]田鹏颖. 社会主义核心价值观七论[M]. 北京:社会科学文献出版社,2015.

[44][美]塞缪尔·亨廷顿. 文明的冲突与世界秩序的重建[M]. 北京:新华出版社,1998.

[45]韩震. 社会主义核心价值观与中国文化国际传播[M]. 北京:中国人民大学出版社,2017.

二、期刊类

[1]习近平. 在省部级主要领导干部学习贯彻十八届三中全会精神全面深化改革专题研讨班开班式上的讲话[N]. 人民日报,2014-02-18.

[2]习近平. 携手构建合作共赢新伙伴,同心打造人类命运共同体[N]. 人民日报,2015-09-29.

[3]习近平．青年要自觉践行社会主义核心价值观——在北京大学师生座谈会上的讲话[N]．人民日报,2014-05-05.

[4]习近平．共同构建人类命运共同体——在联合国日内瓦总部的演讲[OL]．人民网,2017-01-18.

[5]习近平．在中共中央政治局第十三次集体学习时的讲话[N]．人民日报,2014-02-26.

[6]习近平．在纪念孔子诞辰2565周年国际学术研讨会暨国际儒学联合会第五届会员大会开幕会上的讲话[N]．人民日报,2014-09-24.

[7]习近平．在联合国教科文组织总部的演讲[N]．人民日报,2014-03-28.

[8]习近平．把培育和弘扬社会主义核心价值观作为凝魂聚气强基固本的基础工程[N]．人民日报,2014-02-26.

[9]习近平．从小积极培育和践行社会主义核心价值观——在北京市海淀区民族小学主持召开座谈会时的讲话[N]．人民日报,2014-05-31.

[10]习近平．坚持依法治国和以德治国相结合推进国家治理体系和治理能力现代化[N]．人民日报,2016-12-11.

[11]习近平．在文艺工作座谈会上的讲话[N]．人民日报,2015-10-15.

[12]完善和发展中国特色社会主义制度推进国家治理体系和治理能力现代化[N]．人民日报,2014-02-18.

[13]中共中央办公厅印发《关于培育和践行社会主义核心价值观的意见》[N]．人民日报,2013-12-24.

[14]易刚．中国传统文化与社会主义核心价值观的关系探究[J]．毛泽东思想研究,2015(7).

[15]方爱东．社会主义核心价值观的发展历程及其当代建构[D]．安徽大学,2010.

[16]田海舰．社会主义核心价值观研究[D]．中共中央党校,2008.

[17]林伯海．习近平“共同价值”思想与西方“普世价值”论辨析[J]．思想教育研究导刊,2016(8).

[18]包霄林．社会主义核心价值观与西方“普世价值”比较研究．[J]科学社会主义,2015(1).

[19]卢瑶．社会主义核心价值观的马克思主义哲学根据研究[D]．沈阳师范大学,2016.

[20]方舟．社会主义核心价值观的哲学思考[D]．山东师范大学,2014.

[21]万光侠．培育践行社会主义核心价值观的人本向度[J]．山东师范大学学报,2013(1).

[22]顾震球．“‘构建人类命运共同体’理念体现中国维护人类长远利益远见卓识”——访联合国社会发展委员会第55届会议主席菲利普·查沃斯[OL]．人民网,2017－02－19.

[23]聂圣平．论社会主义核心价值体系建设与我国意识形态安全[J]．科学社会主义,2011(5).

[24]吴向东．论价值观的形成与选择[J]．哲学研究,2008(5).

[25]戴木才．倡导“自由”:高扬社会主义核心价值观的理想旗帜[N]．光明日报,2013－04－18.

[26]郝立新．新时代的文化自信和文化软实力建设[N]．中国社会科学报,2018－04－13.

[27]胡锦涛．在省部级主要领导干部提高构建社会主义和谐社会能力专题研讨班上的讲话[N]．人民日报,2005－06－28.

[28]周智．社会公正:社会主义和谐社会的价值核心[J]．齐鲁学刊,2005(6).

[29]孙杰．当代中国社会主义核心价值观研究[D]. 2014(4).

[30]荣光汉．社会主义核心价值观与人的全面发展[J]．思想政治教育研究,2016(10).

[31]程玉莲,曾瑞明．社会主义核心价值观的生成逻辑与建构功能[J]．思政理论教育,2015(10).

[32]郝立新．文明理念的价值意蕴和培育路径[J]．思想理论教育导刊,2015(10).

[33]孙熙国．社会主义核心价值观的二重超越性[J]．中国特色社会主义研究,2014(3).

[34]陈秉公．传统价值观涵养社会主义核心价值观若干理论研究[J]．理论探讨,2016(4).

[35]温家宝．关于社会主义初级阶段的历史任务和我国对外政策的几个问题[N]．人民日报,2007-02-26.

[36]沈贺．文化软实力视域下社会主义核心价值观的国际传播[J]．社会主义核心价值观研究,2018(4).

[37]袁贵仁．价值观念研究和价值学的发展[J]．哲学研究,1992(9).

[38]王现东．文化哲学视域中的价值观研究[D]．华侨大学,2012.

[39]张夏,雷骥．全人类"共同价值"的基本内涵和时代价值[J]．思想教育研究,2016(7).

[40]虞崇胜,叶长茂．社会主义核心价值观与人类共同价值[J]．中共中央党校学报,2016(4).

[41]赵曜．大力推进社会主义核心价值体系建设[J]．社会主义论丛,2007(8).

[42]万光侠．培育践行社会主义核心价值观的人本向度[J]．山东师范大学学报,2013(1).

[43]王曼．社会主义核心价值观建构的哲学向度[D]．中共山东省委党校,2013(5).

[44]付安玲,张耀灿．社会主义核心价值观社会认同实现路径探析[J]．学校党建与思想教育,2015(1).

[45]李晓曈．共同价值:习近平意识形态思想世界维度的创新[J]．黑龙江社会科学,2018(3).

三、英文类

[1] Joseph Raz. The Authority of Law:Essays on Law and Morality[M]. Clarendon Press,1979.

[2] B. John Thompson. Studies in Theory of Ideology [M]. Cambridge: Polity Press, 1984.

[3] See Terry Eagleton. Ideology: An Introduction[M]. London: Verso, 1991.

[4] Henry Kissinger. Years of Upheaval[M]. Boston: Little Brown and Company, 1982.

后　记

《社会主义核心价值观的对外话语体系建构和国际传播》是第63批中国博士后科学基金资助项目(编号2018M631657)的成果。本书完成之际,我的博士后研究生涯也已接近尾声。能够拥有两年的时间,在中国人民大学马克思主义学院师从郝立新教授进行博士后研究工作,对我来说是一件幸事。本书在写作过程中得到导师郝立新教授指导,郝老师治学严谨,学识渊博,思想深邃,视野开阔,为我提供了一个良好的科研氛围;郝老师授人以渔的精神,使我不仅接受了全新的思想观念,领会了全新的思考方式,掌握了深邃的研究方法,更多地明白了对学习和生活的一种态度;郝老师诲人不倦的高尚师德,朴实无华、平易近人的人格魅力对我影响深远。

这本书的内容集结了我博士学习和博士后研究期间的研究心血,能够得以出版,可以说是对自己的学业生涯的一个小结。本书在写作过程中,做了大量的文献研读,并从中得出了许多启发和观点。当然,本书还有很多不成熟的地方,需要以后进一步深入探讨。

同时,我还要感谢博士后期间所有的同窗好友,在学业上的切磋和指点,同门之谊和手足之情,我将终生难忘!你们是我在人生中的一笔财富,友谊地久天长!

该书的出版过程得到了人民日报出版社的大力支持，在此表示衷心感谢。

最后，特别感谢参考文献中所列出的学界前辈和同仁，感谢他们的理论研究为我的著作提供了重要的理论参考和思路启发。